AF349273

YANTARES
DE CUANDO LA
ELECTRICIDAD
ACABÓ CON LAS
MULAS

YANTARES

DE CUANDO LA
ELECTRICIDAD
ACABÓ CON LAS
MULAS

Miguel Ángel Almodóvar

nowtilus

Colección: Historia Incógnita
www.historiaincognita.com

Título: Yantares de cuando la electricidad acabó con las mulas
Autor: © Miguel Ángel Almodóvar

© Red Eléctrica de España S.A.U.

Ediciones Nowtilus, S.L.
Doña Juana I de Castilla 44, 3º C, 28027 Madrid
www.nowtilus.com

Editor: Santos Rodríguez
Coordinador editorial: José Luis Torres Vitolas

Diseño y realización de cubiertas: Universo Cultura y Ocio
Diseño interior de la Colección: JLTV
Maquetación: Claudia R.

ISBN-13: 978-849763-840-1
Fecha de edición: Noviembre 2009

Printed in Spain
Imprime: Graficas Díaz
Depósito legal: BI-2683-09

Para Begoña Ceballos, que se inventó el germen de esta aventura, y para Toni Calvo, que la encauzó hacia felices y provechosos deambulatorios.

Para José Antonio Alcácer, quien, una vez más, me abrió ventanas a mundos histórico-literarios, para mí hasta entonces ignotos.

Para María Pérez y Ana Martín, que, paciente y amorosamente, pulieron, dieron brillo y esplendor al texto.

Para José María Estevan, barón de Belmont, *insipiens quum tempus postulat aut res*.

Para el bar/café/restaurante *Amalfi*, que fue amable testigo de mis finales cuitas de cierre.

Para Fran Almodóvar, pasión en reposo y ternura inmensa que me embriaga como un buen vino.

Índice

Prólogo

Hace tiempo que sé, especialmente a través de sus libros y en alguna ocasión también a través de la charla personal, de la fascinación que sobre Miguel Ángel Almodóvar ejerce la intrahistoria, tanto en su concepción unamuniana de decorado de la historia más visible, como en su extensión conceptual a las gentes sin historia, a las historias de vida y al relato de lo cotidiano. Como explicaba metafóricamente el sociólogo norteamericano Michael Harrington, refiriéndose, en su caso, a la pobreza en Estados Unidos, en cualquier periodo y región siempre hay un sinfín de hechos y circunstancias que la historia oficial relega y aparta al otro lado del camino, por el que raramente se transita, con lo que finalmente consigue hacerlas invisibles. Pero, en última instancia y como nos enseñó Machado en sus *Proverbios y Cantares*, "el ojo que ves no es ojo porque tú lo veas, es ojo porque te ve". Y de entre esa miríada de miradas que observan sin ser vistas por los recovecos y aledaños de la historia, Miguel Ángel presta desde hace años especial y singular atención a la gastronomía.

Faustino Cordón nos descubrió que "cocinar hizo al hombre" porque le proporcionó las condiciones imprescindibles para condiciones de adquirir la capacidad de hablar; para devenir hombre. En las primeras y más decisivas fases de la hominización, la cocina consiguió transformar cualitativamente la actividad culinaria previa del homínido, dependiente del azar, del apremio y la angustia del hambre y de la inherente acción directa para conjugar ambas circunstancias, y le permitió pasar al proyecto previo para el que resultaba imprescindible la cooperación y cohesión del grupo, trascendiendo lo fortuito y la interferencia entre las especies, para concluir dando origen a la palabra y a la posibilidad de proyectar, hacia sí y hacia los otros miembros del grupo, todo un extenso repertorio de acciones infinitamente más complejas que las que podrían inferirse de los datos que afloran a través de los sentidos. La palabra, azuzada por el progreso y progresiva complejidad de la práctica culinaria, propiciará, de un lado, el primer acervo de conocimientos empíricos transmisibles de los pueblos primitivos, y, de otro, una evolución de las pautas cooperativas, que irán "complejizándose" más y más hasta transformar las hordas en sociedades humanas.

Siguiendo esta línea argumental, sostiene Almodóvar, en paráfrasis con el personaje central de la novela de Antonio Tabucchi, que es difícil entender la historia de un pueblo sin conocer su historia y devenir gastronómico, porque los modos y maneras de cocinar, junto a los usos y costumbres comensales, forman parte integral e intrínseca de la cultura de todo colectivo humano, y que si en un principio cocinar hizo al hombre, la evolución de esa práctica le fue conformando y dotándole de identidad diferenciada en unos y otros sentidos.

Miguel Ángel Almodóvar, formado académicamente en la sociología y en la historia del pensamiento, y extra académicamente en multitud de aventuras de divulgación y comunicación, apunta o expresa abiertamente en sus libros y escritos que, como Pereira fue intuyendo progresivamente la realidad profunda del régimen salazarista en el que vivía, por medio de experiencias, charlas y contactos, él terminó encontrándose con la gastronomía en unas similares circunstancias, que le llevaron a descubrir un intramundo, que, más allá de los matrimonios reales, las batallas y conquistas, los acuerdos y paces concertadas, hablaba de unas experiencias de extraordinario interés a la hora de entender su propia historia. De cómo se puede recorrer la historia transitando entre pucheros y vajillas, hartazgos y hambrunas, mesas palaciegas y arrimo de matahambres al rescoldo, es buena muestra su libro *El hambre en España. Una historia de la alimentación*. Allí, el autor guiaba a su lector por senderos que comenzaban en los remotos tiempos de los prehomínidos de Atapuerca (recordando que los restos encontrados corresponden a seis individuos que fueron comidos en el lugar y concluyendo por tanto y con un mucho de socarronería que, al menos en España, la historia del hambre es anterior a la historia del hombre), y concluían en los albores de la década de los sesenta del pasado siglo, mientras que en este nuevo ensayo que tienen en sus manos la mirada y el análisis se centran en un periodo mucho más corto, el que discurre entre el inicio de la segunda mitad del siglo XIX y el comienzo de la década de los años treinta del XX. Además, me dijo que, para la ocasión, la gastronomía iría de la mano de la electricidad. Lógicamente, pensé que se trataba de especular sobre los cambios que la nueva energía había introducido en la practica culinaria, pero inmediatamente me aclaró que no iban por ahí los tiros, sino que lo que pretendía era iluminar el periodo con la luz de dos hechos o circunstancias: la emergencia e implantación de la energía eléctrica y la eclosión de una nueva forma de entender la gastronomía, que habrían de modificar el paisaje urbano, los hábitos ciudadanos, los usos y costumbres sociales, y la historia en general del país y de sus gentes.

Ya muy avanzado el proyecto me habló del pasmo de los madrileños ante la nueva luz con la que se celebró el nacimiento de la Infanta Isabel, *La Chata*; de la glotonería de Isabel II y de los fastos lumínicos con los que llegó a la capital el agua de Lozoya, que dio carta de naturaleza al *coci* o *piri* madrileño; de cómo se consolidó la red telegráfica eléctrica cuando aún no se había concluido la instalación de la red óptica; de los primeros reproches de Larra ante el progresivo afrancesamiento culinario de sus paisanos; del bocata de jamón con el que Amadeo de Saboya se despidió de España; de las flaquezas golosonas de Emilio Castelar y del rigor administrativo que Pi i Margall estableció en las comidas funcionariales; de la singular inapetencia de Alfonso XII y de su decisión de suprimir los yantares y conduchos reales establecidos hacía siglos; de la primera conferencia telefónica de larga distancia realizada en España, entre Barcelona y Gerona; del perro *Paco* y sus bistecs de *Fornos*; del uso de la propulsión eléctrica por Peral en su submarino; de la práctica, tan extendida durante el "turnismo" político entre Cánovas y Sagasta, de comprar votos a cambio de un guisote de bacalao con patatas; de cómo el fluido eléctrico acabó con las mulas del tranvía, modificando el paisaje de las grandes ciudades; de la penurias y sordideces alimenticia y culinaria de nuestras guerras coloniales; de las caras de incredulidad de los españoles ante el espectáculo del cinematógrafo, que, representando a los Lumière, trajo a nuestros pagos Alexandre Promio; de la forma tan diametralmente opuesta con la que Baroja y Ganivet acogieron el alumbrado eléctrico doméstico; de cómo Alfonso XIII compaginaba el gusto por la pitanza castiza con su afición al cine pornográfico o sicalíptico, que se decía entonces; de la irrupción del primer cocinero mediático, Antonio Feito, chef de *Lhardy*, siete décadas antes de que empezara a fulgir la estrella de Ferrán Adrià.

Consideré entonces que Red Eléctrica de España, la empresa que presido, debía de estar presente de alguna manera en tan atractivo proyecto editorial y en poco tiempo todo ello se ha convertido en el negro sobre blanco que ahora tienen en sus manos y cuya lectura estoy seguro que les descubrirá muchas cosas sorprendentes y les hará pasar más de un buen rato.

Luis Atienza

Así como la introducción de la libertad ahuyentó a los frailes, y la llegada del
agua de Lozoya dispersó a los aguadores, el fluido eléctrico acabó con las mulas del
tranvía (...) La electricidad acabó con las mulas y con ese aire de poblachón
manchego que impregnaba a una ciudad (Madrid) en la que, además de con mendigos,
el paseante podía tropezar cada mañana con una variada mezcolanza del reino animal:
burras, cabras, conejos, gallinas, pollinos.

Manuel Azaña

Periodo convulso, más y más iluminado y gastronómicamente relevante

Este libro cuenta cosas, sobre todo, de electricidad y de gastronomía. Y cuenta cómo una, la energía, y otra, el conjunto de conocimientos, prácticas y actividades relacionadas con el yantar y el libar, se asentaron y desarrollaron en España casi en paralelo y durante un sugerente periodo histórico, que va desde la mitad del siglo XIX hasta el principio de la década de los treinta del siglo XX. Así pues, electricidad y gastronomía españolas emprenden aquí un viaje, que les hará coincidir en multitud de fielatos, estaciones y apeaderos, y en el que recorrerán juntas cuatro grandes tramos o etapas de un tiempo de cambios, crisis, derrumbes y apertura de nuevos horizontes en lo político, lo social, lo cultural, lo productivo o lo gastronómico.

La primera de esas cuatro grandes etapas parte de la llamada "era isabelina", con Isabel II en el poder, que se desarrolla entre 1843 y 1868, año en el que tiene lugar la revolución conocida como "La Gloriosa" y que apartará del trono a la reina para dar paso a una nueva Casa Real, la de los italianos Saboya, con Amadeo I en el trono. Rey mal recibido y efímero, quien harto y aburrido por la, a su juicio, ingobernabilidad de los españoles, dejó el poder a principios de 1873, para abrir el camino a la Primera República Española, que durará casi un instante histórico, que finaliza en el golpe de Estado del general Manuel Pavía, en enero de 1874.

En esta etapa, la electricidad empieza a hacer sus pinitos mediante iluminaciones espectaculares, que muestran fachadas de edificios, plazas o fuentes con una nueva y fascinante luz. Pero pronto deja de ser un mero espectáculo y encuentra una utilidad práctica en el telégrafo eléctrico, que se empieza a instalar durante el reinado de Isabel II, reina golosa y comilona donde las haya habido, cuando aún no se había terminado de instalar la red de telegrafía óptica. Entretanto, el espectáculo eléctrico, que lógicamente había empezado en Madrid y Barcelona, inicia una exitosa gira por provincias, llegando a la casi totalidad de las capitales españolas.

Respecto a la alimentación, la cocina y la gastronomía, el periodo de referencia se inicia con un progresivo afrancesamiento en los usos y costumbres, muy pronto contestado por figuras de la relevancia, por ejemplo, Mariano José de Larra, aunque durante el reinado de Isabel II (una reina en pepitoria o una pepitoria de reina, al decir de Ramón Gómez de la Serna), tanto en Palacio como en las casas nobles, burguesas y las del pueblo llano, se generaliza el cocido como comida diaria. Progresivamente, en los grandes núcleos urbanos, algunas fondas y botillerías van siendo sustituidas por elegantes cafés y por restaurantes de nuevo cuño, con carta, cubiertos y mantelerías decentes, mientras que en el medio rural siguen imponiendo su ley y su sempiterno maltrato, ventas y ventorros de mala nota. De los primeros, son ejemplos señeros *La Fonda Española* y *Lhardy*, en Madrid, junto al *Grand Restaurant de France* o Justin, *El Suizo*, y *El Continental*, en Barcelona.

La segunda etapa se abre paso con la restauración borbónica y la consiguiente proclamación como rey de Alfonso XII, y termina con su muerte, en 1885.

Es etapa en la que se consuman las primeras aplicaciones prácticas de la electricidad en fábricas y otros centros productivos, se inicia la electrificación del alumbrado público, aun en competencia con el gas y el teléfono, aunque todavía débilmente, empieza a sonar. Justo en el final de la etapa y a caballo con la posterior, Isaac Peral asombra al mundo con un sumergible movido, por primera vez en España, con energía eléctrica.

En manducaria y usos culinarios se impone un total afrancesamiento en los menús de pompa y circunstancia, en buena medida promovido por un rey que había vivido sus infancia y juventud en el exilio parisino, frente al que reaccionan personajes como Mariano Prado Figueroa, *Doctor Thebussem* y José Castro Serrano, *un cocinero de su majestad*. En paralelo, se publica una obra culinaria excepcional, *El Practicón*, de Ángel Muro, mientras que el monarca cambia etiquetas y protocolos, al tiempo que prohíbe los yantares y conduchos que, desde hacía siglos, pueblos y ciudades estaban obligadas a ofrecer a los séquitos reales. Entretanto el perro *Paco* se hace un sitio en la historia de la gastronomía como el primer can gourmet de la Historia, Peral, profeta e introductor de la electricidad en la propulsión submarina, vive la tan hispana experiencia de ser ignorado y vilipendiado en su tierra, y algunos poetas se entretienen y a la vez divierten al respetable poniendo en verso las peripecias de la cocina, la mesa y el mantel.

La siguiente tercera etapa cubre el tramo histórico de la regencia de la segunda esposa de Alfonso XII, la reina María Cristina, y nos llevará hasta la mayoría de edad de su heredero Alfonso XIII, en 1902. Durante este periodo, se consolida el sistema político conocido como "turnismo" (establecido ya en la época de Alfonso XII), se desarrolla la segunda y definitiva Guerra de la Independencia de Cuba, entre 1895 y 1898, que desembocará en la caída en cascada del imperio colonial español y la pérdida de sus últimos bastiones: Cuba, Filipinas, Isla de Guam y Puerto Rico, donde se arría la bandera, al decir de Ramos Carrión, "amarilla de rabia y roja de vergüenza".

La electricidad alcanza su mayoría de edad al constituirse empresas y sociedades de suministro de la energía emergente. El paisaje de las grandes ciudades se modifica sustancialmente al sustituir la electricidad a las reatas de mulas que tiraban hasta entonces de los tranvías y aparece uno de los inventos relacionados con la electricidad, el cinematógrafo.

En cuanto a lo culinario y gastronómico, un pequeño sector de la sociedad disfruta de los platos que van llegando de Europa, otro se instala en los cómodos cafés, para debatir, tertuliar o quitarse el frío, mientras que la inmensa mayoría pasa verdaderas penurias en el sustento, cuando no, y muy frecuentemente, hambre pura y dura. El "turnismo" político, basado en complejas redes de caciquismo local y comarcal, establece el hábito de comprar votos por un plato de comida caliente, mientras que concede y reparte a discreción títulos nobiliarios, como respuesta solícita a un buen ágape. La *institución de la nodriza*, fuente nutricia mercenaria, se generaliza hasta extremos insospechados, como consecuencia de la profundización de las diferencias de renta entre el campo y los núcleos urbanos.

La cuarta y última etapa, en lo político, se centra entre 1902 y 1931, cuando el rey es destronado y se proclama la Segunda República Española, no sin antes haber pasado por la experiencia de otra guerra cochambrosa, la de Marruecos, y la dictadura de Primo de Rivera.

La electricidad se asienta definitivamente sobre la base de redes y el paso de la corriente continua a corriente alterna y, en paralelo, de un origen térmico a un origen hidráulico. La luz eléctrica llega a los hogares y en general es recibida entre el alborozo, caso de Pío Baroja, pero también con escepticismo e, incluso, con abierta hostilidad, caso de Ángel Ganivet, y también llega a la hostelería, con la electrificación del restaurante madrileño *Lhardy*.

Y de la mano de la electricidad llega el Metro, novedoso transporte urbano; la generalización del teléfono, ya en plena dictadura de Primo, con la creación de la Compañía Telefónica Nacional de España; se empieza a escuchar la radio, y el cinema cambia a cine, con carta de plena naturaleza y consumo popular.

El nuevo rey, notable gourmet y cuya vida se salva gracias al tendido eléctrico del tranvía, apuesta decidido en sus gustos por la cocina castiza y escribe de su puño y letra la receta de cocido, para que el mundo sepa que este es el plato español por excelencia, pero en las calles el pueblo hambriento se manifiesta o hace cola en los centros de caridad, buscando un trozo de pan o un calentito aguachirle con el que poder engañar al estómago.

Manuel María Puga y Parga, con pseudónimo de *Picadillo*, publica otro trascendente tratado coquinario, *La cocina práctica*, y pocos años después continúa la labor doña Emilia Pardo Bazán, dando a la imprenta *La cocina española antigua*, con un recopilatorio que pone por primera vez negro sobre blanco la receta de la fabada asturiana. Casi al mismo tiempo, en la misma línea, pero con hondo y novedoso espíritu de renovación, sale a la luz el *Índice culinario* de Teodoro Bardají, y el poeta Joan Salvat-Papasseit hace versos de materia y sustancia eléctrica.

En las postrimerías de la primera década del siglo, abren sus puertas en Madrid dos hoteles, *Ritz* y *Palace*, que inauguran el hábito de "comer de hotel", mientras que en Barcelona se imponen hitos de la categoría de la *Maison Dorée, Can Pinsa* y *Martin o Can Marten*. En esto, los vascos invaden gastronómicamente Madrid, mientras que muchos madrileños se arraciman en los merenderos próximos al cementerio, bajo la máxima de que "el muerto al hoyo y el vivo al bollo". Julio Camba publica su única e inclasificable obra, *La casa de Lúculo o el arte de comer*, Dioniso Pérez, alias *Post Thebussen* descubre las cocinas regionales en la *Guía del buen comer español*, situándolas por encima del concepto nacional, y emerge el primer chef mediático de nuestra historia, en la figura de Antonio Feito, jefe de cocina de *Lhardy*.

El rey, empujado por el relativo fracaso de unas elecciones municipales, se va al exilio y nada más poner el pie en el puerto de Marsella, sin amilanarse por la deshora del momento, se empecina en meterse entre pecho y espalda una bullabesa. Las penas con el plato que Escoffier bautizó como "caldo de sol", debieron ser menos.

I

De cuando la electricidad fue espectáculo y mágica iluminación

Las exposiciones internacionales que se suceden a lo largo de la segunda mitad del siglo XIX van a constituirse en los grandes escaparates de la electricidad: una novedosa energía que pronto se intuye como alternativa al gas y destinada a sustituirlo como fuente de alumbrado público.

El alumbrado eléctrico con arco voltaico, que es la fabulosa atracción de la Exposición Universal que en el año 1851 se celebra en Londres, y que encuentra un gran eco en las revistas ilustradas de entonces, anima a un sinfín de dignatarios y próceres de distintos países a llevar a sus circunscripciones aquella última maravilla del progreso.

Inicialmente, pocos perciben posibilidades de futuro de la energía eléctrica en sectores productivos, pero la mayoría de los que han tenido la oportunidad de conocer la novedosa fuente lumínica, se entusiasman de inmediato con su potencial espectacular. Así, los munícipes de medio mundo empiezan a usar la electricidad como elemento añadido al fasto de cualquier acontecimiento.

En Madrid, las primeras pruebas se llevaron a cabo en 1851, para celebrar el nacimiento de la Infanta Isabel, *La Chata*. Mediante una pila galvánica, se iluminó la Plaza de la Armería y posteriormente el Congreso de los Diputados.

Más tarde, el 24 de junio de 1858, a las ocho y media de la tarde, y con motivo del gran acontecimiento que supone la llegada a la capital de agua del río Lozoya a través del Canal de Isabel II, que viene a sustituir a las islámicas y muy deterioradas galerías subterráneas por las que hasta entonces circulaba, se instala una fuente iluminada en los altos de la calle de San Bernardo. El surtidor, que según los cronistas de la época alcanzaba la altura de treinta y un metros, se iluminaba con fluido eléctrico, ante el pasmo de los madrileños que se acercaban a contemplar el insólito espectáculo. María Isabel Gea aporta estos datos sobre aquella entonces maravilla tecnológica:

> En la construcción trabajaron 1500 presos que rebajaron así sus penas, 200 obreros libres, 400 animales de carga y 4 bombas de vapor. Se llamó Canal de Isabel II en honor de la reina, y traía el agua del río Lozoya hasta Madrid a lo largo de 77 kilómetros, siendo almacenada en un depósito subterráneo construido bajo el antiguo Campo de Guardias, en la calle de Bravo Murillo. Se cuenta que en el momento en el que el surtidor lanzó el agua por primera vez, el político José de Posada Herrera, que estaba junto a la reina en la tribuna observándolo, comento: "Señora, hemos tenido la suerte de ver un río poniéndose de pie".

Galdós, en un crónica publicada en el diario *La Prensa* de Buenos Aires, evoca el acontecimiento como la "redención del mundo"; como obra humanitaria debida a Bravo Murillo, que permite a los madrileños, tan aficionados al agua de calidad, paladearla a su gusto en casa, catarla a conciencia y hasta emborracharse con ella, aunque aún quedan nostálgicos del agua de las fuentes de Cibeles, Encarnación, Progreso y otras. En el artículo de referencia, don Benito es claro en sus gustos y preferencias:

Las primeras pruebas de iluminación eléctrica que se realizaron en España tuvieron
lugar en 1851, con motivo del nacimiento de la Infanta Isabel, "La Chata".
Mediante pila galvánica, se iluminaron la Plaza de la Armería
y el Congreso de los Diputados.

La traída de agua del río Lozoya a Madrid supuso una mejora sustancial de la calidad de vida para los madrileños. Además, estos se vieron maravillados por el espectáculo de un surtidor que alcanzaba una altura de más de treinta metros y que por la noche se iluminaba con luz eléctrica

> La marca Lozoya, digan lo que quieran algunos bebedores muy inteligentes, pero harto apegados a lo antiguo, es la mejor de Madrid y, por consiguiente, del mundo.

El debate parece que sigue vivo bastantes años después, ya que en la novela *Fortunata y Jacinta*, cuya acción se sitúa ya en 1875, doña Casta le pregunta a las niñas que agua prefieren, la de Progreso o la de Lozoya, lo que equivale a decir la de la fuente de la plaza cercana o la que circula por las cañerías y sale por el grifo de la misma cocina. El debate estaba zanjado de antemano y aquella agua estaba destinada no solo a satisfacer la sed o a refrescar el gaznate, sino a otorgar un punto diferencial a la cocina madrileña, porque, como dice José Esteban: "…colaboró con el garbanzo zamorano para hacer del cocido madrileño el plato nacional".

Isabelona la golosona

Desde su más tierna infancia, Isabel II, a quien los madrileños bautizaron pronto como *La Isabelona*, por su regordeta y oronda figura, fue muy comilona y casi patológicamente golosa. Al poco, y como dicen Eslava Galán y Rojano Ortega:

> …la reina niña había crecido más en arrobas que en inteligencia y era más inclinada al arroz con leche y a las braguetas de sus guardias que a la instrucción y al trabajo.

Apasionada del chocolate, del que tomaba tazas sin tino, se lo hacía servir con picatostes, mojicones, galletas, roscones (que eran su delirio), buñuelos y toda una nutrida gama de dulcería. Pero también fue adicta al pan y su afición hizo mella en sus súbditos, quienes, en su mayoría, no disponían de mucho más alimento. Por este motivo, en su reinado y según explica Eva Celada:

…se multiplicaron las especialidades de diferentes panes, hogazas, picado, libreta, panecillos largos o redondos, roscas, criadillas, bollos grandes y, como postres, galletitas de todo tipo.

Dedicada a engullir como una posesa, casi en la infancia estaba cuando fue declarada mayor de edad, para que prestase juramento como reina, en sesión parlamentaria de 8 de noviembre de 1843. Tenía trece años y un mes.

EL PRIMER RESTAURANTE AL GUSTO FRANCÉS

Tres años antes de la mayoría de edad de la reina, abría sus puertas la *Fonda Española*, en la madrileña calle de la Abada, que merece ser considerado como el primer establecimiento que responde al concepto de restaurante de gastronomía cuidada, impuesto y acreditado ya en la Francia vecina. Lo regentaban dos italianos, Prote y Lopresti, que introdujeron notables cambios en los hábitos y formas hasta entonces al uso.

De aquel acontecimiento es cronista nada menos que don Benito Pérez Galdós, quien, en su novela *Montes de Oca*, relata lo siguiente:

…si nuestros antiguos bodegones y hosterías conservaban la tradición del comer castizo, bien sazonado y substancioso, los italianos, maestros en esta como en otras artes, introdujeron las buenas formas de servicio y un poco de aseo, o sus apariencias hipócritas, que hasta cierto punto suplen el aseo mismo. No fue tampoco reforma baladí el sustituir la lista verbal, recitada por el mozo, con la lista escrita, que encabezaban los ordubres, estrambótica versión del término "hors d'œuvre". Lo que principalmente constituye el mérito de los italianos es la introducción del precio fijo, la regla económica de servir buen número de platos por el módico estipendio de doce reales, pues con tal sistema adaptaban su industria a la pobreza nacional, y establecían relaciones seguras con un público casi totalmente compuesto de empleados y militares de mezquino sueldo, de calaveras sin peculio, o de familias que empezaban a gustar la vanidad de comer fuera de casa en días señalados o conmemorativos.

Para dar a cada uno lo que le corresponde con imparcial criterio histórico, conviene indicar que no fueron Prote y Lopresti verdaderos innovadores en materia y formas de comer, sino más bien los que divulgaron aquel arte precioso en la vida de los pueblos. Ya Genieys había dado a conocer las croquetas, los asados un poquito crudos, las chuletas a la papillote y otras cosillas; pero Lopresti popularizó estos manjares poniéndolos al alcance de los bolsillos flacos, acreditando su saber, así como la equidad paternal de sus precios. Al propio tiempo superaba a Genieys en los arroces a la valenciana y milanesa, así como en el bacalao en salsa roja; era maestro en el cordero con guisantes, en el besugo a la madrileña, en la pepitoria, en los macarrones a la italiana, y principalmente en los guisotes de pescado y mariscos a estilo provenzal o genovés. En el renglón de vinos, el poco pelo de la clientela limitaba el consumo a los tintos de Arganda o Valdepeñas para pasto, y un Jerez familiar y baratito para los libertinos domingueros, y para los que iban de jolgorio, con mujerío o sin él, a horas avanzadas de la noche. En estas francachelas de un carácter confianzudo y pobretón, no se conocía el champagne. El agua, de que algunos parroquianos hacían considerable gasto, se anunciaba como de la Fuente del Berro; mas era de la Academia o de la Escalinata. En el servicio de vinajeras introdujeron los italianos cristalería fina en armaduras elegantes, y presentaban los mondadientes en gallitos y monigotes de porcelana. Inferior era el lujo en la mantelería y lienzos de mesa, de dudosa blancura los más días del año.

Por todo ello tuvo la Fonda Española un éxito tan rápido como lisonjero, y el público invadió desde los primeros días el modesto y lóbrego local de la calle de la Abada, recinto que aún conservaba olor y trazas de logia masónica, piso bajo con dos rejas a la calle y entrada por el portal. Era este ancho, con zócalo de azulejos negros y blancos como tablero de ajedrez, bien alumbrado a prima noche por un farolón de dos mecheros, obscuro a última hora y expuesto a tropezones, que a veces eran graves, sin contar el desagradable quién vive de las humedades mingitorias.

Adoptaron los dueños, porque no podía ser de otro modo si habían de tonificar el establecimiento, el horario francés, dando la comida fuerte por la noche, con supresión de cocido. Al mediodía, servían almuerzos de seis y ocho reales, con huevos fritos y uno o dos platos, y el invariable postre de pasas y almendras con añadidura de un bollito de tahona, régimen que las casas huéspedes han perpetuado como una institución hasta nuestros días, y será preciso un golpe de revolución para destruirlo.

Un marido singular, muchos amantes y una corte milagrera

A Isabel II la casaron tres años después de su mayoría de edad con don Francisco de Asís, a quien ella siempre había llamado "la prima Paquita". Ocho años mayor que ella, era un tipo blandengue, atiplado y de virilidad más que dudosa. Se especuló con su condición de homosexual o bisexual, aunque es punto no del todo aclarado. Lo que parece verosímil es que hubiera nacido con algún defecto congénito (es probable que se tratara de un problema hipogenital con *hipospadias*, que consiste en que la uretra se abre ya en la cara interior del pene, ya en el escroto) que le impedía orinar de pie, e incluso que padeciera alguna forma de impotencia.

A lo primero alude la coplilla popular:

Paco Natillas

es de pasta flora

y se mea en cuclillas

como una señora.

De lo segundo se hace eco una sátira rimada de Valle Inclán, en la que aparece una monja de la que se hablará más adelante y una referencia sobre los gustos de su majestad:

Sor Patrocinio un alcalí
sorbe. Por darse consuelo
la reina zampa un buñuelo
con una copa de anís
y Don Francisco de Asís
sacando la minga muerta,
al amparo de una puerta
lloriquea y hace pis.

De lo que no cabe la menor duda es de que fue un gran consentidor, que sacó extraordinario provecho de las muchas infidelidades de su regia esposa, quien, entre otros muchos, fue amante a voces del general Serrano, a quien llamaba en público "el general bonito", del compositor Emilio Arrieta, de Carlos Marfiori, de José María Ruiz de Arana y de Puig y Moltó, disputándose estos dos últimos la paternidad del rey Alfonso XII. Todo esto se desarrollaba en un escenario cortesano que solo cabría calificar de esperpéntico.

Fue Valle Inclán quien primero motejó como "corte de los milagros" a la barahúnda palaciega de la reina, con, en sus propias palabras: *"... sus frailes, sus togados, su validos, sus héroes bufos y su payasos trágicos"*. Allí brillaban con luz propia el padre Claret, confesor real, y sor Patrocinio de las Llagas, asesora multidisciplinar de Isabel. Al reverendo, pequeño, enjuto y atormentado por la sexualidad sin freno que discurría a su alrededor, Valle, en *Viva mi dueño*, lo retrata inmisericorde:

…tenía la boca vasta y oscura, rasgada de pastosas vocales catalanas, partida por el chirlo que diseñaba acentos de clérigo trabucaire, en aquella jeta payesa y frailuna.

Lo de la monja surrealista, María de los Dolores Rafaela Patrocinio Quiroga y Capodardo, *la monja de las llagas*, merece capítulo aparte. A pesar de haber sido procesada por falsaria y

Francisco de Asís, primo y marido de Isabel II fue popularmente tildado de homosexual y motejado de "Paco Natillas". Los hermanos Bécquer, Valeriano y Gustavo Adolfo, con el pseudónimo de SEM, lo dibujaron de esta guisa aludiendo a los múltiples amantes de su regia esposa.

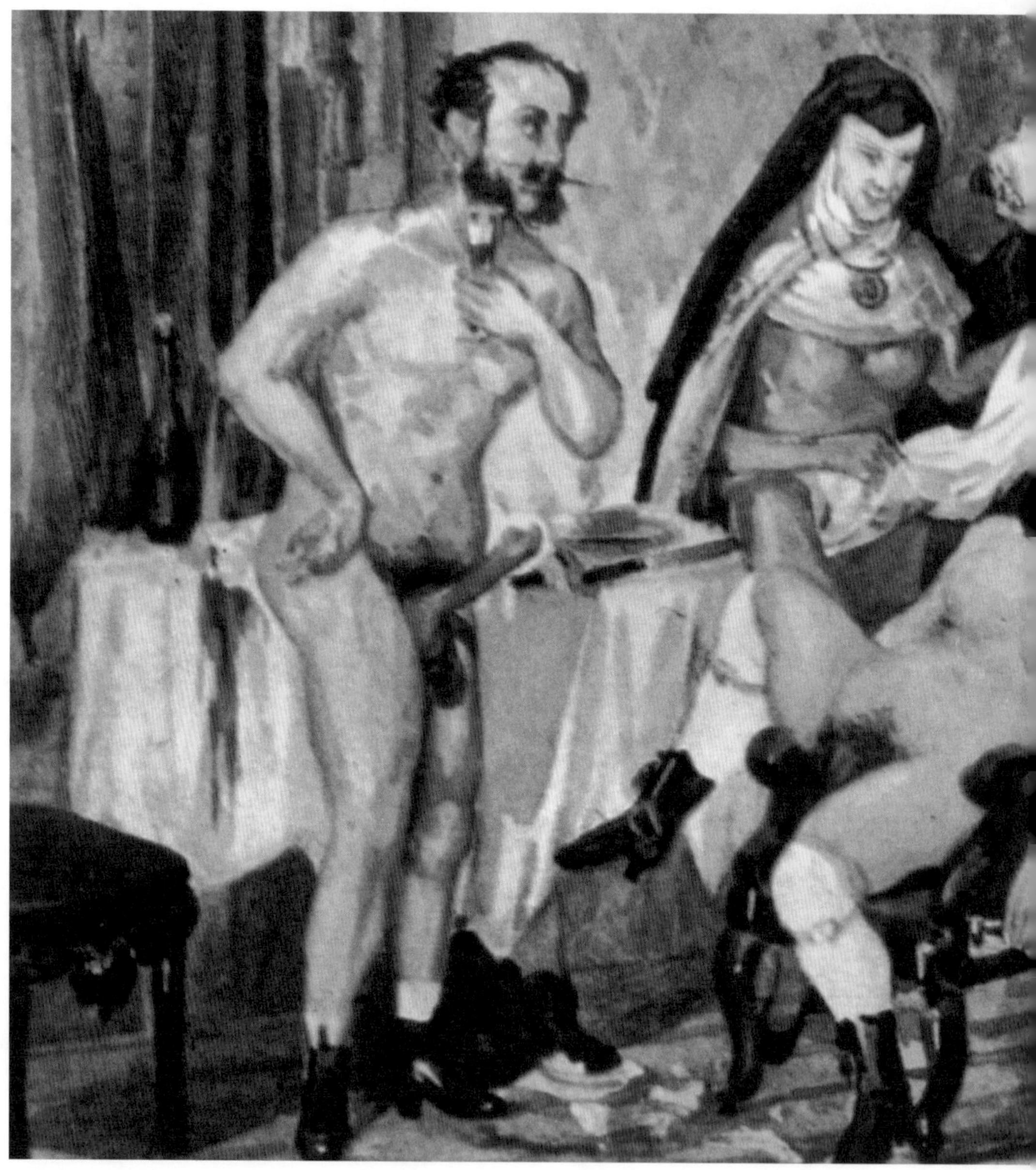

El ambiente palaciego del reinado se refleja satíricamente en esta acuarela de SEM.
En la escena y de izquierda a derecha, Carlos Marfiori, la reina en espera,
Sor Patrocinio requerida por González Bravo, a quien a su vez reclama
Francisco de Asís, y el padre Claret sodomizando a su majestad.

fingidora de milagros, con pena de destierro en 1835, a Talavera de la Reina, regresó a Madrid pocos años después y logró introducirse en la corte, logrando tal influencia sobre la reina que incluso consiguió provocar la caída del Gobierno de Narváez durante un día. La monja, cuyos delirios milagreros fueron puestos en evidencia durante una sesión de anestesiología, practicada por el ilustre médico Argumosa Obregón (introductor en España de la anestesia por inhalación de éter sulfúrico y más tarde del cloroformo), insistía en poseer los estigmas de la Pasión de Cristo, y actuaba, en palabras de Eslava Galán, como:

> …una pía agencia de empleo que colocaba a sus recomendados en los mejores puestos de la administración pública (haciendo con ello desleal competencia a la reina madre).

Los madrileños le dedicaron coplas como esta:

> Tiene sobre Isabel mucho dominio
> la milagrosa monja Patrocinio.
> Quien el motivo averiguar anhele
> cambie la P de Patrocinio en L.

A todo esto, el pueblo llano cantaba cosas como:

> La Isabelona
> tan frescachona
> y don Paquito
> tan mariquito.

Los intelectuales se embroncaban, y hacían crudo escarnio de su monarquía; los militares preparaban pronunciamientos y asonadas y los políticos tomaban conciencia de que era necesario dar un cambio de rumbo a un país que navegaba a la deriva. Los hermanos Bécquer, Gustavo Adolfo y Valeriano, bajo el pseudónimo

Sem, elaboraron un conjunto de acuarelas casi pornográficas, cuyos protagonistas eran los personajes de esta tan peculiar "corte de los milagros". A título de mero ejemplo, en la que hace el número 71 del catálogo de la Biblioteca Nacional, aparece don Francisco con una tupida cornamenta y una leyenda que dice:

> Vuestra noble faz empaña
> el ñublo del deshonor,
> Deshaced presto esta niebla,
> Cortaos los cuernos, Señor:
> Que el mundo entero os señala,
> La Europa os llama cabrón,
> Y "Cabrón" repite el eco
> en todo el pueblo español.

Consciente de las dificultades por las que atravesaba la monarquía española, Pío IX, quien en su momento había manifestado serias reticencias para apadrinar al futuro rey Alfonso XII, sabiendo como sabía que era hijo adulterino, decidió apoyar a la muy católica Casa Real hispana, concediendo a la reina, a principios de 1868, la *Rosa de Oro*, la más alta distinción vaticana. Parece que un cardenal de la curia presentó sus objeciones al Papa argumentando que la galardonada era una *puttana*. El bueno de Pionono, tras meditar un instante, respondió al purpurado: *"Puttana, ma pía"*.

Pero la suerte está echada y la reina debe abandonar España hacia el exilio. Toma la crucial decisión en Lequeitio, donde veraneaba, el 30 de septiembre de 1868, pero un cortesano intenta convencerla de que aún es tiempo de reconducir las cosas. Le pide que vuelva a Madrid, donde le esperan, a su parecer, el laurel y la gloria. La reina le mira conmiserativa y responde: "La gloria para los recién nacidos y el laurel para la pepitoria".

Papa Pío IX.
Viendo las dificultades por las que atravesaba la monarquía española concedió a la
reina la Rosa de Oro; la máxima distinción que la Santa Sede podía otorgar a una
mujer. Ante un cardenal reticente, justificó su decisión definiendo a Isabel como
"Puttana, ma pía"

PEPITORIA DE REINA Y CLIENTA DE LHARDY

La metáfora gastronómica no fue del todo casual, porque una de las preparaciones culinarias que chiflaban a la reina era la gallina en pepitoria. El plato, que constituye santo y seña de la gastronomía madrileña, es de origen antiguo y sus referencias, en recetarios hispanoárabes y con el nombre de *ibráhimiya*, se remontan al siglo XIII. En los Siglos de Oro, XVI y XVII, aparecen distintas fórmulas en textos de Cervantes, en los libros de cocina de Martínez Montiño y Altamiras, y en alguna comedia, como *La dama boba*, de Lope, donde se compara el plato con el amor, por lo variado de sus ingredientes, entre los que se incluye el corazón. Así, cuando Finea dice: "¿Has visto, Clara lo que es el amor? ¡Quien pensara tal cosa!", esta responde: "No hay pepitoria que tenga más menudencias de manos, tripas y pies". Pero sería Isabel II quien dotaría al plato de categoría y casticismo, casi a partes iguales. Ramón Gómez de la Serna, con su particular y greguerista gracejo, llegó a afirmar que no se sabía muy bien si la egregia dama era: "… una reina en pepitoria o una pepitoria de reina".

El culmen de sus aficiones gastronómicas fue el arroz azafranado, del que en ocasiones presumió de haber llegado a comer cinco platos de una sentada. Pero también le chiflaban la paella, el cocido bien guarnecido de carne y tocino, el bacalao con tomate, las albóndigas, las croquetas, los embutidos, la mojama, las gachas saladas y las dulces puches, el jamón de Trevélez, y el arroz con leche.

Extendiendo sus apetencias más allá de lo nacional, Carlos Marfiori, hijo de un cocinero italiano y uno de sus amantes más duraderos, la introdujo en los goces de la pasta y de los embutidos transalpinos.

Cuando comía fuera de Palacio, lo hacía en *Lhardy*, el mejor, quizá el único restaurante que de tal podría calificarse en Madrid. Inaugurado en 1839, treinta y tres años de que la peseta fuera moneda oficial, introdujo en la corte refinamientos coquinarios hasta entonces desconocidos, como los *souffles*, el *vol-au-vent*, los *brioches*, la salsa bechamel o los *croissants*.

Dice José Altabella que:

> ...el nombre del establecimiento vendría sugerido por el famoso Café Ardí, del Boulevard des Italiens, de París, que más tarde se convertiría en la Maison Dorèe. El propietario, Emilio Huguerin, toma el nombre de su negocio y se transforma en Emilio Lhardy.

Parece que fue Prosper Merimée, el de *Carmen*, quien aconsejó a don Emilio establecerse en la capital de España, ante su constatada ausencia total de competencia para un negocio como en el que tenía en mente, y lo cierto es que lo hizo a lo grande y en sintonía con el gusto del Segundo Imperio.

La fachada se construyó, y así sigue, con madera de caoba traída expresamente de Cuba, y el interior fue decorado por Rafael Guerrero, el padre de la mítica actriz María Guerrero, sobre la base de dos mostradores enfrentados, con espejo al fondo y opulenta consola, en el entresuelo, y tres elegantísimos comedores en la planta superior: el Salón Isabelino, el Salón Blanco y el Salón Japonés, revestidos con lujoso papel pintado de la época.

Benito Pérez Galdós, es, con mucho, el escritor que más pasea su pluma por *Lhardy*. Cita por primera vez el establecimiento en *Los Ayacuchos*, de sus Episodios Nacionales. En una carta, el personaje central, Fernando Calpena, tras visitar al banquero José de Salamanca para retirar algún dinero, dice:

> Después de abastecerme del precioso metal, me llevó Salamanca en su coche a la carrera de San Jerónimo, donde se ha establecido un suizo llamado Lhardy, que es hoy aquí el primero en las artes de comer fino.

El propio Salamanca extendió la popularidad de *Lhardy* al contratar los servicios del local para el convite del bautizo de su

Inaugurado en 1839, *Lhardy* fue el primer restaurante madrileño que en rigor podía ser calificado como tal, e introdujo en la Corte preparaciones culinarias y refinamientos gastronómicos desconocidos hasta entonces. Lo fundó el suizo Emilio Huguerin, quien cambió su apellido evocando el famoso café parisino *Ardí*.

primogénito, Fernando Salamanca Livermore, celebrado en la iglesia de San José en noviembre de 1841, dos años después de su inauguración, y para inaugurar su fastuoso palacio en el paseo de Recoletos, el 16 de diciembre de 1858, con el siguiente menú:

POTAGES

Le potage a la Reine
Le printaniere aux querelles de volaille

HORS D'OEUVRES
Les bouchés aux huietres

RÉLEVÉS
Les turbots sauce hollandeise

Les filets de boeuf a la jardinero

ENTRÉES
Les sautées de becasses aux champignons
Les escalopes de foiegras aux truffes
Les filets de chevreuil sauce poivrade
Punch glacé au Madere

ROTIS
Les coqs de bruyere truffes
La galantine de dindes sur socles

LEGUMES
Les truffes au vin de Champagne a la serviette
Les fonds d'artichaute á la Linnoaise

ENTREMETS DE DOUCER
La mecedoine de fruits
Les peches à la Condè

VINS

Madere	*Xeres*
Sauterne	*Chateau d'Iquerne*
Gran vin Chateau Latour	*Pichon langueville*
Chateau Lafitte	*Lacombes Margaux*
Chambertin	*Clos Vougeot*
Champagne frappé	*Champagne rouge*
Vin du Rhin	

Jokai   *Consance du Cap*   *Málaga blanc*

Galdós vuelve sobre Lhardy en su novela *Lo prohibido* (1884-1885):

Comí, nos dice, en casa del buen amigo Lhardy buen pavo trufado, buenas salchichas y unos bisteques como ruedas de carro.

Las anécdotas empezaron a sucederse. Un día, la reina engullía un plato de callos en el Salón Japonés, acompañada de Josefa de Borbón, hermana de su marido, y del marqués de Bedmar, cuando en el comedor contiguo se inició una violenta discusión entre dos caballeros, que al poco se estaban retando a duelo. La situación se hizo peligrosa y la policía que vigilaba en la calle la real manduca, decidió sacar a toda prisa a la comitiva. Isabel salió de mala gana, pero al día siguiente volvió sobre sus pasos y nada más entrar al local le dijo al maître: "¿Por dónde iba con los callos de ayer?".

En las habituales meriendas de los días de caza en los montes de El Pardo, se preparaba un "sencillo" refrigerio consistente en galantina de pavo trufado (hoy un fiambre común, pero que entonces resultaba algo verdaderamente exótico, ya que había que prepararlo a mano), jamón cocido, lengua escarlata, riñonada de ternera, pollas asadas, queso Gruyère, frutas, dulces, pan y seis botellas de vino de Burdeos. Pero cuando la reina salía de Madrid, la intendencia alimenticia se convertía en problema crucial. No pocas veces, el séquito se veía obligado a comer en medio del campo y de una de estas circunstancias sacó partido para su personal lucimiento el gobernador de Jaén, el sábado 13 de septiembre de 1863. En el paso de Despeñaperros, por donde debía pasar el séquito real en coches de caballos, preparó un campamento medieval y cuando la comitiva entró en el desfiladero, la banda de música de Martos arremetió con un pasodoble arropado por el eco de la garganta natural. Como dice y resume Germán Rueda:

En el paraje se encontraron treinta tiendas para los "Reyes, Altezas y Corte". Todos los que custodiaban las tiendas iban disfrazados de soldados o pajes del siglo XV. Además, había un comedor para más de cien personas en una gran tienda. Todos los carros y caballerías, junto con el campamento, formaban un cuadro difícil de olvidar.

Aspecto actual de *Lhardy* que conserva intacta la fachada exterior, de madera de caoba traída expresamente de Cuba, y el interior decorado por Rafael Guerrero, el padre de la mítica actriz María Guerrero, con dos mostradores enfrentados, espejo al fondo y opulenta consola, en el entresuelo, y tres elegantísimos comedores en la planta superior.

MENÚ DE A DOS PESETAS PARA EL MARQUÉS DE SALAMANCA

El malagueño José María de Salamanca y Mayol, abogado, estadista, conspirador, alcalde, juez, hombre de negocios, banquero, contratista de obras, empresario de teatros, director de empresas, ingeniero, agricultor, ganadero, ministro, senador, diputado, marqués de Salamanca y conde de Los Llanos, fue uno de los hombres más influyentes del reinado de Isabel II de España. Hizo fabulosos negocios en el sector ferroviario, en la banca y en la inversión bursátil, a base de corruptelas y contando casi siempre como socios a los más poderosos o influyentes personajes de la sociedad española en cada momento, incluyendo a María Cristina de Borbón, madre de Isabel II y regente durante la minoría de edad de esta.

En 1839 consiguió conquistar el monopolio de la sal y comenzó a invertir en la Bolsa de Madrid. En 1847, el entonces presidente del Gobierno Joaquín Pacheco le nombró ministro de Hacienda y tras la dimisión de aquel en octubre del mismo año, pasaría a ejercer la Presidencia del Gobierno en la práctica, hasta que el nuevo presidente, Florencio García Goyena, le destituyó a raíz de la apertura de una investigación parlamentaria sobre supuestas actividades irregulares en su ministerio. Posteriormente, la llegada al poder de Narváez le obligó a exiliarse en Francia, donde permaneció hasta 1849. A su regreso, consiguió agenciárselas para arrendar al Estado su monopolio de la sal por un periodo de cinco años y la fabulosa cantidad de 300 millones de reales.

Por aquellos días de gloria y esplendor, un grupo de bohemios que habitualmente se reunían en el café *Suizo*, y, cuando los posibles daban para ello, comían en la recién estrenada fonda *París*, de la calle del Carmen, tuvieron la ocurrencia de invitar a un almuerzo al todopoderoso personaje. El 12 de enero de 1852, Rodríguez Correa, gran amigo en vida y editor de la obra póstuma de Gustavo Adolfo Bécquer, lanzó la idea a la asamblea, que inmediatamente la aprobó con entusiasmo, encargando al poeta

Estatua del Marqués de Salamanca, erigida en la plaza del mismo nombre y situada en el núcleo central del barrio madrileño que se diseñó y construyó por su iniciativa. Extendió la popularidad de *Lhardy* al contratar sus servicios para el convite del bautizo de su primogénito, Fernando Salamanca Livermore.

Manuel del Palacio (uno de los principales poetas y prosistas satíricos de la segunda mitad del siglo XIX y fundador del periódico satírico *Gil Blas*) la redacción de la correspondiente invitación. La misiva, naturalmente en verso, decía así:

Carta cariñosa y franca,
que escriben con efusión
doce hombres de corazón
a don José Salamanca.
Nos, los abajo firmantes,
muchachos de porvenir,
que se acaban de reunir
con dos pesetas sobrantes,
viéndole pasar la vida
prodigio siempre y fecundo,
convidando a todo el mundo
mientras nadie le convida,
queremos, aunque sin blanca,
nos halle el 20 de enero,
gastarnos aquel dinero
con don José Salamanca.
Comidas de dos pesetas
no son malas, don José:
habrá sopa de puré
y una entrada de chuletas.
Tendremos fritos los sesos
y, entre platos no sencillos,
rábanos y pepinillos,
manteca y otros excesos.
Iremos, aunque se alarmen
los que rigen el país,
a la fonda de París,
sita en la calle del Carmen.
Preséntese usted contento,

sin temor a una emboscada,
que nada debemos, nada,
en dicho establecimiento.
Allí, a las seis de la tarde,
el sábado nos reunimos;
vaya usted; se lo pedimos,
y el que lo busque, que aguarde.
No tema usted que la crítica
con nosotros se entrometa,
que no es cuestión de etiqueta
ni se hablará de política.
Ni piense que en esta acción
vaya, como en otras ciento,
después del ofrecimiento
oculta la petición,
que el favor de más valía
que usted puede dispensarnos
es solamente el de honrarnos
con su grata compañía.
Posdata. Si por si acaso
no se puede presentar,
denos cuenta del fracaso,
porque el paso de esperar
ha sido siempre un mal paso.

Para concretar, "los abajo firmantes" eran, además de Rodríguez Correa y Manuel del Palacio, Luís Rivera, Santiago Infantes Palacio, Cosme Algarra, Carlos Fontaura, Federico Luis Henales, Francisco Asenjo Barbieri, José Belart, Eugenio de Vera, Pedro Ramos y Manuel Martos Rubio.

Al marqués le hizo gracia la cosa y decidió aceptar la invitación, a través de la pluma del gran poeta romántico Ramón de Campoamor y Camposorio, en los siguientes términos:

Con labios agradecidos,

cual su arrogancia merece,

a los doce consabidos

les besa la mano el "trece".

Acepto con gran placer

vuestra franca invitación,

y así podremos saber

lo bien que saben comer

los hombres de corazón.

Comeremos, y ese día,

con dulce fraternidad,

brindaremos a porfía,

unos, por la monarquía;

otros, por la libertad.

Y a todo aquel que no acierte

como a invitación tan franca

corresponderé…, se le advierte

que avive el seso y despierte

y que estudie en Salamanca.

No sabemos si el marqués era de talante tan abierto como para contraponer deliberadamente monarquía y libertad, o es que Campoamor le coló aquello subrepticiamente en sus versos, pero de lo que no cabe duda es de que uno de los hombres más ricos de su tiempo se enteró de lo que era un menú relativamente popular de a dos pesetas.

En 1856, Salamanca obtendría el título de senador vitalicio en las Cortes españolas. En el sector de la construcción, se destacó por haber sido el promotor y artífice del hoy llamado *Barrio de Salamanca* de Madrid.

A partir de 1860, la estrella de José de Salamanca comenzó a eclipsarse, aunque fue por entonces cuando obtuvo, de manos de La Isabelona, los títulos de marqués de Salamanca, en 1863, y el

El grupo de bohemios que se reunía en el café *Suizo* y que invitó al Marqués de
Salamanca a un menú "de a dos pesetas", terminó el ágape y la fiesta rindiendo
homenaje a Cervantes ante la estatua que aún se erige
en la Plaza de las Cortes.

de conde de los Llanos, un año después, con el que consiguió la Grandeza de España.

BARCELONA SE PONE A TONO

El primer gran restaurante al uso francés que tuvo Barcelona fue el *Grand Restaurant de France*, más tarde conocido como *Justin*, el nombre de su propietario, inaugurado en 1861 y ubicado en el número 12 de la Plaza Real. Su estructura y distribución constaban de un comedor en el patio interior, iluminado por una elegante claraboya, y unos saloncitos reservados, donde se celebraban comidas de negocios o cenas íntimas. Dotado de finas mantelerías de hilo, vajilla de Limoges, cubertería de plata, cocina refinadísima y una excelente y bien provista bodega, su propietario, monsieur Justin, marcó toda una época en la ciudad condal. Como señala Carlos Azcoytia:

> …fue el primero que enseñó a comer a la francesa a la burguesía catalana y sus precios desde luego estaban acorde con la calidad del servicio; según una guía de 1896 el almuerzo costaba desde cuatro pesetas y la cena desde cinco, haciéndose famosa la frase, como consecuencia de estos precios, de "sopar de duro". Tal era la fama de este restaurante que el mismo Justin decía que formar parte de su cocina estaba tan cotizado que un pinche o un ayudante de camarero necesitaban tantas recomendaciones para formar parte del equipo como un funcionario en Madrid para tener un empleo en el ministerio de Gracia y Justicia. A tanto llegaba el prestigio de servir en esta casa que después de aceptado el aspirante debía pagar, como en la casa Real, quinientas pesetas en concepto de entrada.

Otro elemento decisivo en el éxito de *Justin* fue su *maitre*, Antonine, quien fue pionero en el arte de conducir a la clientela por los vericuetos del maridaje o armonización de platos y vinos, además de maestro en la formación de un nuevo perfil de camarero dotado de las educadas maneras de servir y atender que París había ido perfeccionado durante el Segundo Imperio.

El mismo año de la fundación de *Justin*, 1861, se abrió en Barcelona otro local de pompa y circunstancia, el café *El Suizo*, que sito en el número 31 de la Rambla del Centro, con salida trasera a la Plaza Real, número 17, estuvo a cargo del ciudadano suizo Mario Zanfa, aunque este no tardó en traspasarlo a un italiano llamado Juan Mattioli y al socio de este, un tal Starna, que lo convirtieron en restaurante en el año 1866. *El Suizo* fue famoso por el filete de buey acompañado de patatas soufflées y por un arroz originalísimo que fue el resultado de la colaboración, como a veces ocurre, entre cocinero y cliente. El cliente en cuestión era Julio Parellada de quien Néstor Luján retrata en estos trazos:

> …magnífico tipo de "dandy" que dilapidó parte de su fortuna en flores, perfumes y galanterías más concretas, diremos que era un gourmet sibarítico y en sus últimos tiempos, con su plastón de piqué y su clavel en la solapa, ocupaba con grave autoridad su mesa de "El Suizo".

Y ahora llega la anécdota que dio lugar la plato de referencia:

> Un día se le ocurrió pedir al camarero Jaime Carabellido un arroz especial que aportase todos sus tropezones sin huesos, ni espinas. Se elaboró el plato, que no es fácil y volvió a repetir su petición. Carabellido se entendió con la cocina a base de pedir un "Parellada".

El plato no tardó en popularizarse entre la clientela habitual y el local lo incorporó con gran éxito a su minuta. *El Suizo* sobrevivió hasta… pero mejor que siga contando Néstor Luján:

> Quien esto firma lo despidió con honor e irreprimible nostalgia en la noche del 30 de marzo de 1949. Paladeé con honda melancolía su última copa de *fine maison*, el coñac denso y oloroso de "El Suizo".

De la misma época es *El Continental* o con más precisión el *Restaurante del Café Continental*, propiedad de José Ribas, decorado por el pintor Junyent, y, a decir de muchos expertos y entendidos, el mejor restaurante que Barcelona haya tenido jamás. Situado en la Rambla de Canaletas, esquina a la Plaza de Cataluña, se hizo rápidamente famoso por platos de espléndida elaboración y factura, como las *becasses sur canapé*, la *tête de veau*, el lenguado *Marguéry*, el *cassoulet*, la escudella catalana o los huevos Continental, que dicen eran todo un alarde de imaginación y finura. Pero para los más exquisitos *gourmets*, la gran baza de El Continental fueron sus filetes de carne de buey, que de nuevo evoca Néstor Luján:

> …unos filetes perfectos, muelles, nobles, sanguinolentos en el punto en que la carne alcanza recónditos azulados y malvas sombríos, de un tamaño respetable. Eran su homenaje al arte, tan francés, de enaltecer la carne bovina.

EL REINADO DEL TELÉGRAFO ELÉCTRICO

Fue durante el reinado de Isabel II cuando se empezó a instalar y se consolidó el sistema de comunicación de telegrafía eléctrica y esto sucedió en un tiempo en el que todavía no se había terminado de instalar la red de telegrafía óptica. En 1851, mayo de 1852, el Gobierno encargó a quien se consideraba entonces el máximo experto en la materia, el coronel de Artillería de Marina José Francisco María Damián Mathé y Arangua, un estudio de los sistemas telegráficos, para adoptar el que se considerase más conveniente para el país. Mathé, tras varios viajes por Francia, Bélgica, Inglaterra y Alemania e Inglaterra, concluyó, y así se lo hizo saber al entonces ministro de la Gobernación, que el futuro estaba en la telegrafía eléctrica, y más concretamente en el sistema de Wheatstone, por ser este el de mayor implantación en

Europa. Dicho y hecho, se le encargó la construcción de la primera línea entre Madrid e Irún, al tiempo que ponía en marcha una escuela especial de telegrafía, que inicialmente contó con una primera promoción de 48 alumnos, todos ellos con experiencia en el sistema de telégrafo óptico.

En una primera fase, la construcción de la red estuvo a cargo de un equipo de ingenieros de Caminos dirigidos por Mathé, mientras que el mantenimiento y utilización del telégrafo, quedaban bajo el control del Ministerio de Gobernación, hasta que en 1857 la responsabilidad de la construcción pasó al recién creado Cuerpo de Telégrafos, que inmediatamente acometió el proyecto del trazado de dos nuevas líneas en Extremadura y Cataluña.

Entre 1853 y 1855 se concluyó la línea Madrid-Irún, con una extensión de 613 kilómetros. El incuestionable éxito de esta primera línea, unido a la demanda creciente de los sectores financiero y comercial, y a los acuerdos firmados con Francia para la transmisión recíproca de telegramas, llevaron a la aprobación, el 22 de abril de 1855, de una Ley que autorizaba la construcción de un sistema completo de líneas radio-telegráficas que pusiera en comunicación a la Corte con todas las capitales de Provincia y Departamentos Marítimos y que a su vez llegaran a las fronteras de los países vecinos, Francia y Portugal.

La primera red telegráfica eléctrica, de una extensión de 10.001 kilómetros de líneas y 194 estaciones, se construyó entre los años 1854 y 1863. Sobre la base de una estructura radial con centro en Madrid, unía todas las capitales de provincia y principales ciudades, incluyendo las Baleares y la ciudad de Ceuta, quedando excluidas de la red Melilla y las Islas Canarias.

A partir de aquel primer momento de euforia, la ampliación de la red se ralentizó considerablemente, hasta el punto de que entre 1863 a 1879 solo se tendieron 5.869 nuevos kilómetros, aunque en los años siguientes se logró recuperar el ritmo inicial y al terminar el siglo el número de líneas en funcionamiento ya había alcanzado los 32.494 kilómetros.

Yantares de cuando la electricidad acabó con las mulas

Red telegráfica española en 1863

La estructura radial de la red telegráfica española indica claramente el espíritu
centralista de la época, situando a Madrid como único y verdadero centro político del
país, lo que no tardaría en convertir a la capital en el centro de la toma
de decisiones económicas.

Hay que decir que, pasados los años, el telégrafo eléctrico
fue, como en el caso del teléfono, un extraordinario recurso de
empleo para las mujeres, aunque el proceso encontró bastantes
escollos en sus primeras etapas. Al respecto, dice Bravo Morata:

> Más de mil señoritas son aprobadas en los primeros meses de 1912 para
> ocupar las plazas de Auxiliares Femeninos del Cuerpo de Telégrafos. Pero,
> una vez aprobadas, van pasando los días, los meses, y nadie las llama a
> prestar servicio. En vista de ello, una distinguida comisión de las oposito-
> ras aprobadas pide audiencia y es recibida por el ministro correspondiente.
>
> El retraso era debido, entre otras causas muy españolas, a la oposi-
> ción de ciertos sectores de la opinión a que las mujeres ocupasen plazas
> remuneradas por el poder público

Clara Campoamor, que aquí aparece en el centro de la imagen y durante un acto reivindicando el voto femenino, ingresó como auxiliar de segunda en las primeras oposiciones al Cuerpo de Telégrafos celebradas en 1909, en las que de forma pionera se admitieron mujeres.

El jacarandoso exilio real

Con el fondo del grito unísono popular de: "Abajo la Isabelona, fondona y golfota", en 1868, demócratas y progresistas llegaron a un acuerdo, avalado por el general Serrano, antiguo amante y hombre de confianza de la reina, abriendo el camino a la formación de un gobierno provisional y la convocatoria de cortes constituyentes por sufragio universal, de la que nacería la Primera República Española. Isabel, como se ha dicho, sin gloria y sin más laurel que el justo para aliñar una pepitoria, partió hacia el exilio.

Resulta interesante revisar cómo describía el corresponsal de un periódico francés los últimos momentos de la familia real en territorio español:

> La reina y el rey van resignados; pero como atontados, sus ojos interrogan a la muda muchedumbre, que la contemplan, como si esperaran de ella algún movimiento para detener a la familia real de España. Algunos rostros se enternecen. De repente, con estupefacción suma se ve á Marfiori entrar insolente en el wagon real é instalarse en él. Este último reto á la opinión pública hiela los generosos sentimientos de piedad que se habían manifestado: aquellos que se conmovieron se indignan, y un murmullo de disgusto se deja oír.

La destronada se instaló en un piso de la Avenue Kléber, en uno de los mejores distritos de la capital francesa. Allí recibía a sus aún leales y allí se reencontró también con Benito Pérez Galdós, quien, aunque ferviente republicano, se sintió conmovido ante aquella mujer que le recibió con efusivos abrazos y toda suerte de gentilezas. En aquella ocasión, el escritor pudo oír de boca de Isabel una confesión con rango de evolución histórica:

> Sé que lo he hecho muy mal, Galdós. No debo ni quiero rebelarme contra las feroces críticas hacia mi reinado, pero creo que no ha sido mía toda la

culpa. Reconozco que tengo todos los defectos de mi raza, pero también tengo alguna de sus virtudes.

Se cuenta, quizá con cierta maledicencia, que un joven policía que acababa de ser destinado a la vigilancia del barrio, fue llamado por el intendente antes de que comenzara el servicio de patrulla por la zona:

> Es probable que vea usted a un anciano de largas barbas y aspecto venerable, que persigue a las muchachas y que si puede les pellizca el trasero… a ese, ¡ni tocarlo! Es el gran escritor León Tolstoi, que vive aquí. Con toda seguridad verá usted también a una señora regordeta, que hace lo mismo con los muchachos jóvenes… ¡a esa, igual: ni tocarla! Es Isabel II, la reina de España que está exilada en nuestro país y vive en la Avenue Kléber.

En sus últimos años, el carácter de la reina acabó por serenarse. Asistía cada mañana a misa, desayunaba, daba algún corto paseo y jugaba a las cartas cuando tenía con quien. Cenaba pronto, normalmente con la duquesa de Almodóvar, y se iba a la cama, donde intentaba, con muchas dificultades, conciliar el sueño. Poco antes de morir le hizo a León y Castillo la muy famosa confidencia, en clave retórica, sobre su noche de bodas: "¿Qué piensas de un hombre que tenía sobre el cuerpo más puntillas que yo?".

El 9 de abril de 1904, la ex reina se recupera de una afección gripal y se encuentra sentada en un sillón, al calor de la chimenea y arrebujada en un abrigo de pieles, cuando le anuncian la visita de la emperatriz Eugenia de Montijo. Aquí toma la palabra Manuel Barrios:

> Isabel, para expresarle el afecto que le dispensa la consideración con la que la distingue, se desabriga y sale al exterior para recibir a Eugenia en la escalera. El brusco cambio de temperatura le produce un enfriamiento que será mortal.

Isabel II inició el exilio en París confiando ingenuamente en que no tardaría en ser repuesta en el trono. En esta acuarela de SEM y ante una mesa de conmemoración y banquete les dice a sus leales: "Señores, dentro de un año en mi Palacio de Madrid".

El Gobierno francés organizó un impresionante cortejo fúnebre, que, atravesando la plaza de *L'Etoile*, descendió por los Campos Elíseos, para llegar a la estación de ferrocarril *D'Orsay*, cubierta de crespones negros, desde donde se inició el traslado de sus restos al pudridero del Monasterio de El Escorial.

LARRA YA SE REBELA CONTRA EL AFRANCESAMIENTO CULINARIO

Aunque el espaldarazo definitivo al afrancesamiento en la cocina española no llegará hasta la subida la trono de su hijo Alfonso XII, en los tiempos de La Isabelona ya habían comenzado a sentirse los primeros embates, ante los que uno de los primeros principales que reacciona es el periodista, escritor costumbrista, crítico satírico y literario, Mariano José de Larra. En uno artículos ensayísticos, quien fuera *Fígaro*, *Duende*, *Bachiller* y *El pobrecito hablador*, arremete sobre lo huero y vano del afrancesamiento en los establecimientos que, a su juicio, pretendiendo imitar los modos y maneras de la restauración francesa no son más que fondas refundidas:

> …en que creímos todos los gastrónomos hallar innovaciones de mérito y gusto, pero nada de eso: nos han añadido una porción de ridiculeces que antes no teníamos aún. ¿Qué es aquello de llamar a las diversas piezas de comer Marco Antonio, Cleopatra, Viena, Zaragoza, Venecia, Embajador chico y grande ¡Habrá ocurrencia singular! (.) En vano miré la lista por ver si personas que inventaban nombres tan ajustados a las cosas habrían mudado al tecnicismo gastronómico galo-hispano que tenemos, para poner a los manjares nombres españoles sacados de nuestros autores clásicos, del Mariana o del Antillón, pero me encontré todavía con los "cornisones", los "purés", las "chuletas a la papillote", las "manos a la vinagret", "el "salmón de chochas", el "hígado salteado", etc., y se me cayó el alma a los pies viendo que era preciso resignarse a seguir comiendo en extranjero.

Mientras se intentaba modernizar y refinar los establecimientos de comida con la simple formalidad de redactar los menús en francés macarrónico, la realidad de la fonda española era bien distinta a los ojos de Larra, quien sigue diciendo en otro de sus artículos:

> ¿Quiere usted que le diga lo que nos darán en cualquier fonda adonde vayamos? Mire usted: nos darán, en primer lugar, mantel y servilletas puercas, vasos puercos, platos puercos y mozos puercos; sacarán la cuchara del bolsillo, donde están con las puntas de los cigarros; nos darán luego una sopa que llaman de yerbas, y que podría acertar a tener nombre más alusivo; estofado de vaca a la italiana, que es cosa nueva; ternera mechada que es de todos los días; vino de la fuente, aceitunas magulladas, frito de sesos y manos de carnero, hechos aquellos y estas a fuerza de pan; una polla que se dejaron ayer; y unos postres que nos dejaremos nosotros para mañana.

En esta ilustración del artículo "El castellano viejo", Mariano José de Larra se burla de la pequeña burguesía española que quería imitar los nuevos usos gastronómicos que iban llegando de Francia, y que al situarse en una posición que no les era propia, solo conseguían quedarse en tierra de nadie.

Larra también arremete contra la pequeña burguesía que quiere imitar a toda costa los nuevos usos gastronómicos y, a fuer de intentar situarse en una posición que no le es propia, solo consigue quedarse en tierra de nadie; en un patético quiero y no puedo entre lo tradicional y lo novedoso, del que *Fígaro* se mofa en un artículo costumbrista titulado *El castellano viejo*, donde relata el almuerzo de cumpleaños de un funcionario que quiere epatar a la concurrencia:

> Sucedió a la sopa un cocido surtido de todas las sabrosas impertinencias de este engorrosísimo, aunque buen plato: cruda por aquí la carne; por allá la verdura, acá los garbanzos, allá el jamón; la gallina por la derecha; por medio el tocino; por la izquierda, los embuchados de Extremadura. Siguió luego un plato de ternera mechada, que Dios maldiga, y a este otros, y otros; mitad traídos de la fonda, que esto basta para que excusemos hacer su elogio, mitad hechos en casa por la criada de todos los días, por una vizcaína auxiliar tomada al intento para aquella festividad y por el ama de casa, que en semejantes ocasiones debe estar en todo y por consiguiente no suele estar en nada". El autor, terminado el almuerzo, se jura a sí mismo no volver a dejarse atrapar en una encerrona de la misma naturaleza: "Quiero que, si caigo en tentaciones semejantes, me falte un *roast-beef*, desaparezca del mundo el beef-steack, se anonaden los timbales de macarrones, no haya pavos de Perigueux, ni pasteles en Perigord, se sequen los viñedos de Burdeos, y beban, en fin, todos, menos yo, las deliciosas espumas del champagne.

Aunque cualquiera pueda hoy no solo compartir el punto de vista de *Fígaro,* sino aplaudirlo con calor, no deja de llamar la atención que en su tiempo todavía se considerara un novísimo al timbal de macarrones, ya que el plato fue introducido en la corte española por la italiana Isabel de Farnesio, segunda esposa de Felipe V, el primer Borbón de la dinastía, muy a principios del siglo XVIII.

AMADEO DE SABOYA, ENTRE LA DEMOCRACIA Y LA CHUSMA

Poco antes de su abdicación, y con motivo de una reunión de gobierno a propósito de un conflicto de competencias planteado por un grupo de artilleros, Amadeo I de Saboya mantenía una tensa reunión con el presidente Ruiz Zorrilla y el ministro de Gracia y Justicia, Cristino Martos. Al cónclave asistía la reina consorte, con el único fin de tratar de solventar los problemas de traducción al español de lo que allí se debatía, habida cuenta de que su egregio esposo no había conseguido dominar el idioma del pueblo sobre el que reinaba. Ambos políticos, enfrascados e inmersos en un torticero juego de intereses, plantearon al rey la necesidad de que aceptara las normas del Congreso de apoyo a la democracia, como si él mismo no lo hubiera hecho con anterioridad de manera clara y rotunda. Ante un planteamiento tan vil, la reina, en la única intervención política que se conoce a lo largo de su estancia en España, le espetó a don Manuel Ruiz Zorrilla: "No se confunda usted; esto que hay aquí no es democracia, esto es chusma". Dicen que el presidente del Gobierno, quien había jurado defender la monarquía amadeísta aún a costa de su vida, dio un puñetazo en la mesa y gritó un "¡Viva la república!", que sonó al punto final de un proyecto en el que don Amadeo había puesto alma, corazón y vida, y cuya constatación se haría pronto letra de abdicación y renuncia, explicando que:

> …todos los que con la espada, con la pluma, con la palabra, agravan y perpetúan los males de la nación son españoles.

MALVENIDO Y EFÍMERO

La historia del efímero reinado español de Amadeo I; una historia tan corta que no pasó de los dos años, dos meses y siete días, fue un continuo de incomprensiones, malos entendidos, conjuras, desprecios, deslealtades y traiciones. Su llegada al trono fue un rosario de malos quereres y desatinos. Proclamada la Constitución de 1869, que establecía como forma de gobierno la monarquía constitucional, hubo de buscarse entre las cortes europeas un rey de consenso, pero consenso hubo poco.

Elegido democráticamente por el Parlamento, en sesión extraordinaria de 16 de noviembre de 1870, lo que ya empezó siendo un sinsentido para los monárquicos tradicionales, Amadeo no acabó de encajar casi en el gusto de nadie. Los carlistas le repudiaban por liberal y por el contrario ellos con su propio soberano; los republicanos renegaban de él en público e incluso proclamaban su determinación de "destronar legalmente a don Amadeo; la nobleza y la aristocracia le miraban por encima de hombro como a extranjero advenedizo; la Iglesia abominó de él desde el principio, tanto por la situación de precariedad en la que su abuelo, Víctor Manuel I rey de Italia, había dejado al Vaticano, como por su personal política de apoyo a las desamortizaciones, hasta el punto de que algunas autoridades eclesiásticas se negaron a jurarle fidelidad; y el pueblo siempre le vio como algo ajeno, como un "Pepe Botella" redivivo, fundamentalmente por su incapacidad o su nulo deseo de aprender español. Para terminar de enfangar el oscuro panorama, tres días antes de su desembarco en Cartagena, su principal y casi único valedor, el general Juan Prim, fue asesinado en la madrileña calle del Turco. Al mismo tiempo, en Cuba se daba el primer grito independentista de Yara y los elementos políticos que le apoyaban se dividían, constituyendo agrupaciones distintas bajo la dirección respectiva de Sagasta y Ruiz Zorrilla.

Así las cosas, Amadeo I de Saboya llegó solo a Madrid (su esposa María Victoria se había quedado en Italia reponiéndose de su reciente segundo parto) el 2 de enero de 1871, para dirigirse inmediatamente a la Basílica de Nuestra Señora de Atocha, donde se velaba el cadáver de Prim. Luego se dirigió a Palacio, donde, espantado ante el frío polar de las grandes estancias, acabó instalándose en una pequeña sala que hasta entonces se había utilizado

El único apoyo político con el que contaba Amadeo I de Saboya para reinar en España era el del general Juan Prim y este fue asesinado justo cuando el nuevo rey italiano pisaba la Península Ibérica. Todo se le puso demasiado cuesta arriba y finalmente tuvo que abdicar.

para el servicio (durante la estancia de Amadeo en España, solo llegó a ocupar tres pequeñas habitaciones: un salón de estudio, una alcoba y un tocador). Durmió como pudo y se levantó temprano, con la intención de ordenar que se iluminaran sus aposentos y que se le sirviera el desayuno, pero el servicio aún no había saltado del lecho y las cocinas no estaban, por supuesto, encendidas. Al poco, Dragonetti, su secretario privado y mayordomo, fue informado de que la costumbre era servir al rey el desayuno a las once de la mañana. En respuesta, este les dijo: "Eso era antes. Su Majestad es un Saboya, y si no está listo el desayuno desayunará fuera", a lo que la servidumbre palaciega debió responder para sus adentros que mire usted que bien. Así, Amadeo y su secretario se lanzaron solos a la calle tratando de encontrar algún lugar donde tomar algo. Acabaron en el *Café de París*, donde desayunaron a la inglesa, unos huevos revueltos sobre una tostada de pan, lonchas de jamón y unas salchichas. En ese mismo instante, la inmensa mayoría de los madrileños que se habían levantado tomaban lo habitual, pan con agua, porque, como día de diario que era, el desayuno no incluía la sardina reservada a los domingos y feriados.

A pesar de que la cosa se inició con un desplante, al rey le debió gustar la experiencia y a partir de aquel momento y hasta su abdicación se convirtió en un asiduo de los cafés capitalinos. Siguió yendo al *Café de París* a desayunar o a tomar una copa de *grappa*, y con mucha más frecuencia a almorzar o a cenar en el *Café Fornos*. En ambos establecimientos tenía a su disposición los cigarros Virginia que le entusiasmaban, como después los tendría en el hotelito de la Castellana, testigo de su citas amorosas con la *Dama de las Patillas*, la hermosa Adela Larra, hija del escritor Mariano José de Larra, Fígaro, su amante más duradera y posterior esposa de un hacendado de Santa Fe, Granada, cuya huerta era tan magnífica que el maestro confitero Ferino Isla afirmaba que sus membrillos eran los mejores del mundo.

Desde el primer instante, Amadeo quiso poner algún orden en las cosas de España, y empezando por el propio Palacio ordenó un inventario que hasta entonces no existía. De aquella iniciativa salió a la luz, por ejemplo, una valiosísima cristalería de finales del siglo XVIII, que hoy se conoce como *De las Virtudes*, por los motivos delicadamente labrados en sus copas y jarras, que ha sobrevivido hasta nuestros días y que aún se sigue utilizando en los banquetes más solemnes que se ofrecen en el Palacio Real.

Amadeo trató de adaptarse lo mejor que pudo a los gustos en el yantar de los españoles, pero al mismo tiempo fue involuntario testigo directo de los primeros embates de la ola de afrancesamiento culinario que comenzaba a abatirse sobre los litorales gastronómicos hispanos. En una visita a San Sebastián, el ayuntamiento de la ciudad le obsequió con un menú redactado en francés e inglés, idiomas que no manejaba en absoluto, y en la ocasión tuvo que dar regia cuenta de un *Potaje Colbert, Mousseline, Cotelletes Maintenon, Turbot a la sauce de Mantua* (¡al fin algo que le sonara a italiano!), *Buey Renaissance, Supremas de pollo Maréchal, Timbal de palomas Hélène, Granadine de cabrito poivrade, Bastion de faisanes, Aspic de foie à la Carême, Salade d'homard, Capones trufées flanqués d'ortolands, Cailles à la Cresson, Corbeille d'asperges, Helados à la Saint Omer*, y una *Crema à la diplomate*.

En la época de don Amadeo el común de la población, evidentemente, comía de otra manera y de ello dejó memoria escrita el autor de la mundialmente famosa novela para niños *Cuore*, Corazón, Edmundo de Amicis.

EL ADIÓS A UN PROYECTO IMPOSIBLE

A comienzos del año 1873, la situación de Amadeo era ya de todo punto insostenible. A los desprecios y ninguneos que recibía desde su entronización su real persona, se fueron sumando las ofensas a la reina, María Victoria del Pozzo, que era despreciada por las damas de abolengo a la menor oportunidad.

La primera afrenta nos la cuenta Sainz de Robles:

> …las damas de la aristocracia, borbónicas, fanáticas, brillaron… por su ausencia en todas las recepciones y capilla palatinas organizadas por la Reina y aún quisieron ofenderla cierta tarde, en el Paseo de la Fuente de la Castellana, paseando, en landós de lujo, tocadas con la clásica mantilla española como dando a entender que no abdicaban de su casticismo y que repudiaban los nuevos métodos palatinos.

Al menos, este desaire de pésimo gusto a la soberana tuvo una réplica por parte del empresario teatral Felipe Ducazcal, quien, y sigue contando Sainz de Robles:

> …en otro landó despampanante, llevando a uno y otro lado suyo a dos furcias de mucho postín, se estuvo paseando igualmente, como dando a entender a las ridículas aristócratas que tanto o más que ellas valían aquellas "horizontales" tan elegantemente vestidas, ensombreradas y alhajadas.

La última de las afrentas, tuvo sin duda mucho más calado. María Victoria dio a luz a su tercer hijo, el infante Luis Amadeo, el 29 de enero de ese año y de lo que siguió a continuación nos da cuenta María Emilia González Sevilla:

> …el día del bautizo del príncipe, ninguna noble dama se ofreció a llevar a la pila al recién nacido como era costumbre antaño, cuando las madres no asistían a la cristianización de sus hijos porque guardaban cama largo tiempo. Lo hizo, al fin la duquesa de Prim, su antiguo valedor.
>
> El banquete que se organizó en palacio para celebrar tan fasto acontecimiento tuvo más de fúnebre que de alborozante. Se había dispuesto una mesa para cincuenta comensales, pero faltaron más de veinte invitados con diferentes excusas. La embajadora portuguesa y la duquesa de Parma lloraron a escondidas por el desprecio de la nobleza española a los reyes.

Para completar el retrato del acto, el historiador Vila-San Juan, cita las observaciones de un testigo presencial:

> Al soberano se le veía taciturno, como si algo muy hondo le preocupase, igual que cuando entró en Madrid. Todo era tétrico: la emoción de la duquesa de Prim nos ha contaminado a todos; este bautizo tiene mala sombra. Quien sabe si el hijo del rey vivirá mucho en este palacio.

No iban nada desencaminados los tiros.

El 11 de febrero de 1873, el Consejo de Ministros estaba reunido y el rey se temía lo peor... o lo mejor, de manera que, adelantándose a los acontecimientos redactó su discurso de renuncia a la corona en los siguientes términos:

> Dos años largos ha que ciño la corona de España, y la España vive en constante lucha, viendo cada día más lejana la era de paz y de ventura que tan ardientemente anhelo. Si fueran extranjeros los enemigos de su dicha, entonces, al frente de estos soldados tan valientes como sufridos, sería el primero en combatirlos; pero todos los que con la espada, con la pluma, con la palabra, agravan y perpetúan los males de la nación son españoles; todos invocan el nombre dulce de la patria; todos pelean y se agitan por su bien, y en el fragor del combate, entre el confuso, atronador y contradictorio clamor de los partidos, entre tantas y tan opuestas manifestaciones de la opinión pública, es imposible afirmar cuál es la verdadera, y más imposible todavía hallar remedio para tamaños males. Los he buscado ávidamente dentro de la ley y no lo he hallado. Fuera de la ley no ha de buscarlo quien ha prometido observarla.

A mediodía de ese mismo día, 11 de febrero de 1873, uno de los más fríos de los últimos inviernos, Amadeo estaba empezando a almorzar en un reservado del *Café Fornos*, cuando su secretario Dragonetti vino a traerle la respuesta que le daba la Cámara. Redactada por el diputado Emilio Castelar, algunos de sus párrafos resultan todo un alarde de cinismo:

…el conocimiento que tienen de inquebrantable carácter de V.M.; la justicia que hacen a la madurez de sus ideas y a la perseverancia de sus propósitos, impiden a las Cortes rogar a V.M. que vuelva sobre el acuerdo.

Tras la lectura del texto, Dragonetti informa además de que Ruiz Zorrilla, el presidente del Consejo, había terminado la sesión gritando un "¡Viva la República!".

El rey ordenó que no le sirvieran ya la comanda y en su lugar se tomó un par de copas de *grappa*, el aguardiente italiano que solía consumir después de cualquier refrigerio. Encargó que le enviaran a Palacio diez cajas de su tabaco preferido, los cigarros *Virginia*, y se fue dando un paseo hasta los reales aposentos, donde inmediatamente encargó a la reina María Victoria que preparara las maletas. Preparado el equipaje, la familia real al completo bajó a las cocinas y allí tomaron todos un estofado de carne con patatas, que Amadeo acompañó de unos cuantos tragos de *grappa*, bebiendo a morro de una garrafa. Inmediatamente después, salieron todos en un carruaje hacia la estación de ferrocarril de Atocha, con la sola compañía de dos diputados comisionados al efecto para acompañar a la real familia hasta la frontera de Portugal. Al llegar a la estación de Aranjuez, uno de los diputados bajó del convoy y se dirigió a la cantina a comprar algo para acompañar el largo viaje. Volvió con unas lonchas de jamón serrano, una hogaza de pan y leche caliente, para el rey, la reina y los tres infantes, ateridos todos de frío. En el grupo se reflejaba cierta nostalgia y abatimiento, pero Amadeo Ferdinando Maria di Savoia, hasta hacía unas horas Amadeo I de España, tampoco podía ocultar su interna satisfacción por abandonar un país y un paisanaje que nunca le quiso y al que él jamás logró entender. De haber llegado a conocerle, seguro que hubiera compartido y corroborado el análisis que años después haría Pío Baroja de lo español:

La mayoría de los españoles relacionan al rey Amadeo I de Saboya con las monedas de cinco pesetas de plata, los "duros Amadeos", porque en su momento se difundió la teoría de que estaban hechos con una cantidad de plata superior a los que portaban otras efigies.

> Aquí no hay más que tres cosas: un patriotismo de Madrid, burocrático y falso, un regionalismo, que es una cursilería, y luego la barbarie natural de la raza. Esto es lo español.

¿Qué rastro quedó en España del efímero reinado de Amadeo de Saboya?, pues quedaron los duros, monedas de cinco pesetas en plata de relativamente buena ley. Aquellos duros se conocieron y se conocen como *Amadeos* y parece que su éxito se cimentó en que la gente sencilla creyó a pies juntillas que eran más valiosos que las otras demás monedas, porque en la efigie numismática el Rey llevaba barba y eso implicaba, al menos en teoría, que la moneda tenía más plata que las demás. Así, aunque voces autorizadas decían que la conclusión carecía de fundamento, casi todo el mundo se dedicó a guardarlos… por si acaso. Cierto es, no obstante, que algo sustancial había cambiado en los *Amadeos*, ya que mientras con Isabel II los duros tenían en el canto la leyenda "Dios es el Rey de los Reyes", y durante el gobierno provisional del general Serrano el lema cambió a "Soberanía Nacional", los duros de Amadeo, exhibían en sus periferias un más digno *"Justicia y Libertad"*.

DIARIO GASTRONÓMICO DE UN VIAJE AMADEÍSTA

De Amicis viajó por España en 1872, como corresponsal del diario florentino *La Nazione*, con el objeto de escribir una serie de artículos que reflejaran la vida del país en el que reinaba su compatriota e hijo de Víctor Manuel II. Inicialmente, aquellas crónicas fueron publicadas por entregas, pero más tarde se convertirían en un libro, *Spagna: diario di viaggio di un turista scrittore*.

En su libro, De Amicis hace un descripción bastante detallada, al menos para un extranjero, de la comida española del tiempo de don Amadeo, con especial atención al puchero o cocido, y afirma que no tardó en acostumbrare a los condumios, criticando de paso y para empezar los prejuicios y remilgos de algunos otros "curiosos impertinentes" que le habían precedido:

> Los franceses, que en punto de comer son quisquillosos como muchachos mal acostumbrados, dicen pestes: Alejandro Dumas afirma que ha padecido hambre en España, y un libro de este país, que tengo a la vista, sostiene que los españoles no viven más que de miel, hongos, uvas y legumbres. Son tonterías. Lo mismo podrían decir de nuestra cocina, he conocido a muchos españoles que no podían ver comer macarrones sin que se les revolviera el estómago. Abusan un poco de las pastas y acaso condimentan demasiado fuerte, pero… vamos, no tanto como para quitarle el apetito a Dumas. Son maestros, entre otras cosas, en platos dulces. Además, su puchero, el plato nacional, comido todos los días, por todos, en todo el país, digo la verdad, lo devoran con "rosiniana" glotonería (referencia al compositor Gioacchino Rossini, gran gastrónomo y soberbio glotón). El puchero es, respecto al arte culinario, lo que es respecto a la literatura una antología, hay un poco de todo y de lo mejor. Una buena tajada de vaca hervida forma como el núcleo del plato, alrededor un ala de pollo, un pedazo de chorizo (el chorizo con prodigalidad), yerbas y pernil; encima, debajo, y en todos los intersticios, garbanzos. Los aficionados pronuncian con reverencia el nombre de garbanzos. Son una especie de "ceci" (guisante o chícharo), pero más gruesos, más tiernos, más sabrosos; "ceci", diría un extravagante, caídos de algún mundo donde a una vegetación como la nuestra la fecundase un sol más poderoso. Este es el puchero usual, pero cada familia lo modifica según la bolsa: el pobre se contenta con la carne y los garbanzos, el señor le añade cien bocadillos exquisitos. En realidad, es más una comida que un plato, por eso muchos no comen otra cosa, un buen puchero y una botella de Valdepeñas pueden bastar a cualquiera.

De lo que nos cuenta De Amicis respecto a las grandes diferencias entre cocidos y cocidos de la época se dan idea ciertas prácticas, que aunque con la vitola de increíbles fabulaciones narrativas, fueron una cruda y triste realidad. Una de ellas se posa

Como corresponsal de *La Nazione* y para reflejar la vida del país en el que reinaba el hijo de Víctor Manuel II, Edmondo de Amicis viajó por España durante el año 1872. Sus artículos se convertirían más tarde en el libro *Spagna: diario di viaggio di un turista scrittore.*

en la figura del arrendador profesional de huesos y misérrimos compangos, para sustanciar el caldo base del cocido. Nos lo cuenta Macua de Aguirre:

> En muchas casas (...) para dar sustancia al caldo solía usarse un hueso que atado a una cuerda era retirado del puchero en cuanto se cumplía el tiempo estipulado (...) Este caldo, que a veces era cocido si en él se dejaban nadar algunos garbanzos, nabos o habichuelas y en algunas felices fiestas hasta sopas de pan, constituía la principal y a veces única comida diaria.

A pesar de la importancia y papel protagonista que el viajero italiano otorga al cotidiano puchero o cocido, su relato ahonda en otros condumios hispanos:

> No hablo de las naranjas, de las uvas de Málaga, de las alcachofas y otras especies de legumbres y frutas, que todos saben ser en España hermosísimas y muy buenas. Esto no obstante, los españoles comen poco, y aunque en su cocina predominen la pimienta, la salsa fuerte y la carne salada, aunque coman chorizos que, como ellos dicen, levantan las piedras, beben poquísimo vino. Después de la fruta, en vez de estarse allí haciéndole centinela a una buena botella, toman por lo común su taza de café con leche, rara vez beben vino de mañana. Jamás he visto a un español apurar su botella en las mesas redondas de los albergues y a mí, que la vaciaba, mirábanme con aire de estupor, como a un bebedor escandaloso. Es raro en las ciudades de España, aún los días de fiesta, encontrar un borracho, justamente por eso, habida consideración a la sangre fogosa y al libérrimo comercio que se hace de cuchillos y puñales, ocurren menos riñas con heridas y muertes de lo que fuera de España se piensa.

Una vez más, un viajero extranjero por España se ve sorprendido por la ausencia de borrachos por las calles españolas, antes lo habían hecho Alejandro Dumas y bastantes otros, y concluye que esto se debe a que los naturales del país beben poco, pero lo cierto es que la sobriedad que se observa en las calles se debe más a una tradición cultural de tomar a las horas y en las situaciones oportunas, además de acompañar siempre la libación con un bocado, pincho o tapa, que a una supuesta tendencia popular a la abstemia.

De Amicis visita Madrid y allí, en la confluencia de la calle de Alcalá con la Puerta del Sol, se encuentra de cara con el rey Amadeo, que se dirige a un café, y ello le da pie a una descripción bastante apasionada de los establecimientos de la capital, con dos citas concretas:

> El Imperial en la Puerta del Sol, Fornos en la calle de Alcalá (que son dos salas bastísimas en las cuales, quitadas las mesas, podría maniobrar un escuadrón de caballería), y los otros innumerables que a cada paso se encuentran donde bailarían cómodamente cien parejas.

De su paso por Málaga nos deja la descripción del condumio en una casa de huéspedes:

> Atravesé la puerta y me encontré en un patio. Era un patio mezquino, sin mármoles y sin fuentes, pero blanco como la nieve y fresco como un jardín. No viendo ni mesas ni sillas temí haber equivocado la puerta, y me dirigí a la salida. Una viejecilla aparecida de no sé donde me detuvo.
>
> —¿Se come? —pregunté.
>
> —Sí, señor —me respondió.
>
> —¿Qué hay?
>
> —Huevos, chorizos, chuletas, pescado, naranjas y vino de Málaga…
>
> —Muy bien, tráigame Vd. De todo.

Edmundo de Amicis se fue de España satisfecho y pensando que el reinado de su paisano duraría, pero la suerte, buena o mala, estaba ya casi echada.

Comienza la aventura de la Primera República Española

La Asamblea Nacional, el mismo día 11 de febrero en que había aceptado la abdicación de Amadeo de Saboya, y ya de madrugada, proclamó la República por 259 votos a favor y 32 en contra.

Nuñez de Arce, en una octava de ripio y circunstancia, describe el momento:

> Ya triunfó la República. Has vencido.
>
> Tras prolongada y mísera agonía
>
> lanzó a tus plantas el postrer gemido
>
> nuestra sacra y gloriosa monarquía.
>
> Ni vino a tierra como el cedro erguido
>
> que el huracán y el rayo desafía:
>
> cayó como la mustia y débil hoja
>
> de que en octubre el árbol se despoja.

El nuevo régimen, por el que tanto y tantos habían suspirado desde hacía años, llegó sin derramamiento de sangre y sin aparentes conflictos, pero el germen de su destrucción estaba incubándose para expresarse con extraordinaria virulencia. Todos parecían querer la República, pero ninguno parecía ponerse de acuerdo en el modelo. Pi i Margall abogaba por el federalismo, Salmerón deseaba una república unitaria y conservadora, Salaron optaba por el perfil radical y unitario, otros sectores pujaban por una federación integrada por estados autónomos.

La Primera República no tuvo presidentes como tales, sino presidentes del Poder Ejecutivo. El primero fue Estanislao Figueras, quien abolió la esclavitud en Puerto Rico, disolvió las órdenes militares y suprimo los títulos nobiliarios, pero a la vez estallaron la otra guerra carlista y nuevos conflictos en Cuba, los militares empezaron a dar muestras de indisciplina y la anarquía se apoderó del país. Don Estanislao, aterrado ante la situación que

Los restos de Estanislao Figueras, primer Presidente del Poder Ejecutivo de la Primera República Española, reposan en esta tumba del Cementerio Civil de Madrid. En su efímero mandato abolió la esclavitud en Puerto Rico, disolvió las órdenes militares y suprimió los títulos nobiliarios.

se le había ido de las manos (ya había dicho aquello de: "Ruda y penosa labor la de gobernar un país en tiempos agitados y revueltos"), huyó a Francia y en España nadie se enteró de su intenciones hasta que hubo cruzado la frontera.

A Figueras le sustituyó Pi i Margall, quien gobernó durante un mes y ocho días (el 11 de junio de 1873 hasta el 18 de julio del mismo año). Político de perfil confuso, de quien Azorín escribió que era hombre austero, modesto y pensador desinteresado, mientras que Ortega y Gasset le maltrata en su dibujo en estos términos:

La popularidad de Pi y Margall, hombre excelente, pero de dotes escasísimas, se nutría de los ridículos desplantes de ascetismo a que solía entregarse.

Es probable que la referencia a "desplantes de ascetismo" incluyera la decisión del entonces ministro de la Gobernación de que no se comiera en *Lhardy* a cuenta del Estado. José Altabella, citando lo dicho en las *Memorias* de Francisco Flores García, nos cuenta que un día, agobiado por el trabajo, el político no podía trasladarse a comer a su domicilio y decidió llamar al ujier para que le trajera un menú del Café *Levante*:

…que me traigan una chuleta de ternera, una ración de merluza frita, un postre de queso, café y media botella de vino.

El portero miró al ministro, más que con sorpresa, con estupor. Estimando que el ministro desconocía la tradición del departamento respecto a esa eventualidad, se atrevió a sugerirle:

—Debo advertir a Vuestra Excelencia que el Ministro se sirve de "Lhardy".

Rápido, rearguyó don Francisco:

—De "Lhardy" se servirá quien pueda costearlo; yo soy pobre y no puedo permitirme ese lujo.

El portero, con servicial amabilidad, aclaró al ministro:

Francisco Pi y Margall, cliente habitual del *Café de Levante*, como responsable del Ministerio de la Gobernación decidió suprimir las comidas en restaurantes lujosos y a cuenta del presupuesto público, que el habilitado cargaba en una partida denominada eufemísticamente "fondos del material".

El *Café de Levante* aparece aquí
en un grabado de 1875.

—Eso se paga de fondos del material.

—¿Sí?, me alegra saberlo. Y ya sabe, vaya usted a lo que le he dicho, al "Café de Levante", y, de paso, si el habilitado está en su despacho, dígale que tenga la amabilidad de venir a verme.

Marchó el portero a cumplimentar el encargo, y minutos después comparecía ante el ministro el requerido habilitado. El diálogo entre ambos fue breve. Tras los saludos de rigor, inquirió el ministro.

—Dígame usted. Cuando los empleados de este Ministerio trabajan horas extraordinarias, por urgentes necesidades del servicio, ¿se les paga ese trabajo en concepto de gratificación?

—Sí, señor, esa es la costumbre – respondió el consultado.

—Y además, ¿el Ministerio paga las comidas que ellos mandan traer cuando no pueden ir a sus casas?

El habilitado repitió la respuesta:

—Sí, señor, esa es la costumbre.

Pi y Margal ordenó al habilitado:

—Perfectamente, la costumbre de comer a costa del Estado se ha concluido desde hoy.

El gobierno de Pi se desarrolló entre asonadas carlistas por media España, proclamación de cantones independientes, rebeliones de buena parte de la escuadra y anarquía militar generalizada. Pi se fue antes de que la cosa llegara a mayores.

Tras Pi i Margall llegó al gobierno Nicolás Salmerón, de manera aún más efímera que la de su predecesor (del 18 de julio al 7 de septiembre). Intentó poner algo de orden en el caos, salvó la acantonada plaza de Cartagena y mantuvo relativamente a raya las sublevaciones carlistas, pero, por escrúpulo moral, se negó a firmar algunas sentencias de muerte destinadas a restablecer la disciplina en el ejército.

El mismo 7 de septiembre se hizo cargo de la presidencia Emilio Castelar, quien intentó desde el principio imponer principios de autoridad en el país. Estableció el servicio militar obligatorio, reorganizó el cuerpo de Artillería, hasta el momento siempre fuente de conflictos, vigorizó la disciplina castrense, terminó definitivamente con los delirios cantonalistas de Cartagena, resolvió los conflictos diplomáticos que se habían creado con Estados Unidos por el apoyo más o menos velado a la insurrección cubana, pactó con la Santa Sede.

Castelar fue el único de los cuatro "presidentes" de la Primera República Española adornado con las virtudes y las correspondientes pepitorias del *gourmet* y el *gourmand*. Además, como explica Carlos García del Cerro, era persona entendida y conocedora del producto de calidad; sobre todo en materia dulcera:

Tenía verdadera pasión por los postres en general y como era muy erudito, de gran cultura y con una prodigiosa memoria recordaba todos los lugares de nuestro país en que se producían la mejores frutas que a él le interesaban. Asimismo, conocía todas las localidades en que se elaboraban los

En el mausoleo funerario de Nicolás Salmerón del Cementerio Civil de Madrid figura una leyenda grabada en piedra en la que el político francés Georges Clemenceau recuerda que fue el único presidente de un país que dimitió de su cargo por negarse a firmar una pena de muerte.

mejores quesos, las más afamadas rosquillas, los más delicados bizcochos, las más finas yemas, y, en fin, todo lo relacionado con los postres.

De sus cualidades de *gourmet* también nos habla Pla en *Un senyor de Barcelona*, cuando le describe como:

> …tenedor considerable y refinado, supo apreciar los encantos de este valle de lágrimas. Sus correligionarios le mandaban siempre grandes y exquisitas cantidades de alimentos (...) los jamones, los quesos, los fiambres, el pescado, las más delicadas especialidades regionales, la fruta más fina y variada poblaron con gran abundancia la mesa del orador.
>
> —Ruiz Zorrilla y yo —decía Castelar— formamos parte del mismo avestruz; solo que él es la cabeza y yo, el estómago.
>
> Los avestruces tienen la cabeza muy pequeña y un estómago considerable.
>
> Castelar fue muy calumniado, y el feroz Manuel de Palacio puso en circulación la célebre cuarteta:
>
> "Castelar, hombre perfecto
>
> dijo en tono sentencioso
>
> —Aquí, para ser dichoso,
>
> hay solo un camino: el recto.

Dejando a un lado los ingeniosos juegos de palabras de don Manuel, Castelar era hombre recto, enérgico, resolutivo y sin duda bienintencionado, pero Salmerón y Pi le acusaban con acritud por su supuesto giro a la derecha y fue derrotado en una votación de confianza parlamentaria. A las cinco de la mañana del 3 de enero de 1874 presentaba su dimisión y dos horas y media más tarde el general Pavía ordenaba a sus fuerzas que asaltaran el Congreso y lo disolvieran. Los guardias civiles entraron a tiros y en pocos minutos el hemiciclo quedó vacío. La Primera Republica había muerto con más pena que gloria.

Emilio Castelar,
último de los presidentes de la
Primera República y famoso
para la Historia por su
brillante oratoria parlamentaria,
fue también un buen *gourmet*
y notorio *gourmand*,
gran especialista en jamones,
quesos, fiambres, pescados,
frutas y dulces típicos
de cada una de las
regiones de España.

PERO LA ELECTRICIDAD SIGUE SIENDO UNA FIESTA

En 1873, Barcelona, tras las experiencias capitalinas, empieza a participar del espectáculo, y una pequeña dinamo de importación se usa en la Escuela de Ingenieros Industriales. Dos años después, en 1875, un aparato similar, aunque de considerable mayor potencia, se instala en la fragata Victoria y con él se consigue iluminar las Ramblas, el mercado de *La Boquería*, el Castillo de Montjuic y buena parte de los altos del barrio de Gracia.

Abundando en el uso espectacular de la primera energía eléctrica, en Madrid se vuelve a hacer presente en los festejos que en ese mismo año de 1875 se dedican a Alfonso XII, que entra en la capital, con pompa y circunstancia, tras restaurarse la monarquía.

En 1878, se ilumina por primera vez la Puerta del Sol y se continúa la sorprendente demostración en el Palacio de Bellavista, sede entonces del Ministerio de la Guerra, y en los Jardines del Buen Retiro.

De nuevo, y esta vez con motivo de la boda del rey con María de las Mercedes, celebrada el 23 de enero de 1879, se vuelve a iluminar la Puerta del Sol con arco voltaico y energía producida por una máquina de vapor.

Unos meses después, en julio de aquel mismo año, se celebra en Madrid la primera corrida nocturna de la historia, gracias a la iluminación eléctrica de la plaza, pero el espectáculo parece que no fue del agrado de la afición, porque aquello, "a todas luces", desvirtuaba la esencia del espectáculo. En este sentido se expresa un artículo publicado en La Ilustración Española y Americana, al constatar que en la corrida: "…la sangre había perdido su horroroso color, tomando el de la tinta".

En 1883, el espectáculo de la electricidad se extiende a otras capitales españolas, iluminándose el Puerto del Abra de Bilbao y la Plaza de la Constitución de Valencia.

II

El espectáculo empieza a hacerse profesional

La primera referencia a una aplicación relativamente práctica de la electricidad en España se remonta a 1852, año en el que el farmacéutico barcelonés Doménech, iluminó su botica con un método eléctrico, y la siguiente tiene lugar en 1863, cuando M. Brut, el ingeniero responsable de la construcción del tramo del ferrocarril del norte a su paso por la sierra de Guadarrama, decide utilizar luz eléctrica (en este caso por medio de pilas que había que ir renovando periódicamente), para iluminar durante los trabajos nocturnos. La nueva fuente, no solo sustituye con evidente ventaja a la que producían las antorchas, sino que además evita que se vicie el aire de los túneles donde laboran los obreros.

La posibilidad inminente de aplicaciones prácticas de la electricidad llevó, ya en 1858, a la publicación de un Real Decreto que incluía una nueva asignatura, *Aplicaciones de la electricidad y la luz*, dentro del programa oficial de estudios de la Escuela Superior de Ingenieros Industriales, pero no será hasta el año 1876 cuando la electrificación industrial comience a tomar cuerpo, con la suscripción de un contrato de suministro eléctrico por parte de una empresa pionera, *La Maquinista Terrestre y Marítima*, a la que inmediatamente se irán sumando *Tejidos Tolrá*, de Castellar del Vallès, Barcelona, *Hilados Ricard*, en Manresa, Barcelona, y el *Canal Imperial de Aragón*, entre Fontellas, Navarra, y Zaragoza.

Hay que subrayar además que en España la electricidad no lo tuvo demasiado difícil en su competencia con el gas, dado que el gas para alumbrado había tenido una implantación bastante menor y más tardía que en otros países. Esta bastante confortable vía de penetración de la electricidad fue especialmente visible en su aplicación en establecimientos comerciales y en domicilios particulares, porque aunque en el país se había ido constituyendo bastantes fábricas de gas, su implantación en el mercado fue siempre extraordinariamente limitada y solo relativamente significativa en el alumbrado público.

En 1885, las aplicaciones eléctricas se había desarrollado lo suficiente como para que se publicara el primer decreto de ordenación de las instalaciones eléctricas, y tres años más tarde una Real Orden que regulaba el alumbrado eléctrico de los teatros, prohibiendo definitivamente la iluminación con gas, y autorizando las lámparas de aceite como sistema de emergencia.

No obstante, esta circunstancia hizo que en muchos países, y en alguna medida también en España, las compañías gasísticas intentaran hacerse con el control de las emergentes empresas eléctricas, pero la competencia entre ambas fuentes energéticas, que inicialmente se antojaba quimérica y a favor de la electricidad, solo pudo apoyarse en la aparición, en 1897, del llamado *Mechero Auer*, un mechero de gas consistente en una camisa impregnada de sales metálicas que se lleva hasta la incandescencia y que aumentaba enormemente la luminosidad de la llama haciéndola pasar por una envoltura de óxido de torio.

Es probable que, como afirman los expertos, el mechero Auer retrasara en un par de décadas la implantación completa del alumbrado público, pero la suerte estaba echada y como explica Cayón García:

> …en los últimos veinte años del siglo XIX fueron muchas las compañías gasistas que intentaron hacerse con el control de las nacientes empresas eléctricas en un intento de evitar la competencia. Las tornas cambiaron alrededor de los años veinte del siglo pasado, cuando clarificado el triunfo por su mayor versatilidad de la electricidad fueron las empresas dedicadas a la producción y distribución de esta forma de energía las que absorbieron a las compañías de producción de gas.

En cuanto a la percepción popular, las ventajas de la electricidad frente al gas parecían incuestionables en lo referente a limpieza, ausencia de olores, comodidad de uso y seguridad, aunque este último aspecto era sistemáticamente cuestionado por los proveedores de gas, que advertían del peligro de electrocución. Pero también hay que decir que los interesados en la difusión de la nueva energía eran sistemáticamente proclives a poner vigoroso énfasis en los accidentes por explosiones de gas que la prensa difundía.

La luz de gas en principio era más cálida que los arcos voltaicos y las primeras lámparas de incandescencia, cuya luz era muy intensa y molesta a corta distancia, por lo que resultaban competitivas solo en el alumbrado público, la iluminación de trabajos nocturnos o faros, donde claramente superaban a la luz de gas, pero esa ventaja pronto se empezó a percibir en los trabajos donde la visión era crucial, como imprentas, fábricas textiles o talleres de confección.

Pero las lámparas iniciales se mejoraron considerablemente en pocos años y así, poco a poco, la energía eléctrica fue ganado terreno no solo en las vías públicas, teatros, cafés, hoteles y grandes almacenes, sino también en los pisos de familias adineradas, lo que fue provocando un efecto mimético en la escala social, que, si no rápido, al menos fue continuo y la luz eléctrica fue llegando a cuentagotas a los hogares españoles. Antes de que eso sucediera, algunas circunstancias y anécdotas dieron que hablar a defensores y contrarios de la nueva energía. Concretamente, el 11 de agosto de 1883 falló la energía en Madrid y se produjo un apagón en el Paseo del Prado de Madrid, que, como era habitual durante las muy calurosas noches, estaba concurridísimo. Del hecho da cuenta José del Corral:

> Parece que hubo algunos que, aprovechando la ocasión de la oscuridad, tuvieron algún atrevimiento con quien tenían más a mano y esto vino a aumentar la confusión y el griterío con las quejas de quienes se veían atacados, las voces de padres y maridos y la juerga de quienes utilizaron el momento.
>
> Parece que a punto estuvo de originarse algún grave conflicto de orden público y para evitarlo, al ver que la energía eléctrica tardaba en volver a prestar servicio, fue preciso que acudieran los faroleros y encendieran las farolas de gas, que previsoramente no habían sido retiradas.

ALFONSO XII,
NACIMIENTO EN EL ESCÁNDALO Y NIÑEZ DE EXILIO

Alfonso XII, al contrario que su madre, fue, como se verá más adelante, rey de muy poco comer y de gustos alejados del casticismo isabelino. Pero antes de entrar en ese punto, conviene recordar aquí, y no porque tenga que ver con lo anterior, sino porque es una forma de empezar la historia por el principio, que Alfonso vino al mundo envuelto en un fabuloso escándalo, por entonces denominado "la cuestión de Palacio", y en el que intervino medio gobierno de la nación; Monseñor Simenoni, encargado de negocios de la Nunciatura (el puesto de Nuncio se hallaba entonces vacante), por expresa petición del Papa Pío IX; su padre finalmente legal, el rey consorte Francisco de Asís; el confesor de la reina, Padre Claret; la intrigante Dolores de Quiroga y

100

Cacopardo, "monja de las llagas"; y, cómo no, el más que probable padre biológico del futuro rey, el oficial del cuerpo de ingenieros Enrique Puig Moltó y Mayans, hijo del conde de Torrefiel.

En agosto de 1857, tres meses antes de que, según lo previsto, se produjera el alumbramiento, los monarcas españoles habían solicitado al Papa que apadrinara a su futuro y de ahí el interés con el que el Vaticano se había tomado el seguimiento del asunto y lo revelador del contenido de la carta dirigida por Simeoni al cardenal Antonelli, secretario de Estado vaticano (el equivalente a ministro de Asuntos Exteriores de cualquier país), el 15 de septiembre de 1857:

> Hace algunos días que ha comenzado a cundir entre la clase alta, aunque hasta ahora había podido conservarse en relativo secreto, el trato que su Majestad tiene desde hace meses, con un oficial del cuerpo de ingenieros. Llega este a las habitaciones de la Reina después de media noche, permaneciendo en ellas hasta el amanecer.

Sigue explicando el diplomático que el presidente del Consejo de Ministros, Ramón María Narváez, había amenazado a la reina con dimitir de su cargo, y que el padre Claret le había hecho saber que, de seguir así las cosas, se vería obligado a abandonar las estancias de Palacio. Por su parte "la monja de las llagas" le había garantizado que si Puig Moltó desaparecía, ella se encargaría de que el rey aceptara la paternidad del descendiente; algo que, de momento, no estaba ni mucho menos garantizado. Pero la reina no cedía y exigía mantener a su lado al amante, aduciendo el riesgo de un gran disgusto que provocara el aborto.

Sin embargo, tres días después, el 18 de septiembre, el mismo Simeoni anunciaba en un nuevo informe el cambio de situación: "S. M. ha condescendido al fin en que sea alejado de Madrid el consabido sujeto". Superado el principal escollo, el funcionario de la Nunciatura favorecía la propuesta de padrinazgo papal argumentando que:

> …con motivo de pedir la ropita bendecida para la Princesa de Asturias, no se tuvieron en cuenta noticia semejantes o sospechas peores aún, surgidas, por desgracia, en situaciones iguales a la presente.

Evidentemente, el prelado se refiere a la Infanta Isabel, conocida popularmente como *La Chata*, nacida 20 de diciembre de 1851, casi con seguridad hija del comandante José Ruiz de Arana, conocido popularmente como "el pollo Arana".

Así las cosas, con el nacimiento de un hijo varón, aunque algunos le llamaran maliciosamente "el puigmoltejo", el sosiego e incluso la alegría volvieron a Palacio y al Gobierno de la nación.

Pero la tranquilidad monárquica durará relativamente poco, ya que, a raíz de la revolución del 1868, cuando Alfonso tenía once años, la familia real tuvo que salir de España hacia el exilio.

El futuro rey empezó a educarse en el colegio parisino de *Stanislas*, luego se trasladó con la familia a Ginebra, donde recibió clases particulares y le matricularon en la Academia Pública de la ciudad suiza, posteriormente continuó su educación en la Academia Imperial y Real Teresiana de Viena, y concluyó su formación académica en la Academia Militar de Sandhurst, Inglaterra.

El 29 de diciembre de 1874 se produjo en Sagunto el pronunciamiento del general Martínez Campos, estableciendo la restauración monárquica, con lo que el rey pudo volver a su España natal, aunque, eso sí, fuertemente afrancesado.

EL AFRANCESAMIENTO GASTRONÓMICO IMPULSADO POR UN INAPETENTE

Como ya se dijo, el nuevo rey fue siempre extraordinariamente frugal en su manducaria y poco aficionado a los placeres de la buena mesa. Algo que intenta explicar, de manera bastante confusa por cierto, un cocinero de su Majestad, en una de las cartas abiertas al Doctor Thebussen, que dará lugar a un libro donde por primera vez se enfrentan posturas de alto rango intelectual, a favor y en contra del afrancesamiento de la cocina española, y del que se hablará en extenso más adelante. Dice el cocinero que:

> Don Alfonso XII, quien ni por su edad, ni por la condición de su ánimo, ni por su distinguida educación es dado á los placeres gastronómicos.

En la fecha en la que se escribe la carta, Alfonso tenía 19 años.

En todo caso, sus pocos o muchos gustos culinarios y gastronómicos, directamente relacionados con su exilio en París, estaban lógica y estrechamente ligados al gusto francés, y de la continuidad de estas preferencias se ocuparon en primera instancia varios cocineros galos que llegaron con el séquito real, que con frecuencia se las tenían que tener muy tiesas con sus colegas españoles. Fue el caso, por ejemplo y en cuanto a intendencia, de los pollos de *Le Mans*, que al rey le traían por diversos medios, hasta que el cocinero Luis Capela se presentó ante el monarca para explicarle que con el continuo aumento del precio de los transportes aquellas aves resultaba demasiado caras, y que, por otra parte, los pollos españoles eran de igual o incluso superior calidad. A Alfonso no le agradaron demasiado la restricción y el cambio, pero Capela siguió firme y concluyó que haría todo lo posible por no emplear pollos franceses "más que en casos extremos".

No obstante, aunque el monarca intentaba en ocasiones congraciarse con la coquinaria de sus paisanos, el propósito no resultaba nada sencillo en la práctica. Lo explicaba de nuevo su cocinero, quejándose de que su monarca viajara por La Mancha: "...sin poder saborear un pisto manchego, una torta de Alcázar o una bota de Valdepeñas", y lo mismo en gira por la provincia de Badajoz, sin encontrarse: "...ni un pernil de Montánchez, ni un lomo de Candelario, ni un chorizo en Garrovillas". Con todo ello concluía con mucha gracia y un puntito de mala uva que el sistema y la intendencia estaban montados de tal manera que el rey podía llegar a creer:

> ...que en su reino se come lo mismo que en París, porque en medio de Castilla le surten de puré de cangrejos del Rhin, salmones del Danubio, pollos de Le Mans, mortadelas de Bolonia y confites de Viena.

Para darse una idea del alcance y grado del desatino al que se alude, baste decir que durante la visita de Alfonso XII a la Universidad de Salamanca, exponente sumo del conocimiento español, el rey fue agasajado con un menú compuesto de *Salpicón a la Patti, Foie de canard à la Toulouse, Petit-pois à la parisiense, Croustades à la Richelieu, Punch à la romaine* y *Babarois à la moderne.* Como dice María Emilia González: "Probablemente el fantasma de fray Luis de León huyó despavorido del templo del saber hispano".

Al fin, tres años después de su entronización, el rey pudo probar un bocado español durante su gira por Andalucía. En abril de 1877, tras un banquete como siempre afrancesado en Antequera, Málaga, al menos pudo probar el dulce típico local, el bizcocho de soleta... lástima que se quedara sin catar el mollete, la porra antequerana, la chanfaina, el bienmesabe, el angelorum, los pastelillos de gloria y el pío antequerano.

En Madrid, siguiendo el ejemplo de su madre, fue cliente asiduo de *Lhardy*, aunque más que subir a los salones para hacer una comida o cena formal, prefería quedarse en la planta baja y tomarse un caldo del lujoso samovar, acompañado de un vino fino y de unas croquetas de bechamel. Le gustaba escuchar las conversaciones de sus súbditos y pasar desapercibido, pero cuando le reconocían, inmediatamente salía por la puerta trasera del establecimiento. Cuentan que en una ocasión se despistó por las callejuelas poco o nada iluminadas y no encontraba el camino a Palacio, hasta que un ocasional transeúnte, sin reconocerle, se ofreció a acompañarle. Una vez llegados a las inmediaciones, el rey tendió la mano al hombre y le dijo: "Alfonso XII, aquí, en Palacio, me tiene usted para lo que necesite". El otro, con toda guasa, le respondió: "Pues nada, Pío IX, tanto gusto y en el Vaticano me tiene usted a su disposición".

CAMBIOS EN ETIQUETAS Y ADIÓS A LOS 'YANTARES Y CONDUCHOS'

La restauración monárquica trajo cambios en normas para los banquetes oficiales y en las rígidas etiquetas palatinas. Hasta la llegada de Alfonso XII era costumbre que una hora antes del almuerzo real, un oficial bajara a la cocina, acompañado del mayordomo y de un piquete de la guardia de corps, desfilando todos con pomposa marcialidad. Llegado el séquito, el cocinero jefe procedía a sacar las cacerolas con la comida recién hecha de unos armarios cerrados con llave, donde se acababa de guardar, y vertía su contenido en ollas de plata. Un grupo de mozos entraba entonces en escena, para meter ollas y platos en unos cestos que colocaban sobre sus cabezas. Así, partían de las cocinas, en formación militar y escoltados por el primer séquito, que adelantándose a la comitiva, gritaban de vez en cuando: "¡Paso a la comida del rey!". Llegados todos a la antecámara, el cocinero mayor depositaba la comida de los cestos en unos armarios-estufa, y los dejaban allí hasta que el ayuda de cámara o el mayordomo, previamente autorizados por la familia real, daba orden de servir en la mesa. Alfonso XII acabó con toda aquella fanfarria y la preceptiva de guardar la comida con llave.

Otro cambio sustancial que Alfonso introdujo en la corte fue la habilitación de un salón de banquetes de gala, adecuado a los nuevos tiempos que corrían acorde a las fórmulas que había tenido la oportunidad de conocer en Europa. Para ello ordenó que se unieran tres salas del ala oeste del palacio que en la etapa anterior habían sido ocupadas por Francisco de Asís. En este salón se celebró el banquete nupcial de su primer enlace, y allí se veló a Mercedes a su muerte. Tras el entierro, el rey vetó que se volviera a utilizar para otros festejos y pidió que se buscara un nuevo comedor de gala. Se habilitó para ello uno de los espacios que dan al Campo del Moro, donde, dos años después, se organizó el banquete nupcial del segundo matrimonio con María Cristina de Habsburgo, y que actualmente sigue siendo el comedor oficial de gala, con una mesa para 126 cubiertos. En esta ocasión, el rey volvió por sus fueros y encargó la preparación del banquete a un cocinero francés, Gustave Droin, traído de su país al efecto y famoso por su capacidad para improvisar menús.

Respecto a la supresión de los *yantares y conduchos*, la idea real surgió a raíz de un viaje que tuvo lugar en el verano de 1877, por las provincias de Asturias, y Galicia y las ciudades de Zamora y Salamanca. El rey, que había sido obsequiado fabulosamente y que comprendió que todo aquello era un dispendio que finalmente recaería sobre la modesta ciudadanía, ordenó y dijo que a partir de ese momento él no aceptaría convites de juntas, gremios o corporaciones en sus viajes, salvo que su real persona dijera expresamente lo contrario, porque lo pagaran nobles, magnates o grandes de España, a cargo de su propia hacienda y patrimonio. Tal resolución acabó con una larguísima tradición de *yantares y conduchos* de los monarcas españoles, que era la comida que en dinero o en especie se daba obligatoriamente a los reyes y a sus comitivas en los viajes que llevaban a cabo.

El espíritu de la medida se resume en las notas siempre atinadas de su cocinero:

Su Majestad está convencido de que estos festines son "costilla de contribuyente", de los que no quiere más.

Uno de los banquetes que en la nueva filosofía se tildó de moderado, bien combinado y perfectamente realizado y servido, fue el ofrecido al rey por el marqués de la Vega de Armijo, durante un viaje real por Andalucía en aquel mismo año de 1877. El menú consistió en

> Pechugas de gallina empanadas, Filetes salteados con vino de Madeira, Mayonesa de salmón, Jabalí asado con salsa de grosellas y guisantes, Pavo asado con trufas, Helado, y Cajitas de soufflé y bizcochos de almendra típicos de la tierra.

A esto se le llamaba entonces moderación.

Claro que el pretendido buen criterio de restricciones y ahorro, no se tomó de puertas de palacio para adentro, porque aquel mismo año, en un viaje a Cataluña y Levante, el rey y su comitiva se pusieron en marcha nada menos que con tres cocinas y cuatro servicios diferentes. Como jefe de mesa iba el inspector de palacio conde de Sepúlveda; como oficial de boca, José Santamaría; y como cocinero mayor, Carlos Cuadra. El equipo de cocina se dividió en tres grupos; el primero, acompañando al monarca, viajaba a bordo de la fragata Victoria; otro, que se había adelantado en la marcha, lo hacía a bordo de la fragata África, con la misión de ir preparando las comidas en tierra; y el tercero, aprovisionado con la vajilla real de plata, la conocida como "vajilla de Colón", viajaba por la carretera, en paralelo a los barcos. Por si fuera poco el operativo, la Armada organizó por su cuenta un cuarto equipo de cocineros de los llamados "pasados por agua" o muy curtidos en la navegación, por si los cocineros reales se mareaban.

Parece probable que de haber seguido establecida la práctica de los "yantares y conduchos" reales, el gasto hubiera sido considerablemente menor.

Su gran amor y su grande amorío

De sobra conocida es la pasión amorosa que al rey inspiró su prima María de las Mercedes de Orleáns y Borbón, y de las muchas dificultades que tuvo que arrostrar para hacerla su esposa (entre otras, la decidida oposición de su propia madre, la reina Isabel II), pero finalmente, el enlace tuvo lugar en la basílica de Atocha de Madrid, el 23 de enero de 1878, el día del santo del rey.

Día de gran fiesta popular en Madrid; las calles engalanas con arcos, los balcones con colgaduras y retratos de don Alfonso y augusta esposa, los paseos del Prado y Recoletos, los edificios públicos y muchos particulares iluminados con mecheros de gas, la Puerta del Sol, grandísima novedad, iluminada con luz eléctrica. Por la noche, mientras se celebraba una imponente recepción en Palacio y los madrileños se aprestaban a participar en los numerosos festejos populares que se habían preparado, una bomba estallaba en las cercanías de la Plaza de Cibeles. Murió una mujer y resultaron heridas otra y una niña. El hecho se silenció, por expreso deseo de la Casa Real, donde a aquellas mismas horas empezaba un banquete furibundamente afrancesado, y que consistió en: *Potages: Marie Louise* y *Tortue à L'Anglaise*, acompañados de *Xerés*; *Hors d'oeuvres*: *Petites pâtes variées*; *Relevés: Truites saumonnées à la Chambord* (con *Chateau d'Yquem*) y *Jambon de York printanier*, con su correspondiente *Margaux*; *Entrées: Côtelettes d'agneau à la Maintenon, Poluardes à la Toulouse, Filets de soles à la d'Orleans* (acompañado esto de un *Clos Vougeot*), *Cailles á la Boheme* y *Punche glacé* (con maridaje de *Marcolrum*); *Légumes: Aspèrges nouvelles*; *Rôtis: Faisans du Caucase flanqués de mauviettes* y *Pâtées de foie-grass de Strasbourg*, con *Möet Chandon*; *Desserts & glacés*.

La felicidad de la pareja duró poco. En junio de aquel mismo año, la reina enfermó y el periódico oficial, *La Gaceta*, informó de que estaba indispuesta, lo que dio pie a que muchos creyeran que aquello eran síntomas de embarazo, pero un equipo médico,

Alfonso XII se casó con su prima Mercedes de Orleáns a pesar de la rotunda oposición de su madre, pero la felicidad duró poco. Se casaron en enero de 1878 y en junio de aquel mismo año ella murió. Entre una y otra fecha, solo habían transcurrido cinco meses y tres días.

encabezado por el doctor Federico Rubio y Galli, diagnosticó "fiebre gástrica". En realidad, hoy sabemos que Mercedes murió, el 26 de junio, cinco meses y tres días después de la boda, como consecuencia de una septicemia producida por el consumo continuado del agua del pozo de su Palacio sevillano de San Telmo, contaminado a nivel freático por aguas fecales.

Aparte de la pasión que el monarca sintió por su prima y primera esposa María de las Mercedes, y de sus constantes escarceos amorosos "con estas y las otras", en expresión de su propia madre, su amor más duradero fue la cantante Elena Sanz Martínez de Arrizala, de quien la reina Isabel II había sido y era rendida admiradora. Elena Sanz aprendió canto en el colegio de las Niñas de Leganés, y después de perfeccionar sus estudios en el Real Conservatorio, entró en la compañía de la gran Adelina Patti, donde cosechó éxitos por todo el mundo. Cantó con Gayarre, en la Scala de Milán, y en la ópera de Viena. Precisamente allí, y a petición de la reina, ya destronada y exiliada en París, conoció al futuro Alfonso XII, un estudiante entonces de quince años. Ella ya era una espléndida mujer de 28 y su presencia en el colegio austriaco Teresiano provocó verdadera conmoción. Pérez Galdós escribe a propósito del momento:

> Vestida con suprema elegancia, la belleza de la insigne española produjo en la turbamulta de muchachos una especie de estupor.

Es probable que Alfonso tuviera entonces con Elena su primera experiencia sexual, pero, en todo caso, lo cierto es que cinco años después, y ya en el trono de España, el rey y la artista se reencontraron con motivo del estreno en el Teatro Real de Madrid de la ópera *La favorita*, que interpretaban en su primeros papeles Julián Gayarre y la misma Elena, iniciando una relación que llevó a la diva a abandonar los escenarios.

Elena debía ser una mujer notable, puesto que incluso alguien tan serio como el último jefe de gobierno de la Primera República, Emilio Castelar, la describía de esta forma:

> La color morena, los labios rojos, la dentadura muy blanca, la cabellera negra y reluciente, la nariz voluptuosa, el cuello carnoso y torneado a maravilla, los ojos negros e insoldables.

El rey le obligó a retirarse de la escena, le puso un piso coquetón en la Cuesta de Santo Domingo y luego la trasladó a lugar más discreto, un palacete sito en la confluencia de las calles Alcalá y Jorge Juan.

El romance, ya viudo Alfonso, iba viento en popa, pero los deberes reales le obligaron a contraer matrimonio con María Cristina de Habsburgo, sobrina del emperador de Austria, el 28 de noviembre de 1879. Dos meses después, el 28 de enero de 1880, Alfonso y Elena tenían su primer hijo, que nació en París y fue bautizado Alfonso.

Por su parte, la reina no conseguía alumbrar varón y sucesor, y daba al monarca dos hijas seguidas, las infantas Mercedes y Teresa. En paralelo, Elena Sanz, de vuelta en Madrid, daba a luz otro varón, Fernando, en febrero de 1881. Perfectamente enterada de todo el asunto desde el principio, la reina acabó por montar en cólera y le planteó a su esposo que o la cantante salía de Madrid con sus dos hijos o ella se volvía a Austria.

Alfonso XII, presionado por su gobierno, acabó cediendo y Elena Sanz se afincó en París con sus hijos, donde tuvo que sobrevivir con la modesta pensión mensual de 5.000 pesetas mensuales que con escasa puntualidad le mandaba el rey.

Con Elena lejos, Alfonso siguió sus "conquistas", de las que fueron notorias una relación con la contralto Adelina Borghi, y otra con la esposa del embajador de Uruguay en Madrid, con quien, según Ramón J. Sender, tuvo otro hijo bastardo:

Parece que hacia 1884, Alfonso XII se enamoró de la esposa del embajador uruguayo, quien tuvo el diplomático deber de cederle su puesto en el lecho conyugal. La embajadora quedó encinta y parió una criatura de perfiles borbónicos a quien yo conocí cuando ella tenía cuarenta y dos años y estaba todavía de buen ver.

A la muerte del rey, una de las primeras decisiones de María Cristina fue la de retirar la pensión a Elena, pero esta reaccionó inmediatamente esgrimiendo ante un representante de la Casa Real un paquete con 110 documentos, mayoritariamente cartas, en los que se acreditaba la paternidad de sus hijos por parte de Alfonso XII. El paquete finalmente fue entregado a cambio de una garantía para sus hijos, en la que medió el político y jurisconsulto Nicolás Salmerón, de 31.000 francos en un depósito de deuda exterior, que podían retirar en su mayoría de edad, convertidos en 700.000, pero a la muerte de Elena Sanz, en 1898, el banco que custodiaba los títulos quebró y Alfonso y Fernando nada pudieron recuperar de su pretendida fortuna. En 1907, Alfonso Sanz, el mayor, inició un pleito reclamando su filiación como hijo de Alfonso XII, pero la justicia concluyó que: "…un monarca no está sujeto al Derecho común", y en consecuencia no se le podían reconocer hijos fuera del matrimonio.

En 1911 los hijos de Alfonso XII y Elena Sanz llegaron a Madrid para hacerse notar, acudiendo a un espectáculo al que sabía que iba a acudir el rey. Voltes lo cuenta así:

El mayor de ellos tenía un extraordinario parecido físico con el rey, y el menor con el futuro Alfonso XIII. Cierto día se presentaron ambos en la ópera vestidos y peinados de forma que su parecido con el rey y su heredero resaltara. Pasaron por la platea hasta situarse en las primeras filas. Hubo general estupor del público al ver como los supuestos hijos bastardos del rey se presentaban en una función en la que la familia real se hallaba presente.

Pero ni por esas. A finales de aquel año, los hermanos, mediante persona interpuesta, hicieron llegar una carta a Canalejas, entonces presidente del Consejo de Ministros, para que se la entregara a su majestad. La carta, que fue devuelta dos días después a su destinatario sin respuesta alguna, decía:

A S.M. Don Alfonso XIII,
Rey de España.

Señor:
Tengo el honor insigne de solicitar de vuestra Real benevolencia una corta audiencia, con objeto de exponer á V.M. lo que sigue:
Los hermanos Sanz han sido despojados de una fortuna en títulos, depositados para ellos en nombre de V.M.

Por medio de cuentas falsas y de un activo sin valor entregado á cuenta, se ha hecho creer á V.M., y á la opinión que el pago de esos títulos había tenido lugar.

El hecho es materialmente inexacto.

Los defraudadores han guardado la fortuna y los hermanos Sanz están sin recursos.

V.M. no querrá dejar perpetrarse acto semejante. Le suplico, por consiguiente, se digne concederme la audiencia que solicito, bastándome pocos instantes para probar lo que en esta Carta expongo.

Dígnese V.M. aceptar mis homenajes lo más profundamente respetuosos.

F. Leconte.
Madrid 14 de diciembre 1911".

Y así quedó la cosa.

El teléfono empieza a sonar

El teléfono, uno de los inventos derivados directamente del uso de la electricidad, hizo su entrada en España muy pronto, aunque muy lejos de la metrópoli, ya que solamente seis meses después de la primera demostración de Alexander Graham Bell, en octubre de 1877, La Habana fue el privilegiado testigo del primer ensayo telefónico entre el cuartel de bomberos de la ciudad y el domicilio particular del industrial Muset.

Dentro del territorio peninsular, fue en Barcelona, y más concretamente en la Escuela Industrial, donde, en diciembre de 1877, se llevaron a cabo las primeras pruebas telefónicas. El ejército comunicó por este medio los castillos de Montjuic y de la Ciudadela, al tiempo que el omnipresente pionero Tomás Dalmau se encargaba e realizar la primera conferencia de larga distancia de la historia española, entre Barcelona y Gerona. Mientras, en Madrid, la instalación de la primera línea telefónica se realiza en el mes de enero de 1878 y consiste en el enlace entre el Casón de Telégrafos y el Ministerio de la Guerra. Un año después se instala un sistema telefónico de carácter privado para el rey Alfonso XII, que mantendrá unidos y a su disposición el palacio Real de Madrid con el de Aranjuez.

Sin embargo, el éxito de estos experimentos iniciales no fue suficiente para que el teléfono se implantara eficazmente en España.

La demanda era en principio muy escasa, la iniciativa privada carecía de los recursos suficientes para abordar el proyecto con garantías, y la política oficial aún lo ponía todo más difícil mediante concesiones a corto plazo, que podían revertir al Estado con las obras realizadas al final de la concesión. Durante mucho tiempo tuvieron que convivir las opciones estatal y privada, porque si, de un lado, los liberales se mostraban partidarios de la iniciativa privada, dejando al Estado la exclusiva labor de supervisión; los conservadores se pronunciaban por el carácter estatal de

La primera comunicación telefónica tuvo lugar en España en diciembre de 1877, comunicando los castillos de Montjuic y de la Ciudadela, en Barcelona. La central telefónica de la imagen corresponde a Madrid y está fechada en 1886.

la red, aunque las limitaciones presupuestarias les llevaban a aceptar la convivencia de las redes estatales y privadas. Así, el sistema político del "turnismo", imperante durante los reinados de Alfonso XII, la Regencia y buena parte del reinado de Alfonso XIII, devino en una serie de normativas confusas y con frecuencia contradictorias, que desembocaron en una situación de verdadero caos en el que se sucedían sin orden ni concierto reglamentaciones diversas, redes dispersas y desconectadas entre sí, compañías privadas y públicas, estas a su vez de titularidad estatal, provincial, comarcal o local.

La primera reglamentación del servicio telefónico se realizó durante el primer gobierno amplio de Sagasta, con un decreto de 16 de agosto de 1882 que habilitaba al ministro de la Gobernación para conceder a particulares o compañías el establecimiento y explotación de redes telefónicas con destino al servicio público. Pero el decreto estaba seriamente lastrado por limitaciones técnicas, con un sistema de redes urbanas que no podían sobrepasar los diez kilómetros. En definitiva, el servicio telefónico estaba concebido como un aporte de renta para el Estado, que, además de poseer el derecho de regulación de las tarifas y tasas en una concesión a plazo máximo de veinte años, se reservaba para sí el 5% de la recaudación total, con la sola contrapartida de una serie exenciones fiscales a los concesionarios.

En 1882, la Dirección General de Correos y Telégrafos creó en Madrid una red telefónica oficial que enlazaba las principales dependencias estatales. Su escasa inversión y su funcionamiento relativamente eficaz, animaron considerablemente a los partidarios de estatalizar el servicio, lo que de alguna manera acabó haciéndose efectivo por decreto de 11 de agosto de 1884, que reservaba al Estado la explotación del servicio telefónico, poniendo este a cargo de los funcionarios del Cuerpo de Telégrafos. Mientras, en Barcelona, se seguían otorgando concesiones que se tradujeron en un pésimo servicio.

No obstante, y a pesar de la naturaleza estatal del servicio, en el reglamento que desarrollaba el decreto, dividiendo las redes en urbanas e interurbanas, se autorizaba a particulares y ayuntamientos a tender redes, de manera subsidiaria, siempre y cuando no existieran las del Estado, pero con la condición de unirlas a las redes estatales cuando se instalaran, pasando entonces a la categoría de simples abonados. Las cuotas de abono anual descendieron un 40 por ciento respecto del reglamento de 1882, pasando de 1.000 a 600 pesetas.

Cuando en 1885 se inauguró el servicio de abonados de la Sociedad de Teléfonos de Madrid, situado en la calle Mayor número 1, el primer año contó con tan solo cuarenta y nueve suscriptores.

En noviembre de 1885 la nueva ascensión al poder del partido liberal significó un cambio en el marco legal del servicio telefónico y mediante el decreto de 13 de junio de 1886 se volvió al sistema de concesiones privadas, pero el caos estaba sólidamente establecido y duraría bastantes decenios. Las líneas se mantuvieron aisladas unas de otras, los materiales nunca consiguieron homogeneizarse, las tarifas, así como los tipos de canon eran muy diferentes, las empresas privadas que gestionaban el servicio estuvieron sometidas a diferentes legislaciones, y amplísimas zonas del territorio español siguieron sin servicio hasta finales del siglo.

Y así siguió todo hasta la dictadura de Primo de Rivera, época en la que el teléfono empezó a ver la luz de la que había nacido.

La vela quemada por los dos extremos

Justo cuando el rey acababa de enterarse del embarazo de la reina y de la posibilidad de tener al fin un sucesor, su salud quebró de manera aguda. En el verano de 1885 su médico personal, el doctor García Camisón, propuso su traslado al Pardo, considerando que el aire del campo mejoraría su estado, pero las cosas empezaron a ir a peor. En aquellos días le comentaba a uno de sus ayudantes:

> He quemado la vela por los dos extremos. He descubierto demasiado tarde que no es posible trabajar durante todo el día y divertirse toda la noche. No lo volveré a hacer en el futuro.

Y así fue; no lo volvió a hacer porque el 25 de noviembre de ese mismo año murió, según precisiones del doctor Camisón:

> …de una bronquitis capilar aguda, desarrollada en el curso de una tuberculosis lenta; el rey no ha muerto, por consiguiente, de tuberculosis; esta se desarrollaba lentamente y hubiera podido prolongarse la vida del monarca todavía muchos meses, y tal vez años.

En gran debate sobre el afrancesamiento gastronómico

La polémica que suscita el cambio radical de uso y costumbres "en el comedor y la cocina", traducida en un fabuloso afrancesamiento del que ya había dado idea el menú del banquete de esponsales del rey y Mercedes, tiene su punto de partida intelectual en las cartas cruzadas entre el Doctor Thebussem y un Cocinero de su Majestad, que comienza en 1876 y se convierte en libro en 1878, con el título de *La Mesa Moderna*. En realidad, el Doctor Thebussem, anagrama de la voz "embustes" germanizada por la adición de una "h", era Mariano Pardo Figueroa, periodista y escritor, doctor en Derecho Civil y Canónico, y gran amante de la gastronomía, mientras que su pretendido interlocutor oficial era el periodista José Castro Serrano, colaborador asiduo en periódicos y revistas de la época como *La América* o *La Ilustración Española,* y miembro de la tertulia *La cuerda granadina*, de la que formaron parte, entre otros, Pedro de Alarcón y Manuel Fernández y González.

El doctor Thebussem empieza su misivas quejándose del afrancesamiento culinario que se ha generalizado en la Corte y pidiendo que las listas a los convites dados por el rey de España se redacten en las partes que sea posible, en lengua castellana y no en francés, como ya es uso y costumbre; que estos documentos estén exentos de faltas de ortografía y que el nombre del jefe que haya dirigido la cocina figure al pie de la lista como garantía o especie de salva moral. Además, considera que la olla podrida: "…debe figurar entre los manjares de los banquetes reales de España, en señal de respeto al plato nacional de dicho país".

Respecto a este último punto, el cocinero de su Majestad no plantea mayores problemas, aunque considera la oportunidad de que ambos dirijan conjuntamente un memorial a la Academia Española:

En 1876, el "Doctor Thebussem", seudónimo del periodista y escritor Mariano Pardo Figueroa, autotitulado además "Cocinero de su Majestad", empieza a escribir una serie de artículos que pronto se convertirán en el libro *La Mesa Moderna*, en los que fustiga el afrancesamiento gastronómico que empezaba a consolidarse en España.

…suplicándole que se digne cambiar el repugnante nombre de "olla podrida" por el de "búcaro perfumado, ó por otro más poético, limpio y galano.

En cuanto a la cuestión central del idioma gastronómico la cosa varía y los reparos son de mayor calado. Dice en primer lugar que teniendo en cuenta que la cocina moderna ha nacido en Francia, lo lógico es que la lengua franca de su práctica sea el francés:

> Las listas de comidas de S. M. El Rey Alfonso XII (mi augusto amo, que Dios guarde) no se escriben en francés, tal como suena la palabra sino en el idioma oficial propio del caso; a la manera que los documentos diplomáticos no se escriben tampoco en la lengua de los franceses, sino en el idioma de la diplomacia; y las óperas no se escriben en italiano, sino en la lengua de la música; y las misas no se cantan en latín, sino en el idioma de las plegarias cristinas. Los "menús" de S.M. se escriben en la lengua de la cocina.

Luego, aduce que los menús deben redactarse en el idioma único que tiene obligación de conocer la generalidad de los convidados y sobre todo los huéspedes extranjeros, y en apoyo de su tesis cita el ejemplo, bastante chusco por cierto, del banquete que el duque de Montpensier ofreció en su palacio sevillano de San Telmo, para celebrar el compromiso de su hija Mercedes con el rey. Observa el cocinero real que de haberse redactado en castellano el menú:

> …los cocineros y reposteros de S. A. se habrían visto apurados para consignar dos condimentos bien españoles: la compota de albaricoques y las alcachofas fritas, porque ha de saber usted, Sr. Doctor, auque presumo que lo tiene olvidado como tantas cosas, que en Sevilla se llaman los albaricoques "damascos" y las alcachofas "alcauciles"; es decir, que para que

los mismos sevillanos hubiesen comprendido de lo que se trataba, hubiera sido oportuno escribir "compota de abricots y artichauts fritos.

Ambos coinciden, sin embargo, en la consideración de que la norma real de prohibir los *yantares y conduchos* oficiales ha tenido sus pros y sus contras, porque, frente a la sensatez de liberar al pueblo llano de las cargas fiscales que tales dispendios suponían, la abolición de estos agasajos:

> … ha quitado su poesía a las ventas y posadas, donde el alojamiento del Rey era perpetuado con una cadena, su comedor con una lápida, su lecho con una corona, y los proveedores obtenían títulos de nobleza campesina, transmisibles de generación en generación.- "De la leche de mis cabras (podía decir antes una pastora) se hicieron las natillas para S. M. —Los pavos de mi cortijo fueron los que se asaron para la mesa del Rey. —Yo hice las tortas que tanto gustaron a las Infantitas. —Mi padre pescó las truchas con que la reina se chupaba los dedos. —Uno de los señores que acompañaban a los reyes pidió a mi abuela la receta del ajo-comino.

UN PERRO *GOURMET* EN LA CORTE DEL REY ALFONSO

En el Madrid de las hambres caninas, hubo un perro que llegó a alcanzar la categoría no sabemos muy bien si de *gourmet* o de *gourmand* o de ambas cosas, que en lo que viene al caso tampoco importa, porque lo que de verdad cuenta es que se alimentaba como un grande de España.

Corría el año 1879 en la Villa y Corte (concretamente la noche del 4 de octubre, según precisa Federico Carlos Sainz de Robles), con un lustro de Alfonso XII en Palacio, cuando un grupo de amigos, comandado por don Gonzalo de Saavedra y Cueto, marqués de Bogaraya, se dirigía a cenar al *Café Fornos*. Era el de Bogaraya personaje de postín y referencia en la Corte. Según José del Corral:

…también el árbitro de la elegancia de la época, que imponía los más atrevidos chalecos, las más modernas corbatas y los más delicados bastones, que era suficiente que él usara un solo día que Madrid entero se apresurara a buscar el de mayor parecido.

Un perrillo callejero se acercó al marqués y empezó a corretear cerca de él y a frotarse contra sus piernas. Aquel atrevimiento perruno divirtió e incluso agradó sobremanera al noble, así que Bogaraya y sus compañeros de francachela se pusieron inmediatamente de acuerdo para invitar a cenar al chucho. Entraron en uno de los reservados de *Fornos*, pidieron una silla para su nuevo amigo y le ordenaron un plato de carne asada con patatas *soufflés*, que el perro engulló pausadamente y haciendo gala de los mejores modales a la mesa. Terminada la cena, y atendiendo al dato que mostraba el santoral, san Francisco de Asís, el marqués pidió champagne francés que vertió en una copa, y con ella dejó caer unas gotas sobre la testuz del animal: "Yo te bautizo como Paco", dijo ufano ante el regocijo general.

La historia corrió de boca en boca y pronto los clientes habituales de *Fornos*, nobles y aristócratas, pollos pera y señoritos calavera, rivalizaban cada noche por tener el honor de invitar a cenar al perro Paco, aunque el animalito era de paladar exquisito y no admitía cualquier cosa.

Dicen los que le conocieron que Paco era negro de pelo, de tamaño mediano tirando a pequeño, y, por supuesto, de raza indefinida. Cada noche, al terminar su cena en *Fornos*, agradecido y bien educado, acompañaba a su anfitrión hasta el portal de su casa, pero siempre se negó a entrar a pasar la noche, aunque era frecuente e insistentemente requerido a ello. Paco pasaba las noches en las cocheras ferroviarias de la calle de Fuencarral, donde pernoctaban los tranvías de la línea que transcurría desde la calle de Alcalá hasta la glorieta de los Cuatro Caminos y donde el guardés abría las puertas cuando el perro Paco rascaba la puerta en la madrugada. En definitiva, era uno de los tantos bohemios que solo aceptaban amos por horas, nunca dueños, y que deambulaban, mejor o peor pero a su libre albedrío, por los cafés y pensiones del Madrid de entonces.

La popularidad del perro Paco alcanzó cotas inimaginables. José Ortega Munilla, director del diario *El Imparcial*, en el suplemento "Lunes del Imparcial", publicaba lo siguiente el 29 de mayo de 1882:

> El perro Paco ha mordido a un niño. ¡Si fuese otro perro pobre de él! La morcilla le conduciría al cielo, donde hace de eternidad el Cancerbero. Aleluyas, artículos, pasteles. Esa es la gloria para "Paco". ¿Y qué es "Paco" sino la gloria con cara de perro?.

Claro que Paco tuvo también sus detractores y entre ellos se contó Leopoldo Alas, quien, en unos de sus cuentos, *El Quin*, ofrece el original punto de vista de otro perro callejero, a la sazón el tal *Quin*. Dice *Clarín* que, tras ser presentado a *Paco* y saludarle fríamente:

> Le caló enseguida. Era un *poseur*, un cómico, un bufón público. En el fondo era una medianía; su talento, su instinto, que tanto admiraban los madrileños, eran vulgares. El "Perro Paco" tenía la poca dignidad de hacer valer aquellas habilidades que otros canes ocultaban por pudor, por dignidad; por no merecer la aclamación humillante de los hombres, que se asombraban de que un perro tuviera sentido común. Entre los perros, "Paco" pronto llegó a desacreditarse; los más grandes de sus especie, o lo que fuese, le despreciaban en medio de sus triunfos populares; prostituía el honor de la raza; todo esto era una superchería; todo lo hacía por la gloria; llegó al histrionismo y al libertinaje asqueroso.

Pero el caso es que a pesar de la inquina feroz de don Leopoldo y al poco de haberse convertido en comensal asiduo del café *Fornos*, *Paco* empezó a ser admitido en la gran mayoría de los espectáculos públicos. Cada tarde se pasaba por el Teatro

Apolo, donde amablemente le invitaban a entrar. Si había butaca libre, allí le sentaban, y si no, algún espectador se apretaba y le hacía sitio. Decía el grandísimo actor Enrique Chicote, que:

> Cuando el perro Paco asistía a un estreno de teatro, si los chistes no tenían gracia, lanzaba un lastimero aullido entre las carcajadas del público, que premiaba al simpático chucho con una gran ovación.

Pero, aunque el teatro y los espectáculos de variedades le gustaban mucho, su distracción preferida eran las corridas de toros.

El coso madrileño estaba situado entonces entre las calles de Goya y Jorge Juan y los días de fiesta la afición subía por la calle de Alcalá arriba en un ambiente de bulla y alborozo que se recrea en el *Romance de la Infanta Isabel* ("La Chata"), de Rabel Duyos:

> Princesa, Bailén, Mayor,
> Alcalá… "Dame el programa.
> ¡Ah!, hoy torea mi torero
> ¿Cuál es tu torero, Juana?"
> "El mío es el Gallo, alteza".
> "El Gallo, quien lo pensara,
> torero gracioso, pero
> no te arriendo la ganancia.
> Yo de Vicente Pastor.
> Uy qué raro, Antonio Maura.
> Adiós, adiós, ¡cuánta gente!" (...)
>
> ¿Qué hay, Benlliure?, Hola, Tamames,
> con Dios, Duque de Veragua,
> ya sé, ya sé que los toros
> que hoy lidian son de tu casa".
> Abren paso como pueden
> los de la guardia montada.

Quitasoles, abanicos,

Almohadillas, naranjadas.

"¿Qué hay, empresario? ¿Contento?

Vengo yo sola, más ancha.

Sí, sí que me brinden toros,

no, no al contrario, me agrada.

Ya traía en previsión tres pitilleras de plata.

En la plaza, Paco ocupaba una localidad al azar y asistía atento a la faena y entre toro y toro saltaba al ruedo para hacer unas cabriolas que hacían las delicias del público. Cuando los claros clarines anunciaban el siguiente toro, Paco regresaba disciplinadamente a su localidad, pero algo raro debió ocurrir el 21 de junio de 1882, durante una novillada de las llamadas "a puerta cerrada", a los que solo podían asistir los invitados al festejo. Toreaban aquella tarde, tres aficionados: José Rodríguez, más conocido como propietario de una popular taberna en la calle de Hortaleza, frente por frente a la fuente de los Galápagos, Ernesto Jiménez, y Enrique Gaire; actuando como director de lidia el profesional del toreo Santos López *Pulguita*.

Durante aquel festejo, y cuando toreaba el primero de ellos, el tabernero José Rodríguez, de improviso el perro Paco saltó a la arena cuando el novillero que lidiaba aquella tarde estaba a punto de rematar la faena. El perro empezó a ladrar al diestro o siniestro y a corretear entre sus piernas, el hombre se puso nervioso y le lanzó una estocada que le hirió de gravedad. Las mujeres gritaron horrorizadas y los hombres intentaron bajar al redondel para linchar al matador, a quien solo la decidida y rápida intervención de la fuerza pública consiguió salvarle la vida. El empresario teatral Felipe Ducazcal, el mismo que defendió castizamente la dignidad ofendida de real esposa de Amadeo de Saboya, y que estaba presenciando el festejo, consiguió llegar hasta el animal, y tomándolo en sus brazos, lo llevó hasta la clínica de un veterinario para que lo atendiera, pero la vida del can se extinguió a los pocos días.

Parece que el rey Alfonso XII, en nombre de toda la familia real, le hizo llegar al marqués de Bogaraya su más sentido pésame por tan sensible pérdida.

Paco fue disecado y expuesto en el pequeño museo taurino de una tasca regentada por Juan Chillado, que estaba situada en la calle de Alcalá esquina a la Fuente del Berro, pero el establecimiento se cerró en 1889 y el dueño decidió llevarse el cuerpo momificado a los jardines del Parque del Retiro. En 1920 un grupo de taurófilos decidió levantarle un monumento, se inició una suscripción popular y en poco tiempo se consiguió reunir la cantidad de 2.900 pesetas. Era entonces mucho dinero y el recaudador sucumbió a la tentación y escapó con las perras del perro.

El mítico café de *Fornos*

Fornos fue todo un símbolo durante el reinado de Alfonso XII. Aunque él, personalmente, siempre fue más de tugurios infectos y de casas de lenocinio que de tertulias literarias, la historia de este mítico café madrileño, aunque venía de lejos y había sido incluso el preferido de su antecesor en el trono, Amadeo I, está estrechamente ligada a su reinado. A los cinco años de su llegada a España, *Fornos* cambió su antigua ubicación en un callejón situado en lo que hoy es la calle de Arlabán, por la más conocida en la esquina de Alcalá y Peligros, al tiempo que se procedía a la redecoración del local con todo el lujo que entonces era imaginable. *Fornos* contaba en su salón principal con un fabuloso reloj de dos esferas y ofrecía a sus clientes un servicio con vajilla de plata, aunque pronto tuvieron que retirar de esta las cucharillas de café, porque llevárselas a casa se había convertido en casi un deporte para la nobleza y alta burguesía que constituía el grueso de su clientela.

El elegante y elitista café de *Fornos*, que empezó a hacerse famoso durante el reinado de Amadeo I de Saboya y alcanzó su cenit de popularidad durante el reinado de Alfonso XII, estuvo situado en la esquina de Alcalá y Peligros. Esta instantánea fue tomada en 1908.

El restaurante tenía entrada independiente por la calle de Alcalá, y unos reservados numerados en el entresuelo, que no cerraban en toda la noche. Fue en uno de aquellos reservados donde, años más tarde, en 1905, el propietario, Manuel Fornos, decidió levantarse la tapa de los sesos de un pistoletazo, cuyo eco fue la señal de partida del declive definitivo del local.

Sobre oferta y precios nos da idea un anuncio aparecido en el diario *El Liberal*, donde reza:

> Mesa de *Fornos*. Cubierto cinco pesetas. Puré San Germán. Pastelitos a la reina. Calamares fritos. Solomillo en su jugo. Gazpacho. Queso y helado.

A título de curiosidad que hoy convendría recordar, nótese, que el gazpacho, además de que no vio el tomate hasta bien entrada la década de los sesenta del siglo siguiente, como explicita Josep Pla en su libro *Lo que hemos comido*, se servía acertadamente como final de la comida y no como entrante.

Además de los muchos atractivos intrínsecos que *Fornos* poseía, el local estaba situado en butaca de preferencia para contemplar el espectáculo que a sus puertas se desarrollaba durante los meses de trashumancia, en primavera y en otoño, debido a que, de un lado, por allí pasaba la cañada real, y de otro porque en los inmediatos alrededores se ubicaba el grueso de los lupanares capitalinos… ¿relación de una cosa con otra?, nos lo cuenta y apunta Corpus Barga:

> …el sátiro es un pastor a quien el pecado de la bestialidad ha convertido en chivo (...) bajaban las mamillonas, que son las bacantes más temibles, y asaltaban a los zagales, los raptaban en una nube apestosa en la que iban ya casados la ovejuna y el pachulí. Llegaban furiosos los rabadanes jinetes haciendo patera a sus monturas, llamando a los perros (temían más la muerte de un animal que de un hombre), ponían orden en la orgía, establecían turnos para que no quedaran desatendidos los mastines y en consecuencia el ganado y acababan por entrar en los turnos también ellos, dejando el pegaso por la bacante; el caballo se quedaba a la puerta del prostíbulo y el chulo de guardia apenas si tenía tiempo de darse un paseo en él por la calle oscura, luciéndose ante sí mismo con la silla vaquera y los estribos de zapato. La orgía giraba espesa y vertiginosa; por algo era de bacantes y sátiros. Pero, que eternidad de momentos del zagal, cuando se veía ante una mujer desnuda y blanca, multiplicada en los espejos de un cuarto sofocado de perfume y de luz. Que nieve caliente. Poco más arriba, en la esquina de Fornos giraba otra vez la ronda de pastores y prostitutas, por la calle de Peligros hasta donde llegaba la de Jardines, aéreos, los tiestos sucios en las ventana podridas.

¿MOSCAS O MARIPOSAS?

¿Cómo se comía de diario en una fonda española, de las de antes de que se empezaran a implantar los restoranes al estilo francés, y más concretamente de unos de las sitas en Barcelona, de las postrimerías del reinado de Alfonso XII? Nos lo cuenta Albert Llanas, dramaturgo y humorista en lengua catalana y autor de comedias de costumbres, como *El viaje a Montserrat* (1881), *Don Gonzalo o el orgullo de la chaqueta* (1891) y *El sí de las muchachas* (1911), por boca y pluma de Josep Pla:

> …los domingos por la tarde, Llanas nos contaba cosas de la vida. Cuando quería dar una buena impresión global de lo que fue la Barcelona de su juventud contaba que en una ocasión entró a cenar en una fonda de seises. Las fondas de seises eran llamadas así porque por seis cuartos servían la cena. Le presentaron una sopa en la que nadaban unos volátiles.
>
> —¡Estas moscas, hombre de Dios! —dijo Llamas al camarero.
>
> —Ya comprendo —le contestó el camarero con un punto de impertinencia—. Usted es de los que creen que por seis cuartos se pueden poner mariposas.

LA COCINA AL ALCANCE DE TODOS Y EL APROVECHAMIENTO DE SOBRAS

Un año antes de la muerte de Alfonso XII, en 1894, aparece en España uno de los grandes libros de referencia en cocina, manducaria y gastronomía de autor español, *El Practicón*, que se publica con el subtítulo de "Tratado completo de cocina al alcance de todos y aprovechamiento de sobras".

Su autor, Ángel Muro, escritor y gastrónomo gallego, pasó la mayor parte de su vida en Madrid, donde, a pesar de haber estudiado ingeniería, dedicó sus mejores esfuerzos a la investigación y divulgación de temas culinarios. Entre 1890 y 1895, publico unas interesantes y muy leídas *Conferencias culinarias*, y en 1892, un *Diccionario general de cocina*, siguiendo las pautas establecidas por Alejandro Dumas padre, en su obra *Le grand diccionaire de cuisine*.

Sobre *El Practicón* dice Vázquez Montalbán que:

> ...se trata de un amplio recetario matizado con sabrosos comentarios y observaciones humorísticas, en el que es evidente la influencia de Brillat-Savarin, pero también la de la escuela salermitana y la de los tratadistas alemanes, ingleses e italianos; pese a ello, tanto esta como otras obras de Muro contienen una gran dosis de creación personal.

El Practicón es, desde luego, mucho más que un libro de recetas, aunque son centenares las que aparecen en sus páginas. Es un libro vivo, abierto y reflexivo, en el que se habla de historia de la gastronomía española, se relatan multitud de curiosas anécdotas y se requiere a personajes ilustres para que den su opinión respecto a todo tipo de temas y circunstancias. Empieza, por ejemplo, preguntándose, supuestamente a requerimiento de sus lectores de *El Imparcial*, cómo se confecciona la auténtica receta del puchero canario, y halla la respuesta en la pluma de Domingo Enrique, que le hace un larguísimo poema, con el título *El cocido de mi tierra*; ofrece la receta de la sopa de ajo con una letra en verso de Ventura de la Vega, e incluye la partitura de la música que a bien tuvo ponerle el maestro José María Casares, y que ofrece: "...para los cocineros de la clase de filarmónicos"; entra en el debate sobre si debe ser mayonesa, mahonesa o bayonesa, incluyendo un poema de Lancelot, demostrando que en el siglo XVII francés ya está escrita la receta, aunque concluye que entre Mahón de España, y Bayona y Maïonne de Francia: "...ha de hallarse el litigio de la paternidad, litigio que dura desde que la salsa es salsa y que no tiene trazas de terminarse"; vuelve al verso para dictar la recta del morteruelo en la pluma del escritor Tomás Luceño; nos explica el origen de platos históricos, como el napoleónico pollo a la Marengo, el pollo fiambre a la Eboli o el capón a la siciliana, que tanto gustaba la Papa Pío IX; nos hace reír con la burla que el poeta festivo Vital Aza le dedica al afrancesamiento culinario en su poema *Pato a la Besançon* y con la sátira de José Fernández Bremon, titulada *Gato por liebre*; o consigue que un sesudo político, el consejero de Estado Ramón Correa, se atreva con unas *¡Truchas a la Don Ramón, sin sartén y sin fogón!*.

El libro de Ángel Muro fue un best-seller de su tiempo y libro de imprescindible consulta para cocineros de varias generaciones, pero hoy sigue siendo no solo útil, sino de lectura casi obligada para amantes de la cocina o sencillamente de la buena literatura.

EL ELÉCTRICO Y DESAFORTUNADO SUBMARINO PERAL

El año de la muerte de Alfonso XII, 1885, figura en la historia española por un hecho de singular relevancia: la presentación del proyecto de "torpedero sumergible" por parte del profesor de Física y Química y teniente de Navío Isaac Peral, en el que como gran novedad para España, se introducía la electricidad en la propulsión submarina.

Peral llevaba tiempo trabajando en su invención, pero lo había hecho en absoluto secreto y en su propio domicilio gaditano, hasta que se desató el conflicto con Alemania a propósito de la soberanía sobre las Islas Marianas. Alarmado por estos acontecimientos, consideró que era el momento de revelar sus hallazgos y avances a sus superiores en el Observatorio de San Fernando, los matemáticos Cecilio Pujazón y Juan Viniegra, y ponerlos, si se consideraba oportuno, al servicio de la Armada española.

Isaac Peral Caballero había nacido en Cartagena, Murcia, el 1 de junio e 1851 y, tras la muerte de su padre en la segunda guerra de independencia cubana, la llamada "chiquita", ingresó muy joven, en 1865, en el Colegio Naval Militar de San Fernando,

Cádiz, donde se graduó como guardiamarina de segunda clase en diciembre de 1866. Seguidamente fue destinado a Filipinas y de regreso a la península embarcó en las fragatas Victoria y Numancia (a bordo de la cual iría más tarde a Italia, para traer a España a don Amadeo), ascendiendo a alférez de Navío y destinado a Cuba, donde tomó parte en diversos combates y ganó varias condecoraciones. En 1874 volvió a la península para participar en varias operaciones en el mar Cantábrico, dentro del contexto de la Guerra Carlista. Posteriormente fue nombrado profesor de Guardias Marinas y en 1877 pasó al Observatorio de San Fernando para realizar el curso de Estudios Superiores, durante cuatro años. Por aquella época, Peral aprendió matemáticas, geografía, física, ingeniería naval y electricidad bajo la tutela del profesor José Luís Díez, que había realizado la instalación eléctrica del arsenal militar de La Carraca, Cádiz. N 1880 ascendió a teniente de Navío de 2ª clase y regresó al servicio activo al año siguiente, siendo destinado nuevamente a Filipinas, como jefe del Detall de Cavite y miembro de la comisión hidrográfica de las islas. Allí y en aquella segunda estancia sucedió algo que marcaría dramáticamente su destino. Una mañana, el barbero de su compañía le afeitaba cuando, accidentalmente, la afilada navaja le cortó una verruga de la sien izquierda. La herida sangró un poco, pero la herida parecía insignificante y nadie le dio la menor importancia, aunque, a la larga, devendría en un cáncer que le produjo la muerte.

Peral volvió a España sintiéndose ya enfermo, aunque sin relacionar sus malestares con el incidente. A finales de 1882 fue destinado al Observatorio de San Fernando como profesor de Física y Química, y de idioma alemán, en la cátedra de Física matemática de la Escuela de Ampliación de Estudios de la Armada.

Así se llega a 1885, cuando, como se dijo, Peral presenta el proyecto de "torpedero sumergible" a sus superiores, quienes, impresionados con los avances y desarrollos de Peral, trasladan la

Isaac Peral y Caballero, diseñador de un submarino que entre otras novedades incluía el uso de energía eléctrica como sistema de propulsión, desarrolló una brillante carrera en la Marina, pero su talento, tesón y logros palmarios chocaron contra la burocracia, la incomprensión, la envidia y la estulticia de las autoridades y dirigentes de su tiempo.

información al Ministerio de Marina, y es el propio titular de la cartera, vicealmirante Manuel de la Pezuela, quien le ordena trasladarse urgentemente a Madrid para exponer su proyecto ante una comisión técnica constituida al efecto. El proyecto fue aprobado y se autorizó un primer presupuesto, de 5.000 pesetas, y una comisión de viaje al extranjero para que Peral adquiriera todo aquello que le resultaba imposible encontrar en España. Los aparatos ópticos los compró en París, donde por aquellos días y bajo la dirección de Eiffel se construía una asombrosa torre en el Campo de Marte; distintos accesorios, junto a los torpedos, fueron adquiridos en Berlín; los acumuladores en Bruselas; y los motores eléctricos, los aceros, las hélices y los tubos lanzatorpedos, en Londres.

Con todo aquel material, Peral se puso manos a la obra, pero durante los siguientes meses se sucedieron los sabotajes e incluso algún que otro robo de planos por parte de espías extranjeros. A pesar de todo, el 1 de enero de 1888 se ponía la quilla del submarino en el arsenal de La Carraca.

Ya entonces habían comenzado a plantearse absurdas reticencias al proyecto, pero, contando con el apoyo de la reina Regente doña María Cristina, se logró que el 8 de septiembre de 1888 el submarino fuera finalmente botado en la bahía de Cádiz, donde se había congregado una multitud expectante para ver las pruebas de navegación en superficie, evoluciones, inmersiones dinámicas y en movimiento, navegación submarina y lanzamiento de torpedos en superficie e inmersión.

Pero el mismo acto de botadura no dejó de tener sus complicaciones ajenas a las propiamente técnicas. Cuando llega el momento decisivo, un oficial se acerca a Peral y le entrega la botella de champagne para estrellarla en el caso como era y sigue siendo preceptivo. En este punto sigue el relato Diego Quevedo:

...momento que aprovecho el oficial Sr. Álvarez, para volver a insistir en su creencia en el fracaso, pues dirigiéndose al general Montojo le dice:

Durante buena parte del año 1888 el submarino Peral estuvo fondeado en La Carraca, Cádiz, para realizar pruebas de todo tipo. A pesar de que los ensayos fueron más que satisfactorios, las reticencias de ciertos influyentes sectores respecto a la viabilidad del proyecto no cesaron.

"mi general, vamos a correr todos el mayor de los ridículos, porque cuando este barco caiga al agua, empezará a dar vueltas como una pelota y fíjese V. E. la responsabilidad que vamos a contraer todos por haberlo autorizado", a lo que contestó el general, "¿Usted cree?. ¿Y hasta este momento no ha podido usted decírmelo". Al oír Peral esta nueva insistencia, se acercó al general y le comunica que ha pintado una línea de yeso y que tiene absoluto convencimiento de lo que ha hecho, a lo que este contesta con un simple "¡Pues adelante!.

Acto seguido y sin más demora, se lanza contra el casco la botella de champán, se liberan las amarras y el submarino comienza a descender majestuosamente hasta las aguas gaditanas. Cando finaliza la maniobra y el submarino se encuentra perfectamente a flote, el reloj marca las 14 horas y 35 minutos, no habiendo rebasado el agua ni un centímetro la línea que había marcado Peral sobre el casco.

El buque de Peral medía 22 metros de eslora, 2,76 de puntal y 2,87 de manga. Desplazaba 77 toneladas en superficie y 85 en inmersión.

La propulsión se obtenía de dos motores eléctricos de 30 caballos de fuerza cada uno, mientras que la energía se conseguía mediante una potente batería de 613 elementos. Como se dijo, este uso de la energía eléctrica como forma de propulsión submarina, fue una gran novedad en España, ya que con anterioridad solo lo habían conseguido tres inventores: Alstitt, en Estados Unidos (1862); Radzewiecki, en Rusia (1884); y Campbell-Ash, en el Reino Unido (1885).

El submarino Peral incorporaba un tubo lanzatorpedos, tres torpedos, el periscopio, un sofisticado "aparato de profundidades", que permitía al submarino navegar en inmersión a la cota de profundidad deseada por su comandante y mantener el trimado del buque en todo momento, incluso tras el lanzamiento de los torpedos. Por supuesto, contaba además con todos los mecanismos necesarios para navegar en inmersión hacia el rumbo prefijado.

El submarino Peral fue botado con éxito el 8 de septiembre de 1888, pero el proyecto no siguió adelante. La explicación de tal desatino se resume en la frase de Emilio Castelar: "Los tres grandes destructores del mejor propósito son la envidia, el tiempo y la muerte".

Resumiendo, los principales inventos de Peral que fueron aplicados a su submarino fueron: un aparato de profundidades, que permitía mantener de manera automática la profundidad a la que se navegaba; el compás magnético y brújula, que, gracias a un ingenioso sistema de compensaciones, anulaba la perturbación de la estructura metálica y aparataje eléctrico del buque, consiguiendo que la aguja marcase siempre el Norte magnético; la torre óptica de visión indirecta, que actuaba como un auténtico periscopio fijo, estaba modélicamente diseñada mediante una cuadrícula especial que proyectaba las distancias al blanco y resolvía los problemas de puntería para el lanzamiento de torpedos; los reflectores eléctricos de arco, cuya luz, recogida por lentes y espejos, iluminaba las aguas hasta una distancia de 150 metros; una corredera eléctrica, que permitía la navegación de estima en inmersión, con una enorme precisión; el silbato eléctrico o sirena; un sistema de regeneración de aire, que permitía la respiración de una tripulación de hasta doce hombres en inmersiones prolongadas. Con el tiempo, el submarino Peral, tanto por su forma de propulsión como por su armamento, se convertiría en el modelo y prototipo de todos los submarinos que se diseñaron y construyeron hasta la Segunda Guerra Mundial.

En definitiva, la propulsión eléctrica ideada por Peral consiguió solucionar el problema de la propulsión submarina, pero lo que realmente dio valor militar estratégico a su submarino fue su capacidad para lanzar torpedos debajo del agua. El prototipo Peral levaba tres que se lanzaban desde un tubo único situado en la proa y en la dirección del eje del buque, provisto de un mecanismo de seguro para abrir sus puertas, interior y exterior, prácticamente análogos a los que se emplean hoy.

Las pruebas oficiales se desarrollaron a lo largo de 1889 y 1890, pero, por razones que no se alcanzan a comprender, a Peral no se le permitió realizar la que sin duda hubiera sido la prueba irrefutable y definitiva: atravesar sumergido el estrecho de Gibraltar, desde Algeciras hasta Ceuta.

No obstante, en todas las pruebas que se verificaron la nave demostró fehacientemente que podía navegar en inmersión a voluntad del comandante, con el destino, rumbo y cota predefinidos y en mar abierto. Además, demostró que podía atacar, sin ser visto, a cualquier buque de superficie. Mientras llovían las felicitaciones y honores desde el extranjero, la Comisión Técnica nombrada al efecto avalaba el éxito de las pruebas del que unánimemente se ha considerado como el primer submarino de la historia, pero un conjunto de envidias y oscuros intereses, llevaron a que, increíblemente, las autoridades políticas y militares del momento desecharan el invento y además alentaran una campaña de desprestigio del inventor. Empezó entonces una dura pugna entre Peral y la Junta y del asunto se acabó haciendo una cuestión pública, con virulentas campañas de prensa en pro y en contra. Como dice Gutiérrez Gomero, la cuestión fue objeto de vehementes controversias:

¡Controversias! ¿Por qué? Porque si la mayoría de las gentes se congratulaban de que un español hubiese resuelto el problema de construir un buque que se sumergiese en el agua y volviera a aparecer cuando a su conductor le viniese en gana, disparando, además, destructores torpedos o sirviendo de ariete poderoso, como aquel que se le ocurrió al genial Julio Verne, en cambio, los pesimistas decididos a negar a un cerebro español potencia imaginativa para hallara lo que nadie hubo hallado hasta entonces, reíanse de aquel teniente de navío inventor de un artefacto que quizá se metiera debajo de las olas, pero que en ellas se quedaría en sociedad con los peces (...) De muy buena gana hubiese ido a Cádiz para conocer a Peral, de cuyo trato y grata conversación tenía las mejores noticias, y seguir todas las peripecias del submarino… Sin saber por qué era absoluta mi fe en don Isaac Peral, que se centuplicaría oyendo sus explicaciones, dado que, según los que escucharon sus argumentos técnicos y la claridad con la que hablaba de su obra, llevaban al convencimiento al más incrédulo. No pude ir a Cádiz, y tuve que contentarme con las noticias que me dio en sus cartas mi íntimo amigo Pepe Ortega Munilla (...) Con estos datos, recibidos por conducto de Ortega Munilla, semejantes a lo que decían las cartas de los periodistas llegados cerca de Peral, el submarino inventado por este ilustre oficial, que honraba a España y que había empleado por primera vez los acumuladores eléctricos en un buque de guerra, era el mayor acontecimiento naval del siglo XIX.

Finalmente, el Consejo Superior de Marina esbozó una solución de corte salomónico, acordando, que sí, pero no, la realización de un segundo proyecto y la construcción de un nuevo buque, pero las condiciones que se le imponían al inventor no fueron aceptadas por este.

Gutiérrez Gomero continúa en su reflexión y se hace la pregunta clave, ¿por qué se abandono el invento de Peral?, y él mismo apunta la respuesta y conclusiones:

No lo sé, recuerdo que hablé de esto con don Emilio Castelar, y me dijo: "Los tres grandes destructores del mejor propósito son la envidia, el tiempo y la muerte".

> ¡Página triste del pintoresco sigo XIX, que iba hacia abajo y que acabaría de mala manera, si Dios no lo remediaba!.

Y parece que no lo remedió.

Isaac Peral, inmensamente decepcionado por todo lo ocurrido y harto de luchar en aquellas condiciones, pidió la licencia a la Armada, siendo concedida esta con carácter de absoluta. La infinita desolación de Peral, que además convivía con una dura y penosa enfermedad, se fue acrecentando por el cúmulo de absurdas acusaciones e infamias de toda índole que se vertieron sobre él y su invento. Frente a esta situación se decidió a redactar un manifiesto dirigido a la opinión pública, tratando de defender su honorabilidad y la viabilidad del proyecto, pero entre que la sociedad ya estaba hastiada de tan larga polémica y que las presiones políticas se redoblaron, ningún medio de comunicación aceptó publicarlo. En última instancia, solo un semanario satírico, *El Matute*, y previo pago por parte del autor, se arriesgó a sacarlo a la calle. El escrito consiguió reavivar algo la polémica, pero ya sin el vigor y el apasionamiento con que lo había hecho en la primera etapa, y el asunto pronto cayó definitivamente en el olvido.

Las obligaciones familiares de Peral primaban en ese momento y comenzó a trabajar, como director operativo de proyectos, en la firma alemana *Levy & Kocherthaler*, donde, como explica Javier Sanmateo, participó activamente en proyectos:

> …algunos muy importantes relacionados con la fabricación y suministro de energía eléctrica para las industrias españolas y de instalación de alumbrado, y otros servicios relacionados con la electricidad, para municipios, hoteles y viviendas particulares (...) Dos ejemplos muy importantes, de estos proyectos ejecutados por la compañía alemana, y dirigidos por Peral, fueron dotar de energía eléctrica a los municipios y a las industrias de Jerez y Aranjuez.

Allí permanecería tan solo un año, al plantearse la perspectiva de crear su propia empresa, a la que denominó *Centro Industrial y de Consultas Electro-técnicas Isaac Peral*, en la que patentó varias de sus invenciones, entre las que cabe destacar una batería que años más tarde adquiriría la empresa *Tudor*. También en Madrid, montó una fábrica de acumuladores, muy cerca de las instalaciones de la Compañía General de Electricidad, desde la que se dedicó a realizar multitud de instalaciones de centrales eléctricas en toda España, al tiempo que montaba fábricas de más de treinta ciudades, entre las que figuraron Zaragoza, Alicante, Murcia, El Puerto de Santa María, en Cádiz, Almería, Villafranca del Bierzo, Tudela o Quintanar de la Orden.

El 2 de agosto de 1893, fundó y pasó a dirigir la *Electra-Peral-Zaragozana*. Allí patentó algunos aparatos, entre los que destacó un acumulador eléctrico (con el que se crearon en España varias centrales de alumbrado eléctrico), un varadero de torpederos que fue premiado con la Medalla de Oro en la Exposición Mundial de Barcelona en 1888, un protector luminoso y una ametralladora eléctrica.

Sin embargo, la actividad y los logros de Peral jamás dejaron atrás la polémica. En Tudela, una vez finalizada la instalación de generadores para electrificar la ciudad, y cuando se iniciaba la colocación de postes, el diario navarro *El anunciador ibérico* publicaba un artículo con el título "¡Fuera postes, fueraaaaaa !", en el que se decían cosas como:

> ¿A quién se le ocurre adornar la calle con estos árboles muertos? ¿A quien si no al que asó la manteca se le ocultan las mil desventajas que ofrece la instalación de tales maderas? ¿Qué nos dirán los forasteros cuando vean estos armatostes?

Esta frenética actividad fue quizá determinante en el considerable agravamiento de su estado de salud. El afamado doctor Federico Rubio y Gali le operó varias veces sin éxito y finalmente se decidió el traslado a Alemania, para que fuera intervenido por uno de los mejores por entonces especialistas de la materia.

El 4 de mayo de 1895, Peral, acompañado de su hermano Pedro, su esposa Carmen y su hija mayor, tambièn Carmen, sale por ferrocarril desde Madrid con destino a Berlín para ser operado de cáncer. Allí es recibido y tratado con el mayor de los respetos, hasta el punto de que el propio káiser Guillermo ordenó a su ayudante de campo que le visitara cada día en el hospital y le informara de su estado, pero un descuido en las curas le produce una infección que inmediatamente desemboca en una meningitis que acaba con su vida el día 22 de ese mismo mes.

La noticia fue recibida en España con general consternación, pero algún medio recalcitrante, como *La Época*, llevó su campaña infamante y mezquina contra Peral hasta más allá de la muerte. En una agria columna, el diario conservador, como ignorando la razón real que todo el mundo conocía, atribuía la patología que había acabado con la vida del inventor al hecho de no haber digerido la pérdida de: "…la luminosa visión de la gloria que debió quedar indeleblemente grabada en su alma".

El submarino Peral nunca llegó a formar parte de la lista oficial de buques de la Armada española, pero, paradójicamente, es el único histórico que eludió el destino de chatarra y se ha conservado intacto. Actualmente esta colocado en la Muralla del Mar del puerto de Cartagena, junto al monumento a los héroes de Cavite y Santiago de Cuba… curiosamente también el único que existe en España que no conmemora victorias, sino dos de las más estruendosas derrotas bélicas españolas.

LA POESÍA GASTRONÓMICA Y FESTIVA DEL XIX

A lo largo del siglo XIX fueron varios los autores que dedicaron sus poemas a la cocina y la gastronomía, tratando estas con singular gracia y desenfado. De entre todos ellos y como muestra de un género hoy casi olvidado, se recogen aquí tres piezas singulares, *Gato por liebre*, *Sopas de ajo* y *Huevos con tomate*, de las que son autores, respectivamente, José Fernández Bremón, Ventura de la Vega y Ricardo de la Vega.

El gerundense José Fernández Bremón, fue escritor, periodista, dramaturgo, poeta, colaborador de *El Globo*, *El Bazar* (1874-1875), *Blanco y Negro* (1891 -1892), *El Liberal*, *El Diario del Pueblo* y *Nuevo Mundo*; redactor de *La España*, *La Época* y *La Ilustración Española y Americana*. En 1879 publicó sus famosos *Cuentos*, y posteriormente algunas obras de teatro, como *Dos hijos*, *Lo que no ve la justicia*, *Pasión de viejo*, *¡Una emoción!*, *El espantajo*, *Pasión ciega*, *Los espíritus*, *El elixir de la vida* y *La estrella roja*. Su poema *Gato por liebre*, alude a una práctica coquinaria fraudulenta que popularizaron los autores de los Siglos de Oro, pero a la que aquí se le da una divertida vuelta argumental:

Elige un gato joven

que tenga buen facha:

llamas al aguador y lo despacha.

Cébale con riñones,

asaduras, mollejas y pichones;

prohíbe darle sustos,

desazones, castigos y disgustos,

y al año poco más tendrá el minino

el cogote muy ancho, el pelo fino.

Ya gordo y reluciente,

haciéndole caricias con la mano

degollarás al gato dulcemente

como si degollases a tu hermano.

Desuéllale con arte,

límpiale bien, y que le oree el viento,

pásale un espadín de parte a parte

y ásale a fuego lento:

despacio y muy a punto,

báñale con un unto
de aceite aderezado
con limón y ajo machacado;
en tanto, le volteas;
y solo a medio asar, es el instante
con sal le espolvoreas;
no apartando del gato la mirada
hasta que su corteza esté dorada,
y asado el animal y harto de fuego,
con punzantes aromas
te obligue a que le saques y le comas.
Si al asarle seguiste mis consejos,
ríete de las liebres y conejos,
solo algún mentecato
a quien trates de dar gato por liebre
pedirá que le des liebre por gato.

El segundo de los autores festivos elegidos para la muestra es Buenaventura José María de la Vega y Cárdenas, más conocido como Ventura de la Vega, escritor, poeta y dramaturgo español de origen argentino, que fue profesor de Isabel II, académico de la Lengua Española en 1842, y director del Teatro Español en 1847. Escribió libros de poesía, como *Rimas americanas*, *Obras poéticas* y *Poesías líricas*; libretos de zarzuela como *Jugar con fuego*, en 1853 y para Barbieri; y obras teatrales como *El hombre de mundo*, *Dorotea*, y *Los dos camaradas*, sobre la vida de Cervantes. A Ventura de la Vega tenemos que agradecerle la recta versificada de las sopas de ajo, que en su caso relaciona con pitanza de abstinencia:

Cuando el diario suculento plato,
base de toda mesa castellana,
gastar me veda el rígido mandato
de la Iglesia Apostólica Romana,

Ventura de la Vega, escritor, poeta y dramaturgo español de origen argentino, profesor de Isabel II, autor de libretos de zarzuelas, poemarios y obras teatrales, escribió un delicioso poema a las sopas de ajo.

yo, fiel cristiano, que sumiso acato
cuanto de aquella potestad emana,
de las viandas animales huyo
y con esta invención las sustituyo.
Ancho y profundo cuenco, fabricado
de barro (como yo) coloco al fuego;
de agua lo lleno; un pan despedazo
en menudos fragmentos, lo echo al fuego;
con sal y pimentón despolvoreado,
de puro aceite tímido lo riego;
y el ajo español dos cachos mondo
y en la masa esponjada los escondo.
Todo al calor del fuego hierve junto
y en brevísimo rato se condensa,
mientras de aquel suavísimo conjunto
lanza una parte en gas la llama intensa;
parda corteza cuando está en su punto
se advierte en torno, y los sopones presa;
y colocando el cuenco en una fuente
se sirve así para que esté caliente.

El tercero y último de los poetas que tomaron la pluma para escribir sobre cocina es el dramaturgo y creador del género chico musical, Ricardo de la Vega. Entre sus sainetes líricos y zarzuelas cabe destacar *Los dos primos*, de 1860; *Una noche en el Retiro*, de 1873; *Los baños del Manzanares*, de 1875; *A los toros*, de 1877; *La familia del tío Mahoma*, de 1883; *Pepa la frescachona* o *El colegial desenvuelto*, de 1886; *El señor Luis el Tumbón* o *Despacho de huevos frescos*, de 1891; la archifamosísima *La verbena de la Paloma*, de 1894, con música de Tomás Bretón; y *El año pasado por agua*, 1889, con música de Federico Chueca y Valverde.

Entre zarzuela y zarzuela, don Ricardo se tomo la molestia de escribir este poema dedicado a los huevos con tomate, y, tras la atrabiliaria receta, juega a compararse con François Vatel, chef francés de origen suizo, al servicio del príncipe de Condé y famoso por haber inventado la crema Chantilly, quien en su afán de perfeccionismo culinario, se quitó la vida en abril de 1671 y durante un banquete en honor del rey francés Luís XIV, porque el pescado fresco que había pedido no llegaba a tiempo.

¿Cómo se hacen los huevos con tomate?

Perdonadme si digo un disparate.

Se coge una sartén, se limpia bien,

y se llena de aceite la sartén,

se pone la sartén en el fogón

encendido con leña o con carbón,

y sin usar procedimientos nuevos

se fríen los tomates con los huevos.

Lo primero los huevos, eso es;

y luego los tomates, o al revés;

primero los tomates, o si no

las dos cosas a un tiempo y se acabó.

No diréis que este Vatel

no sabe hacer unos huevos con tomatel.

III

La nueva energía alcanza la mayoría de edad

El salto decisivo de uso festivo a negocio profesional se produce cuando, en 1881, Francisco Dalmau y su hijo constituyen en Barcelona la *Sociedad Española de Electricidad*. Se trata de un hecho trascendental en la historia española y por ello es interesante rebobinar unos años una peripecia de la que empieza siendo protagonista un obrero belga, Zénobe Théophile Gramme, inventor y constructor de un tipo de dinamo, la maquina Gramme, que supuso el inicio de las aplicaciones eléctricas a escala industrial. Este personaje, que a los veinticinco años tan solo sabía leer y escribir a duras penas, entró a trabajar de modelador en un taller industrial de París en 1856, y allí empezó a interesarse vivamente por las piezas y componentes que él mismo fabricaba para las incipientes máquinas eléctricas de la época. Con gran esfuerzo empezó a leer tratados de ingeniería y cuando creyó haber adquirido una formación suficiente, abandonó la fábrica y se encerró en el pequeño laboratorio que había construido en la cocina de su casa. Mientras Zénobe trabajaba día y noche en sus experiencias, el único sostén de la casa lo aportaban su esposa e hija trabajando como empleadas domésticas. En 1867 consiguió registrar su primera patente, un motor de corriente alterna de imperfecto funcionamiento, pero dos años después había conseguido modificar la dinamo diseñada por Siemens, cuyos inesperados picos de corriente eran producidos por el inadecuado diseño del inducido cilíndrico y su conmutador. Gramme introdujo el inducido anular, modificado a partir de un diseño de Pacinotti, y así consiguió que su dinamo produjera tensiones eléctricas constantes, evitando además el recalentamiento. En 1870 decidió fundar la *Societé General des Machines Magnetoeléctriques Gramme*, gracias a la colaboración de un socio capitalista, el conde Louis D'Yvernois, y un año después hacía una demostración de un modelo de mayor potencia ante la *Académie des Sciences*, cuyos miembros pudieron intuir su enorme potencial de uso industrial.

A comienzos de 1872 ya estaba prácticamente a punto la que posteriormente sería conocida como máquina de corriente continua de Gramme, que permitía transformar energía mecánica en energía eléctrica, y viceversa. La máquina constaba de tres partes, el inducido o rotor, el colector y el inductor o estator, encargado de producir el campo magnético dentro del cual rotará el inducido. El colector, por su parte era el dispositivo que permitía colectar la carga eléctrica de manera que el sentido de la corriente se mantuviera constante. Por último el inducido constituía la estructura central que rotaba cortando líneas de campo magnético, generando una fuerza electromotriz inducida.

A finales de 1872, Gramme y D'Yvernois, presentaron la solicitud de patente en España (privilegio de invención, se decía entonces), que les fue concedida en marzo de 1873. Muy poco tiempo después, entre el 1 de mayo al 31 de octubre de 1873, tuvo lugar la Exposición Universal de Viena, donde la máquina Gramme fue presentada con inusitado éxito ante la sociedad internacional y donde se vislumbró el gran potencial del uso de este tipo de máquinas, lográndose por primera vez transmitir energía eléctrica a lo largo de ¾ de milla durante tres días sin requerir mantenimiento.

En 1876 en los talleres de los señores Dalmau, de Barcelona, ya se estaban ofreciendo los primeros resultados del perfeccionamiento de esta primera máquina dinamoeléctrica y los Dalmau se habían constituido en representantes en España de Gramme y D'Yvernois.

A partir de este momento, el progreso es rápido y constante. A partir de 1883, la primera gran central que la *Sociedad Española de Electricidad* instala en la barcelonesa calle de Mata, con 220 kW de potencia, empieza a suministrar la mayor parte de la electricidad consumida en la ciudad, y poco después, en 1896, los generadores que instala la *Compañía Barcelonesa de Electricidad* consiguen una cada vez mayor cuota de producción en Cataluña, que irá pasando del 12% en 1905, al 30% en 1910. A esto se suma la entrada en escena de *Barcelona Traction*, que no tarda en convertirse en la mayor empresa del sector en España, al punto de que en 1925 consiguió generar casi la tercera parte del total de la energía eléctrica producida en la península y el 70% de la generada en Cataluña.

La gran aventura empresarial de Tomás Dalmau finalizaría el 21 de marzo de 1894, cuando la junta de *Societat Espanyola d'Electrictat* decide reducir su capital a la mitad, intentando con el reducir pérdidas, y cesa en su cargo de director general a Dalmau. En aquel tiempo, y todo ello gracias a la *Societat*, Barcelona ya contaba con 700 lámparas de arco voltaico y 1.000 de incandescencia, de veinte caballos la primera y de cuarenta la segunda.

Empieza la Regencia de María Cristina

A la muerte de Alfonso XII, la reina María Cristina de Habsburgo-Lorena archiduquesa de Austria y princesa de Hungría-Bohemia, embarazada del futuro Alfonso XIII, llega, con Cánovas y Sagasta, y merced a la intervención del general Martínez

Campos, al famoso acuerdo o *Pacto de El Pardo*, por el que se establece su regencia hasta la mayoría de edad del futuro rey, basándose en un sistema político que pasará a la historia con el nombre de "turnismo". El Pacto se firma el 24 de noviembre de 1885 y con él se inaugura una de las etapas más negras de la historia de España, que será testigo del enconamiento del nacionalismo catalán, del nacimiento de la conflictividad con Marruecos y que, finalmente supondrá la pérdida definitiva del imperio colonial español, con la independencia de Cuba, Puerto Rico, Santo Domingo y Filipinas.

EL "TURNISMO" O EL VOTAR PARA COMER

La Restauración monárquica, que permitió la vuelta de Alfonso XII al trono de España, se basó en un sistema político denominado "turnismo", cuyo artífice fundamental fue Cánovas del Castillo, quien ya había sido ministro de Isabel II por la Unión Liberal. Cánovas llegó a la conclusión de que la única salida a la agitada política española del siglo XIX, bombardeada por pronunciamientos y revoluciones, era conseguir articular un sistema político en que las oposiciones pudieran ocupar el poder por vías pacíficas.

En síntesis, el "turnismo" consistió en la composición de dos grandes partidos, uno conservador, liderado por el propio Cánovas, y otro liberal, presidido por Práxedes Mateo Sagasta, que, cíclicamente, se iban turnando en el poder. Se dejaba con ello fuera de juego a carlistas y republicanos, a cambio de garantizar la estabilidad política y la duración del régimen. El Parlamento se elegía mediante prácticas caciquiles y las elecciones las ganaba siempre el partido que las convocaba.

El sistema, eficaz pero antidemocrático y perverso, alcanza su mayor grado de surrealismo en el lecho de muerte de Alfonso XII. Parece que el rey, ya agonizante, llama a su lado a la reina y en un postrer esfuerzo le dicta sus últimas voluntades de manera breve y escueta, pero a la vez rotundamente definitoria de lo que debía ser su regencia hasta la mayoría de edad del heredero que venía en camino: "Cristinita, guarda el coño y de Cánovas a Sagasta y de Sagasta a Cánovas".

Meses después la reina daba a luz un varón, y los antedichos se felicitaban por su género masculino: "Es la menor cantidad posible que se puede tener de rey, pero rey al fin y al cabo".

La reina madre se dispuso a realizar la tarea que le habían encomendado la historia y las circunstancias de la mejor manera posible, rodeada de enlutadas damas de compañía, marquesonas añosas y decrépitas vizcondesas, un grupo humano que describe, el entonces embajador de Marruecos, tras presentar sus cartas credenciales e informar seguidamente a su sultán: "El Palacio Real extraordinario, pero el harén flojito; muy flojito".

El tiempo de la Regencia fue tiempo de escasez, penuria y hambrunas. Eslava Galán y Rojano Ortega toman de nuevo la voz y la palabra:

La comida era pobre y monótona. Prácticamente se basaba en el pan y en la grasa de cerdo, porque la carne se reservaba para las grandes ocasiones. El plato nacional era el cocido de garbanzos, más o menos ilustrado de acuerdo a las posibilidades económicas de la familia: desde el humilde sopicaldo sobrenadado con tres garbanzos huérfanos y sin más color que el del grumo de manteca rancia o un hueso, hasta la olla podrida del burgués acomodado con todos sus avíos de gallina, vaca, tocino, chorizo, morcilla, hueso fresco y añejo y pelota de relleno. Por debajo del cocido pobre había otros condumios más miserables aún. En el Norte era frecuente derretir tocino en una sartén y mojar boroña (se refieran los autores a la borona o boroña, pan a base de harina de maíz, tradicional de las regiones de Cantabria y Asturias, que se cocinaba al horno envuelto en hojas de berzas); en la Meseta y en el Sur abundaban más las migas de pan o harina de trigo con ajo, aceite y tocino y, de tarde en tarde, una sardina arenque. En verano el gazpacho permitía un mayor equilibrio dietético: agua, sal,

La Restauración monárquica se basó en el sistema político del "turnismo",
cuyos artífices fueron el político conservador Antonio Cánovas del Castillo, a la
izquierda de la imagen, y el liberal Práxedes Mateo Sagasta, a la derecha,
que periódicamente se alternaban en el poder.

aceite, vinagre, pan y alguna legumbre. Los pobres no alcanzaban el mínimo de calorías necesario para un normal desarrollo. Esto explica que, en las zonas más deprimidas, abundaran los niños raquíticos o "redrojos" y, por supuesto, la mortalidad infantil era espantosa.

Claro que, como siempre, la otra cara del hambre canina era el hartazgo sin límite, de lo que siguen hablándonos los antes citados:

> Estos atracones conmemorativos causaban algunas bajas entre personas de ordinario hechas a comer poco. Por cierto, que en Asturias desarrollaron una radical medicina consistente en sumergir a los indigestos en estiércol durante uno o más días para que el calor desprendido por la fermentación los ayudara a tramitar la laboriosa digestión.

Durante el "turnismo", la escasez alimentaria y el hambre de la inmensa mayoría de la población, se utilizaron habitualmente como armas electorales. Ofrecer comida gratis era un medio eficaz para captar las voluntades de los electores. Así ocurría por ejemplo en Galicia, donde los candidatos acudían a sus actos de propaganda precedidos de una enorme perola de bacalao con patatas, condimentadas con una contundente ajada de pimentón. El guisote, regado con vino en abundancia, llenaba los estómagos de los agradecidos votantes y al final del acto, para hacerlos llegar al éxtasis, a cada uno se le entregaban dos pesetas.

Manuel María Puga y Parga, todo un personaje de la Galicia de la época, del que se hablará más adelante, autor de un importante tratado culinario, *La cocina práctica*, que publicó en 1905 bajo el seudónimo de *Picadillo*, narra, desde su experiencia directa y con cruel ironía, aquellos festines. *Picadillo*, que fue juez municipal, fiscal, concejal y alcalde de La Coruña, escribe que al final de aquellos políticos ágapes los aldeanos *"votaban como tortolitos"*.

El mapa de España durante el "turnismo" resulta un complejo pero
ordenado puzzle de territorios gobernados por caciques que, mediante
pucherazos electorales, garantizaban el triunfo de cada uno de los
partidos. La escasez alimentaria y el hambre fueron profusamente
utilizadas como armas electorales.

Xavier Castro rubrica aquellas farsas electorales con estas apreciaciones:

> Poco importaba que el bacalao fuese de la peor clase, como solía pasar, con tal de que las mujeres que guisaban el bacalao electoral, como elocuentemente lo llamaban, le echasen una buena ajada por encima, pues se imponía que el guiso estuviese bien coloradote por obra del pimentón.

Por todo el territorio hispano se extendió la práctica de la compra de votos, pero en cada lugar se procedía con algún "tipismo". En Cataluña, por ejemplo, la práctica se afinaba bastante y la *turnista* comilona electoral, siempre larga y pesada, se sustituía por dinero contante, en el que ya están incluidos los festejos gastronómicos. El señor Puget, cacique fino, se lo cuenta a Josep Pla en *Un señor de Barcelona*. Propietario de una finca en Corriol, dentro de la comarca natural de Collsacabra, repartida entre Osona (Vic), La Garrotxa (Olot) y La Selva (Santa Coloma de Farnels), se ocupaba de la gestión política de sus tres términos municipales: Pruit, Rupit y Tavertet. Y dice Puget:

> ...las circunstancias hicieron que durante muchos años pudiera disponer de los censos electorales de Collsacabra; es decir, de los votos de Pruit, Rupi y Tavernet.
>
> —Pagando, claro… —me atrevo a aclarar.
>
> —¡Pagando, pagando, claro! Pero entendámonos. En primer lugar, tengo la satisfacción de poder decir que los tratos fueron siempre decentes; a igualdad de precios, los censos siempre fueron para mí. Cuando me dieron palabra, la cumplieron y, esto, es agradable proclamarlo en todo momento. Añadiré que jamás compré un voto individual. O el censo completo o nada, por un tanto alzado y con la obligación de destinar los dineros al mejoramiento del pueblo (.) El precio máximo pagado por el censo de Rupit o el de Tabernet fue de mil pesetas. Con Pruit, no existió jamás el problema del dinero.

Pero el sistema no había salido de la nada, sino que había ido perfeccionándose con el tiempo:

> La primera vez que me ocupé de elecciones cometí el error de no precisar los conceptos. En el momento de liquidar aparecieron cuentas sospechosas: la mesa, la comida, los interventores, la bebida electoral. Protesté. Después mi postura fue clara: o mi tanto alzado o nada. Si los que actuaban hacían algún gasto, se entendía que debía restarse de las mil pesetas.

Unas pesetas, pero más frecuentemente un plato de comida podía comprar conciencias y voluntades, pero en otros casos se convertía en un símbolo de rebeldía y enfrentamiento al poder establecido. En el mismo periodo, entre ciertos sectores de librepensadores se puso de moda desafiar las normas eclesiásticas de vigilia celebrando "banquetes de promiscuidad" el día de Viernes Santo. En estos encuentros, la carne era la indefectible protagonista del menú. Tales alardes siguieron practicándose en los comienzos del siglo posterior y Eduardo Blanco Amor cuenta de un paisano de Orense, Bricio Pampín, que un día de Viernes Santo se puso a comer jamón al paso del Santo Entierro.

El declinar del siglo fue tiempo de hambre generalizada. En la capital, la penuria alimenticia de la población llegó a tal punto que, a comienzos de 1885, las autoridades municipales decidieron poner en funcionamiento y subvencionar cocinas económicas para las clases humildes. En aquellas improvisadas cocinas se ofrecía una ración de sopa y un trozo de pan a diez céntimos y un cocido, más o menos completo, por un real, veinticinco céntimos. Y si el año se inició con medidas alimenticias, el cierre coincidió con una medida que afectaba a un elemento singular de la gastronomía navideña: el pavo. Por las calles de Madrid circulaban tradicionalmente en esas fechas manadas de pavos guiados por una oronda pavera y el espectáculo se prohibió por orden de 18 de diciembre. En la exposición de motivos se mencionaban los trastornos que los rebaños causaban a la circulación, pero estando las cosas como estaban, quizá algún munícipe intuyó el peligro de que los hambrientos pudieran abalanzarse sobre el menú de la burguesía madrileña.

Claro que los gobernantes consideraban que a grandes males, grandes remedios y así lo expresa, en su libro *Los problemas contemporáneos*, el propio Cánovas del Castillo, uno de los dos grandes "turnistas":

Siempre habrá miseria: siempre habrá una última grada en la escala social, un proletariado que será preciso contener por dos medios: con el de la caridad, la ilustración, los recursos morales y, cuando esto no baste, con el de la fuerza.

Títulos nobiliarios a cambio de un ágape

Durante la época del "turnismo", si con un perol de potaje de bacalao o un plato de *escudella i carn d'olla* se podían comprar votos electorales, a cambio de un buen ágape en *Lhardy* se podía, ¿por qué no?, adquirir un título nobiliario.

Según sabemos por Pla, tal hizo otro buen amigo de Puget, Pere Grau Maristany. Un buen día sentó a una de las mesas del conocido y prestigioso restaurante de la carrera de San Jerónimo a José Canalejas, ministro de Fomento, luego de Gracia y Justicia, después de Hacienda y finalmente de Agricultura, durante la regencia de María Cristina; Francesc Cambó, político catalán conservador y líder de la Liga Regionalista; y Alejandro Lerroux, quien años después llegaría a ocupar la presidencia del gobierno durante la Segunda República Española. Pla cuenta que:

> A la hora de pagar, el Presidente del Consejo dijo: - El conde que pague será el verdadero conde.

La gracia de la cita es que Pla escribe esto en catalán, lengua en la que *comte*, que es lo que en el texto reza, significa, indistintamente, conde y cuenta. El caso es que tan satisfecho y agradecido por el convite quedó el señor Canalejas, que hizo a Maristany Conde de Lavern. En la regencia se podía hacer aquello y mucho más.

Luego Pla cita una anécdota que se refiere al propio Maristany y a su amigo Forgas, quien había conseguido el título de vizconde. Ambos se encontraron en El Continental:

> Forgas tenía mala cara.
>
> —¿Qué te pasa? —le dijo Maristany—. No tienes buen aspecto… ¿Estás enfermo?
>
> —Estoy un poco destemplado, francamente.
>
> —No te preocupes. A mí me pasa lo mismo. Es el cambio de sangre.

No obstante, hay que decir que si el reparto discrecional de prebendas y títulos nobiliarios fue práctica cotidiana durante el "turnismo", los máximos protagonistas de la farsa no perdieron la oportunidad de practicar un distanciamiento *brechtiano*. Puget, hablando con Pla, viene a decir de Cánovas:

> Las cualidades humanas, la frescura de su espíritu, el gusto por la realidad, los conservó toda la vida. A la Reina Regente, que quiso darle un título con grandeza le contestó:
>
> —Gracias, señora, pero yo no me pongo motes.

EL FLUIDO QUE CAMBIÓ EL PAISAJE Y DIJO ADIÓS A LAS MULAS

En 1881, cuando, como se dijo, los Dalmau constituyen la Sociedad Española de Electricidad, se celebra además en París una exposición monográfica dedicada a la nueva fuente de energía, donde se muestra por vez primera vez la posibilidad de hablar a distancia, mediante una buena cantidad de teléfonos, pero lo que allí se está gestando es realmente mucho más importante, puesto que en sus salones se da a conocer una ya variada gama de posibilidades lumínicas, que van desde el arco voltaico (en corriente continua y alterna), al novedosísimo sistema de la incandescencia diseñado por Edison, que permite iluminar el interior de las viviendas; algo que hasta entonces no había sido posible con el arco voltaico, exclusivamente adaptado para espacios abiertos. Con todo, lo que más llama la atención del público es un tranvía eléctrico fabricado por la firma Siemens.

La electricidad da el salto cualitativo de transformadora del paisaje urbano, con el tranvía como protagonista. Antes de la aparición de los tranvías, en las grandes ciudades el único medio de transporte era el ómnibus arrastrado por caballos o, más frecuentemente, mulas. En Barcelona, los ómnibus fueron bien

Manuel Azaña expresaba así su visión del cambio en la tracción de los tranvías urbanos: "Así como la introducción de la libertad ahuyentó a los frailes, y la llegada del agua de Lozoya dispersó a los aguadores, el fluido eléctrico acabó con las mulas del tranvía y sus encuartes".

aceptados, pero en Madrid tuvieron poco éxito y pronto fueron sustituidos por tranvías, también de tracción animal, pero circulando, con más orden, por raíles metálicos. La primera línea, pionera en España y que recorría el trayecto Puerta del Sol a cocheras, se inauguró el 31 de mayo de 1871. Solo seis años después, en 1897, la empresa que explotaba el negocio obtuvo permiso del ayuntamiento madrileño para electrificar las líneas. En el sorprendente plazo de un año, la compañía construyó una planta eléctrica en la calle de San Bernardo (dotada de potentes máquinas de vapor y sus dinamos generadoras de corriente continua), y se completó el tendido aéreo de los cables.

El 3 de octubre de 1898, el año que pasará a la historia por la pérdida del imperio colonial español, se inauguró el servicio de tranvías de tracción eléctrica, con dos líneas: una de la Puerta del Sol a la calle de Serrano, y otra entre el Paseo de Recoletos y el Hipódromo; un espacio donde luego se levantarían los Nuevos Ministerios. Dos años después, el 15 de abril de 1900, coincidiendo con la corrida de toros del domingo de Pascua, el servicio se ampliaba con una nueva línea, entre Cibeles y la plaza de toros.

Durante las primeras décadas del nuevo siglo, dos empresas competían en la capital por este servicio: la Compañía de Tranvías de Madrid, con vistosos coches de color amarillo, que los madrileños llamaban "canarios" y la Compañía Eléctrica Madrileña de Tracción, con tranvías rojos, a los que el personal se refería como "los cangrejos".

El paisaje urbano se hizo más colorista con aquellos equipos, pero la ciudad no solo ganó en cromatismo.

En marzo de 1921, Manuel Azaña, el político que años más tarde llegaría a ser Presidente de la Segunda República, escribía en la revista *La Pluma* (fundada un año antes), sobre los cambios que Madrid había experimentado en las últimas décadas del siglo anterior, en los siguientes términos:

En octubre de 1898 se inauguró en Madrid el servicio de tranvías eléctricos, con dos líneas: una de la Puerta del Sol a la calle de Serrano, y otra entre el Paseo de Recoletos y el Hipódromo. La imagen corresponde a la calle de Alcalá en 1905.

Al poco tiempo de ponerse en servicio en Madrid, Barcelona estrenó su primer tranvía eléctrico en enero de 1899. Aquel vehículo pionero recorría únicamente en una de las dos vías de la popular línea 29.

Así como la introducción de la libertad ahuyentó a los frailes, y la llegada del agua de Lozoya dispersó a los aguadores, el fluido eléctrico acabó con las mulas del tranvía y sus encuartes.

Más adelante, insiste en las modificaciones que la nueva forma de energía había introducido en el paisaje capitalino:

La electricidad acabó con las mulas y con ese aire de poblachón manchego que impregnaba a una ciudad en la que, además de con mendigos, el paseante podía tropezar cada mañana con una variada mezcolanza del reino animal: burras, cabras, conejos, gallinas, pollinos.

Concluye párrafos más adelante y sin abandonar el binomio electricidad-mulas:

Con el sacrificio de las mulas y la instalación del tendido eléctrico, que acontecían simultáneamente a la pérdida de los restos del imperio, Madrid no tenía más remedio que olvidarse de su pasado como Corte de la monarquía y convertirse en capital de la nación.

De aquellos primeros tranvías eléctricos de Madrid, también nos he dejado memoria e impresiones Corpus Barga:

La electricidad nos sugestionó en los tranvías. El primer tranvía eléctrico de Madrid, el de Salamanca, fue durante varias semanas un tranvía llamado deseo, pero no iba a un barrio popular, como el de Tennesse Williams, sino al más elegante de la ciudad. Los tranvías se llaman aparentemente por su destino, basta prestar un poco de atención para ver que generalmente no es su destino final, es el más deseado de su recorrido: el tranvía madrileño que terminaba en Ventas, se decía más tranvía del Retiro y sonaba a fiesta; el que llegaba hasta la Moncloa por debajo se decía el tranvía de la Bombilla y sonaba a juerga porque allí estaban los merenderos de organillo.

Respecto al impacto del cambio en Barcelona, contamos con el testimonio vicario del narrador o voz en *off* de la novela de Eduardo Mendoza, *La ciudad de los prodigios*. Aquí no solo se alude a la desaparición de las muelas del paisaje urbano, sino de la eclosión de una nueva valoración de la puntualidad:

Este reajuste no se habría podido hacer a tan gran escala de no haber venido en ayuda de los pueblos la energía eléctrica: con este fluido continuo e invariable estaban garantizadas la regularidad y la puntualidad en todo. Un tranvía movido por energía eléctrica ya no dependía de la salud e incluso de la buena disposición de unas mulas para cumplir un trayecto con precisión de reloj; ahora los usuarios del tranvía se solazaban pensando esto: Sabiendo que hora es, sé cuanto falta para que venga el tranvía.

LAS NODRIZAS COMO INSTITUCIÓN

En España, el papel y la labor de las nodrizas, mujeres que prestaban la leche de sus pechos a bebés que por cualquier circunstancia no eran amamantados por sus madres, ya aparece escrupulosamente regulada en las *Partidas* de Alfonso X el Sabio, se desarrolla durante toda la Edad Media y alcanza preeminencia en las cortes de los Siglos de Oro, pero será en el siglo XIX y más concretamente durante esta etapa de la regencia, cuando la figura se convierte en toda una institución no solo en el seno de la casa real, sino en amplios círculos de la incipiente burguesía.

Alrededor de la mitad del siglo ya había empezado a llegar a la capital centenares y miles de mozas huyendo de la miseria de sus aldeas, para intentar abrirse camino en el servicio doméstico. De entre todas las posibilidades la más anhelada por muchas de aquellas pobres chicas era la de ama de cría o ama de leche, que implicaba un trato positivamente diferencial, exención de trabajos mecánicos, de gran dureza en aquel entonces, y, sobre todo, buena comida.

Desde nuestra ya tan alejada perspectiva contemporánea, la práctica puede parecer aberrante y de infinita tristeza, pero no era sí como entonces se veía la figura. Como dicen Eslava y Rojano:

> El ama de cría era envidiada por todas las chicas desmedradas y feúchas que dejaban la aldea, las que no tenía otro horizonte en la vida que cuidar vacas y chapotear con zuecos de madera por calellas embarradas.

La mayoría hacia poco que habían dejado a sus hijos recién paridos al cuidado de la familia, pero en algunos casos se daba la circunstancia de que las muchachas no habían sufrido el pertinente embarazo y eso, lógicamente, les cerraba las puertas de acceso a este específico empleo. Para estas, se cuenta que un tal Paco, apodado "el seguro", ofrecía sus servicios en los tabernuchos aledaños a la Plaza Mayor de Madrid, garantizando no solo la imprescindible preñez, sino la colocación, tras el parto, en una casa de toda confianza. Ni que decir tiene que en estos casos el futuro de las criaturas habitualmente era el hospicio. También resulta… ¿curioso? constatar cómo prendió en el repertorio chistoso popular y machista el tipo dedicado, regular u ocasionalmente, a "estrenar", desflorar o desvirgar doncellas, para abrirles las puertas del oficio a las aspirantes a nodriza.

Manuel Bretón de los Herreros, en uno de los cuadros costumbristas de la serie *Los españoles vistos por sí mismos* (publicado por primera vez en Madrid durante los años 1843 y 1844, en dos tomos, aunque el año anterior ya habían aparecido por entregas), retrata la figura de la nodriza. En primer lugar, intenta justificar su existencia, dejando en buen lugar a las familias burguesas que las demandaban:

> Pudiera argüírseme diciendo que la multitud, todos los días creciente, de amas de leche, que hormiguean en la capital, atestigua contra la ternura de las madres españolas; pero conviene advertir que muchas confían con harto dolor sus niños á zafias y descastadas pasiegas, no por punible desvío hacia ellos, ni por conformarse á las absurdas leyes del buen tono y de la elegancia, ni por miras de una higiene reprensible y de un refinado egoísmo, sino porque la falta de robustez les impone tan triste necesidad.

Aquellas desgraciadas huidas del hambre y la miseria de sus montañas, a las que Bretón tilda sin ton ni son de "zafias y descastadas", podían llegar a acomodarse decentemente en una casa donde se las trataba con miramientos ajenos al resto del servicio doméstico, pero el problema de subsistencia volvía a surgir cuando terminaba la lactancia.

A veces, especialmente en las casas de grandes familias con una legión de servidores, la nodriza pasaba a ocupar un puesto de confianza en el plantel, pero en otros muchos debía acomodarse en otros menesteres menos regalados. El antes citado Manuel María Puga y Parga, *Picadillo*, cuenta en su libro *La cocina prác-*

tica, que su cocinera había sido con anterioridad ama de leche y aunque vitupera con acritud sus pocas mañas culinarias, admite que prepara un plato de alcachofas de forma tan excepcional que excusa cualquier otro desaguisado.

Tras ofrecer la receta de su nodriza reciclada en el fogón, acaba la historia con un versito que en su momento debía sonar gracioso y socarrón y que hoy nos suena patético y hasta indecente:

> Aprended dulces niñas, la receta
>
> por si acaso la suerte "sus" destina
>
> a ejercer menesteres de cocina
>
> después de dar la teta.

Claro que no era esta la peor alternativa. Podían ser sencillamente expulsadas o reciclarse mediante un nuevo embarazo, con o sin la intervención de algún "Paco el seguro". Algo que apunta Bretón, incansable ofensor de las mujeres de este oficio:

> ...la nodriza de raza y de buen trapío no permanece mucho tiempo cesante. O después de criar á un niño conserva todavía bastante repuesto para abastecer á otro, ó recurre á los medios ordinarios de proveer nuevamente del albo licor las fuentes de la vida. ¡Dios me libre de imaginar que en un rapto de filantropía contribuya al logro de sus designios el señorito de la casa!.

De sobra sabía el cínico Bretón que la aberración que deja caer no era excepcional, sino muy frecuente. El señor de la casa, el amo, gozaba a la nodriza, la dejaba preñada, se encargaba de llevar a la inclusa al hijo adulterino, y ponía en servicio de nuevo a la amamantadora de sus hijos legales y bendecidos por la iglesia. La directamente afectada, en la línea taurófila del "buen trapío" que Bretón le atribuye, seguramente se conformaría pensando que "más cornás da el hambre".

Entre las más apreciadas nodrizas, y a gran distancia, figuraban las pasiegas, jóvenes pertenecientes a un grupo étnico asentado en la Vega del Pas, en Cantabria. El mundo pasiego, con un dialecto propio, costumbres peculiares y vestimenta inconfundible, se ubicaba en tres municipios: San Pedro del Romeral, San Roque de Riomera y Vega del Pas, aunque su influencia se extendía a otros dos: Selaya y Villacarriedo.

El único recurso de que disponían las jóvenes pasiegas era leche sobrante, tras haber amamantado a sus propios hijos, y con ese menguado caudal partían hacia la ciudad, solas o en grupo, para intentar sacarle algún rendimiento en la cría de hijos ajenos. Al llegar a la urbe, se exponían en plazas y lugares de paso, inconfundiblemente ataviadas con largas faldas y pañuelos de seda a la cabeza.

Claro que con ser pasiega solo se había dado, aunque importante, el primer paso. Continúa Bretón aclarando los restantes requisitos:

> …es forzoso que la Nodriza sea montañesa para aspirar á la honra de dar la teta al mamón que nació en dorada cuna; y aun así no está segura de conseguirlo si el médico no certifica después de un prolijo examen, ¡diantre de médicos! que el Ama carece de todo vicio orgánico, que la leche es fresca, sana y abundante, que su estómago puede dar quince y falta al de un avestruz, y que la candidata podría en un apuro tirar de un cabriolé. Son cualidades no menos indispensables para pertenecer a la aristocracia de las pasiegas el tener facciones regulares, ya que no sean graciosas, el ser blancotas, coloradotas y carrilludas. Y que sobre una espalda de vara y tercia de latitud columpie larga y trenzada la negra cabellera. Las manos pueden ser impunemente callosas y descomunales y se les permite gastar una piel de becerro para calzar cada una de sus enormes patas.

La descripción de cualidades, probablemente menos tierna o afectuosa que si de un animal de carga se hubiera tratado y eso aún ocupando el máximo rango en la escala del servicio doméstico.

Pero hay que decir que no todas las nodrizas trabajaban en casa fija, sino que un buen número ejercía su oficio en plena calle, al modo y manera de las antiguas "burras de leche". De estas nodrizas "trashumantes" nos habla de nuevo Bretón:

…establecen su asiento (no digo cuartel general por lo mucho que se ha abusado ya de esta frase) agrupadas en los portales de la plazuela de Santa Cruz y accesorias, como en la tela y otras afueras de Madrid los rebaños de ovejas, y así como la leche de estas, esto es, de las ovejas de extramuros, cuesta más barata; así también aquellas; quiero decir las madres de alquiler; estacionadas en dicha plazuela de Santa Cruz, se ajustan con más equidad. Entretanto, hilan, ó remiendan, ó charlan, ó riñen, ó juegan a la brisca, esperando impacientes la hora de confinar en la Inclusa su chiquillo para dejarse chupar por el ajeno; y á falta de mejor acomodo, tienen bastante enjundia y osadía para encargarse de alimentar con sus lacias mamilas y por un módico salario á diez de los desventurados inquilinos de aquel piadoso establecimiento; mas como Dios no las concede la gracia de repetir el milagro de los panes y los peces, aunque se afanen por suplir la falta de leche con sendas tazas de nauseabunda y salcochada papilla, la mayoría, sino la totalidad de sus alumnos, fallecen hambrientos y encanijados.

Delirante y dramático espectáculo el de aquellas infortunadas, a quienes Bretón compara en negativo con rebaños de ovejas. Delirante y dramático futuro materno, confiado al abandono de los propios hijos en un miserable establecimiento inclusero y desolador panorama el de aquellas criaturas enredadas en la fatalidad del hambre y la muerte.

A tal punto era familiar el trabajo de ama de cría, que algunas se llegaban a anunciar en la prensa de la época. En diciembre de 1886, un año después del comienzo de la regencia de Maria Cristina, se publica este anuncio en un periódico de Reinosa, Santander:

> Ama de cría, una joven, con leche fresca, se ofrece para criar en casa de los padres dentro o fuera de esta población. Dirijirse a Eugenia Arenas, calle de las casetas núm. 12. Reinosa.

También consta este otro, citado por Bretón e insertado en el *Diario de Avisos* de Madrid:

> NODRIZAS. Encarnación Valmojado, natural de la villa de Alcobendas, busca cría. Abonará su conducta el limpia-botas de la calle de la Paz.

Con todo el respeto que pueda merecer la profesión de lustrador de calzado, no deja de asombrar el escaso rango social del avalista.

The Hearst War o más se perdió en Cuba

De la rotunda certidumbre del dicho popular "más se perdió en Cuba", da idea el hecho de que bastantes historiadores norteamericanos conocen a aquel conflicto bélico por un nombre que incluso excluye el nombre de la isla: *The Hearst War*, la Guerra de Hearst, en referencia al entonces magnate de la prensa William Hearst, quien, justamente aquel año fatídico de 1898, definió lo que a su juicio era el papel del periodismo en el Estado moderno: *"Los periódicos forman y expresan la opinión pública. Sugieren y controlan la legislación. Declaran las guerras"*. Así fue con la Guerra de Cuba que finalmente daría al traste y con estrépito al imperio colonial español. En los momentos casi inmediatamente anteriores a la declaración de guerra entre España y Estados Unidos, el corresponsal de Hearst en La Habana telegrafiaba al periódico en los siguientes términos:

> Aquí todo está en calma STOP No hay agotación STOP Quisiera regresar porque no habrá guerra STOP Firmado Remington.

La respuesta le llegó cuando ya se aprestaba a hacer las maletas:

Quédese ahí STOP De que haya guerra me encargo yo STOP Firmado Hearst.

Pero antes de la guerra fue la electricidad. La primera aparición pública en Cuba de la nueva energía llegó de la mano del catalán Tomás José Dalmau y consistió en la iluminación del centro de La Habana, a finales de 1877. Se realizó con un sistema *Gramme*, consistente en una lámpara de arco eléctrico alimentada por una dínamo. Aunque la demostración no logró el éxito esperado inicialmente, debido a que la maquina de vapor utilizada para impulsar la dinamo carecía de la potencia necesaria, la prensa local, desde hacía tiempo disconforme con el alumbrado de gas de la ciudad, recogió con relativo entusiasmo el acontecimiento y se llegó a decir que: "…el intenso alumbrado producido hacía aparecer como candilejas el del gas de las proximidades".

Por aquella época, el alumbrado de gas no se extendía más que a una escasa quinta parte de la longitud total de las vías públicas de la capital y a alrededor de la tercera parte de sus 18.000 casas. La comparación con la luz eléctrica no era por tanto una mera cuestión de calidad lumínica, sino que abundaba en el descrédito popular y la inquina hacia la empresa gasística suministradora, la *Compañía Española de Alumbrado de Gas*. Así, no es de extrañar que la exhibición pionera de Dalmau provocara este comentario en *Lamparilla*, el periódico satírico habanero:

...hágase la luz que alumbre y apáguese la de la empresa de gas, que solo sirve para hacer más palpable la densa oscuridad de la noche (...) ¡Abajo los monopolios! Si la empresa de gas continua ciega y á oscuras por el tortuoso y mal camino que ha emprendido; si persiste en su empeño de conspirar contra la vista y las narices de los leales habitantes de la Habana; si ayuda con su descuido á que reinen las sombras protectoras de crímenes y desaguisados; si contribuye á aumentar los gastos caseros (que no son pocos) con gruesas sumas para la limpieza y compostura de las lámparas, y si permanece inalterable el subido precio que hoy alcanza lo que impropiamente llama luz de gas, sublevémonos, abandonémosla, sacudamos su yugo y su tutela.

Cinco años después de aquella demostración ya había una compañía, la *Edison Spanish Colonial Light Company*, que propugnaba la implantación de la nueva energía en los ingenios azucareros. En un folleto publicado ese año de 1882, se explicaba que:

> ...fabricar el gas á mucho costo, ó bien contentarse con un alumbrado de aceite sumamente deficiente; el trabajo bajo estas condiciones es poco satisfactorio y las pérdidas que origina un alumbrado defectuoso son incalculables, sobre todo en los ingenios. La luz eléctrica de Edison además de las muchas ventajas que reúne, tiene la de ser sumamente barata para los ingenios y las fábricas, donde ya se tiene una fuerza motriz que se puede aprovechar sin que sea perceptible el aumento de combustible, en cuyo caso el costo anual del alumbrado es insignificante.

En el ecuador de la década de los ochenta, la iluminación por arco eléctrico empezó a introducirse en algunas fábricas cubanas de azúcar, en forma de bujías de Yablochkov o lámparas de arco con reguladores Serrin, aunque alimentadas por generadores eléctricos de escasa capacidad. Por aquellos mismos años, varias oficinas y establecimientos de la capital comenzaron a iluminarse con bombillas incandescentes mantenidas por una pequeña planta propia.

Los primeros sistemas eléctricos de servicio público con generación centralizada y redes de distribución extendidas a amplias zonas urbanas, se empezaron a instalar por distintas ciudades de la isla en el año 1889. El pionero de estos sistemas lo instaló en La Habana la compañía *Spanish-American*, gracias a una autorización especial otorgada por el Ayuntamiento, con el fin de realizar un primer ensayo de alumbrado eléctrico en la ciudad. El sistema comenzó a funcionar a principios de marzo de aquel año, utilizando alternadores monofásicos *Westinghouse*, de fabricación norteamericana, que se montaron en la antigua fábrica de gas de Tallapiedra, y constaba de circuitos que alimentaban un determinado número de lámparas de arco, fabricadas por la misma compañía e instaladas en algunas calles y plazas céntricas, como el parque de Isabel II o el paseo de Isabel la Católica, y de circuitos destinados al alumbrado incandescente, principalmente de interiores.

Desde el principio se había dejado claro que la autorización municipal concedida a *Spanish-American* no implicaba derecho de monopolio, de manera que existía la posibilidad de que se les extendieran autorizaciones similares a otras empresas. Una de las que ya habían manifestado interés en el asunto, era la firma norteamericana *Thomson-Houston*. Pero esta y la *Spanish-American* no entraron en competencia, sino que se pusieron de acuerdo para monopolizar el servicio. A fines de junio, la empresa de gas y electricidad decidió sustituir todas las lámparas de arco de corriente alterna instaladas hasta entonces, por otras del sistema *Thomson-Houston*, que funcionaban con corriente continua, alimentadas por dínamos del propio fabricante.

A partir de ese momento, en la ciudad de La Habana empezó a funcionar un sistema híbrido, que incluía dínamos del sistema *Thomson-Houston* para los circuitos de alumbrado por arco, y alternadores del sistema *Westinghouse* para los circuitos de alumbrado incandescente.

A comienzos de septiembre de 1889 se inauguró formalmente, y en medio de grandes festejos, el servicio público de alumbrado eléctrico en la ciudad Cárdenas, a unos 120 kilómetros al este de La Habana. En esta ocasión, toda la instalación era del mismo fabricante, con dínamos de corriente continua para los circuitos de lámparas de arco, y alternadores para los de alumbrado incandescente. La idea de electrificar el alumbrado de la ciudad había partido de un grupo de comerciantes locales, quienes ofrecieron al Ayuntamiento la posibilidad de correr con los gastos de la instalación del sistema a cambio de que se les permitiese explotarlo durante un periodo de seis años a lo que accedió la municipalidad.

En este punto hay que señalar que tanto el equipo de alumbrado de Cárdenas, como el que había entrado en servicio diez semanas antes en La Habana, los que posteriormente se instalaron en diez fábricas de azúcar ubicadas en diferentes puntos del país, así como el que comenzó a utilizarse en el servicio público de alumbrado de las ciudades de Camagüey y Matanzas a fines de 1890, tenían el mismo suministrador, la *Thomson-Houston International Electric Company*, de Boston.

Otras ciudades cubanas siguieron muy pronto el ejemplo, aunque naturalmente a menor escala, de La Habana y Cárdenas, y en 1892 la electricidad llegó a Cienfuegos y Sagua la Grande; en 1893 en Pinar del Río; en 1895 en Santa Clara, Regla y Caibarién; y en 1897 en Santiago de Cuba, la segunda ciudad de mayor población en Cuba.

Ni que decir tiene que el impacto de la llegada de la luz eléctrica sobre los habitantes de las principales ciudades cubanas fue enorme; pero lo fue aún más sobre los campesinos, que constituían el grueso del Ejército Libertador entre los últimos años de la contienda, entre 1895 y 1898. De ello es prueba fehaciente lo que relata en su libro *Crónicas de guerra*, el general José Miró Argenter, lugarteniente del general Antonio Maceo, refiriéndose a las acciones de su tropa durante la campaña que condujo a la invasión del occidente de la Isla. El general explica que a comienzos de 1896, una noche, sus efectivos llegaron tan cerca de la ciudad de La Habana, que:

> ...los resplandores de la luz artificial alumbraban el camino (...) Acampamos en el ingenio Maurín (...) á una hora muy avanzada de la noche; sin embargo, la tropa vivaqueó alegremente, cautivada por los

mágicos destellos de la luz eléctrica, y feliz, con la ilusión de que un día ú otro pasearía por las ramblas de la gran ciudad.

Sin embargo, la guerra, iniciada a comienzos de 1895, generó una situación económica desastrosa, que desanimó cualquier iniciativa de inversión de capitales privados para la creación de nuevos servicios eléctricos. A pesar de ello, no obstante, las empresas que se habían ido estableciendo con anterioridad, lograron mantenerse, y algunas, como la mencionada *Spanish-American*, que ostentaba el monopolio del servicio eléctrico y de gas en las ciudades de La Habana y Matanzas, consiguió consolidar su posición entre las principales propiedades norteamericanas en la Isla.

En realidad no hubo una Guerra de Cuba, sino tres. La primera, se inició en 1868, comenzó con "el grito de Yara", de Carlos Manuel Céspedes, y concluyó el 10 de febrero de 1878, en la firma del Convenio o Paz de Zanjón, auspiciado por el general Martínez Campos; la segunda, llamada "guerra chiquita", dio comienzo un año después, en 1879 y concluyó al siguiente; la tercera y definitiva, dirigida por Máximo Gómez y Antonio Maceo, que comenzó en 1895 con el "Grito de Baire", concluyó con la firma en 1898 de la Paz de Paris, en la que España "cedió" a Estados Unidos, Puerto Rico, Cuba y Filipinas, al tiempo que recibía una compensación de 20 millones de dólares por la isla de Guam o Guaján. Casi en paralelo, lo poco que quedaba del otrora imperio español, los archipiélagos de las Marianas, las Carolinas y las Palaos, se vendió en lote a Alemania por 40 millones de marcos.

Si la primera guerra de Cuba fue de extrema crueldad y brutalidad entre los "voluntarios" españoles y las guerrillas cubanas, esta se vería marcada por la inoperancia administrativa, el patrioterismo delirante de los medios de comunicación y la ceguera política de los gobernantes.

Algunos trazos reveladores de la situación dietética y sanitaria de las tropas españolas en la primera guerra nos llegan avalados por la pluma de Ramón y Cajal, en 1874. El futuro premio Nobel estaba entonces, como capitán médico, en la enfermería de Vistahermosa, en plena manigua. Atendía a dos centenares de soldados, en su mayoría enfermos de paludismo y disentería, y él mismo no tardó en sucumbir:

> ...la ración alimenticia, compuesta de pan, galleta, arroz y café, (no) era la más adecuada para criar buena sangre. En vano pretendía entonar el organismo agregando al menú, de tarde en tarde, tal plátano o coco, arrebatados eventualmente por algún negro merodeador de ingenios abandonados. Al fin flaqueó mi resistencia y enfermé de paludismo. Nubes de mosquitos nos merodeaban. Además de Anopheles claviger, ordinario portador del protozoario de la malaria, nos mortificaba el casi invisible gegén amen del ejército innumerable de pulgas, cucarachas y hormigas. La ola de la vida parasitaria se encaramaba a nuestros lechos, saqueaba las provisiones y nos envolvía por todas partes.

El hambre y la desnutrición de los soldados españoles en Cuba fue una constante avalada, las más veces, por la iniquidad de los mandos. De la corrupción y los nulos escrúpulos de estos da idea una anécdota referida también por Cajal:

> En dos o tres ocasiones habíanse quejado los enfermos sujetos a ración de gallina de la insipidez y aspecto estropajoso de las raciones servidas. Extrañado de la queja, me propuse averiguar a todo trance por qué las aves de corral habían perdido de pronto su exquisito sabor. El azar llevome cierto día a pasear por los alrededores del poblado, donde sorprendí un bien repuesto gallinero, perteneciente al cocinero del hospital. Y enlazando los hechos y olfateando las pistas, vine a resolver el problema, amén de averiguar otros muchos abusos cometidos, con la complicidad del cocinero y practicantes, a beneficio del jefe y oficiales de la guarnición (...) El escamoteo de gallinas verificábase de dos maneras, 1ª De acuerdo con el coci-

Ejército Español de operaciones en Cuba. Tercera compañía
del primer batallón del Regimiento de Navarra.

nero, recibían los enfermos como buenas raciones de gallina trozos de esta
de que se había extraído previamente del caldo, y despojados por tanto de
sustancia. 2ª Los practicantes cargaban en la libertad de prescripciones y
régimen, firmada diariamente por mí, cierto número suplementario de
raciones. Merced a tan burda invención, practicantes y oficiales comían
pollo a todo pasto.

La guerra desangra y humilla a los pobres, que son los más.
El primer día del año 1898, el periódico "El Motín" ofrece dos
noticias con trazos siniestros:

Ocúrresele a los patriotas de Tortosa celebrar unos funerales por los soldados muertos en Cuba y ponen una mesa petitoria a la puerta de la iglesia
para hacer un donativo a la cruz Roja. Se recaudaron 116 pts., pero, como
los curas cobraron por el funeral 125, resultó un déficit de 9.

Más adelante, la publicación recoge lo siguiente:

> Una pobre madre, la que dio el ser al heroico soldado Juan Espantaleón Ruiz, fallecido en Sevilla a consecuencia de enfermedad contraída en Cuba, ha pasado por el dolor de tener que despojar al cadáver ya amortajado de las botas que le habían puesto para empeñarlas y poder pagar con su importe al médico forense.

Como se ha dicho, a la isla solo fueron los pobres, puesto que en todo momento se mantuvo la redención del servicio mediante la satisfacción de un "estipendio económico" de mil doscientas pesetas. Se empezaron a producir manifestaciones espontáneas populares al grito de "¡Que vayan también los ricos!", pero intelectuales, gobierno, partidos políticos y sociedad en general, siguen enfrascados en un marasmo de irrealidad que Galdós, aunque refiriéndose explícitamente al tiempo de regencia de la reina María Cristina, denominará "los años bobos".

La guerra de Cuba y sus consecuencias fue una sucesión de sinsentidos concatenados que el sabio Santiago Ramón y Cajal resume así en su libro *Recuerdos de mi vida*:

> … preparada por la codicia de nuestros industriales exportadores, la rapacidad de nuestros empleados ultramarinos y el orgullo y cerril egoísmo de nuestros políticos. A ella dieron ocasión si duda defectos hereditarios del carácter nacional, entre otros un herrado sentimiento del honor y cierta puntillosidad, caballeresca, excusable en los individuos, absurda y antinacional en los pueblos.

La entrada abierta en el litigio de Estados Unidos pone las cosas al borde del abismo para España y el hambre hace mella entre las masas trabajadoras; fundamentalmente como consecuencia de los impuestos especiales que se arbitran para financiar la guerra.

La guerra en Cuba durante 1897, un año antes del desastre.
Aquí, los soldados preparan el rancho en un puesto avanzado.

A lo largo del año 1898, el del desastre, la conflictividad es una constante. El 26 de febrero, los obreros salen a las calles de Salamanca en demanda de pan y trabajo, para terminar asaltando un convoy de trigo en la estación de ferrocarril; el 3 de marzo las mujeres de Ávila impiden la salida de la ciudad de varios carros cargados de patatas; tres días después, la prensa se hace eco de la grave situación del pueblo soriano ante la falta de alimentos; el 9 del mismo mes los obreros de Guadalajara exigen airadamente la rebaja del precio del pan; a mediados del mes la minería de Bilbao entra en huelga y se registran motines en pueblos de Zamora. El 5 de mayo las pescadoras del puerto de Gijón se niegan a pagar un nuevo impuesto sobre la merluza que comercializaban, y exigen la rebaja del precio del pan. Se organizan en manifestación y empiezan a recorrer las calles de la ciudad. Muy pronto, la protesta adquiere grandes proporciones y es duramente reprimida por la Guardia Civil, mientras se grita: "¡Abajo los comilones!".

A lo largo del mes de mayo la prensa habla abiertamente de "los conflictos del hambre", que tiene lugar en todos los rincones del territorio: Valencia, Alicante, Alcoy, Cartagena, Torrejón, Malpartida, Bilbao, Valdepeñas, León, Sevilla, Soria, Ciudad Real… En Linares, Jaén, la multitud hambrienta se enfrenta a la Guardia Civil. Tres personas resultan muertas y un buen número heridas… fuerzas de infantería y caballería ocupan el pueblo.

Mientras, en Santiago de Cuba, el bloqueo de la escuadra americana hace estragos, como relata Gómez Angulo:

> Con motivo del bloqueo no solamente escaseaban los alimentos para las tropas, sino también para la población civil. Con ello aumentaron las enfermedades y hubo, entre otras, una verdadera proliferación de disentería, porque faltando los alimentos normales -patatas, carne, harina, huevos y otros indispensables- la gente trataba de suplirlos chupando caña de azúcar hasta el bagazo y comiendo mangos, aguacates, zapote, yucas, yames y plátanos podridos.

El sitio da lugar a la aparición de especuladores sin escrúpulos, dentro de un contexto pre-bélico que en algunos momentos alcanza cotas surrealistas, como se desprende del relato de Víctor María Concas, capitán de navío y comandante del "Infanta María Teresa":

> Los almacenes, en su totalidad de españoles, habían cesado de hacer pedidos, pues se sentía la patria desaparecer (...) El mismo banco Español tenía solo en caja cuatro mil pesos en plata, para cubrir las apariencias (…) A pesar de eso, no se oían más que insensateces… el propio señor Arzobispo brindaba por nuestro asalto al Capitolio de Washington (...) Pero eso no quita para que los mismos españoles fueran aprovechando la ocasión (...) para obsequiar al almirante Cervera, que hacía dos semanas que no comía pan, para lo cual tuve que comprar yo a un español un barrilillo con dos arrobas de harina por el que tuve que pagar cuarenta y dos pesos en buena moneda de oro.

Y de unas miserias a otras:

> Las tropas del ejército que había en Santiago estaban completamente extenuadas por tres años de guerra en aquel clima horroroso, con una escasez de pagas que llegaba a trece meses, y una alimentación imposible, consecuencia de esa falta de pagas: eran más bien espectros que soldados.

Tras la capitulación de Santiago, los 30.000 hombres de la guarnición fueron recluidos en un campamento instalado en la loma de San Juan, a la espera de su repatriación. Álvarez Angulo narra así aquellos días:

> Había en la loma una laguna a corta distancia, en la que pululaban toda clase de mosquitos, además de infinidad de sapos y otros animales acuáticos (...) Después de cerca de tres meses de haber estado comiendo solamente arroz blanco cocido y alguna que otra panocha, nos dieron carne en conserva, que llevaban los americanos y que no había estómago capaz de

digerirla. Aquel contraste entre una alimentación escasa y aquella grasienta nos destrozaba el hígado. Para paliarlo decidieron volver al rancho de arroz, agregándole algunos trozos de aquella carne (...) para hacer el rancho se utilizaba agua de aquella laguna, en la que, además de sus malas condiciones potables, nos bañábamos una parte de los 30.000 acampados (...) Aquello produjo una morbilidad extraordinaria, seguida de muchas defunciones.

El espanto continuó tras el embarque en un buque de la Compañía Trasatlántica Española, el monopolio de transporte marítimo a ultramar que enriqueció al marqués de Comillas:

Raro era el soldado que no padecía de alguna enfermedad (...) todas las letrinas eran pocas. Ante ellas, constantemente, de día y de noche, se formaban largas colas de disentéricos (...) Los más graves colmaban las literas de la enfermería, sin enfermero ni persona alguna que se ocupara de atenderlos (...) Ante la sed tan angustiosa e insaciable producida por las fiebres, alguno de los que en la enfermería tenía aún fuerzas suficientes para subir arrastrándose a la cubierta, después de saciar su sed, absorbiendo el agua de un aljibe de hierro por un pitorro fijo vertical que había en la tapa del mismo, daba dos o tres chupaditas más para trasegar el agua desde su boca a un pequeño recipiente cuyo contenido ofrecía humanitariamente a los que, rabiando de sed, no podían moverse de sus literas (...) Durante los quince días que duró la travesía morían por término medio cinco o seis repatriados, que eran envueltos en unos sacos, colocados sobre la popa hasta poco antes de la puesta del sol, en que, cumpliendo con ese retraso no sabemos que rito, se les arrojaba al mar (...) El día 15 de septiembre, tras esa travesía penosa de los espectros, llegamos a Santander.

Pero la llegada a puerto de aquellos desgraciados no era, ni mucho menos, el fin del viaje. Primero habían de pasar una cuarentena infecciosa en los llamados lazaretos, y después esperar algún transporte ferroviario que les llevara a la capital… y de allí a algún lugar próximo a su tierra:

> Nos enteramos de que teníamos que estar en el lazareto, sin salir del barco, algunos días más (...) Terminada la odisea, en varios trenes especiales partimos repatriados para Madrid (.) viajábamos en tercera, tan aglomerados como veníamos en el barco (...) ¡Lo que es el destino de las personas!… No pasaron todas esas penalidades varios de nuestros amigos y conocidos, por disponer de 2.000 pesetas, con las cuales se eximieron del servicio militar.

Dos mil pesetas… eso costaba la vida humana en la España del final de siglo. Vicente Blasco Ibáñez, en la publicación *El Pueblo*, de Valencia, grita el 19 de septiembre contra la infamia de los gobernantes y muy especialmente contra la institución monárquica:

> ¡Bien se conoce que la carne de pobre está barata y os importa poco que mueran esos soldados! Si aquí el patriotismo no fuese una palabra vana, una mera figura retórica, os hubierais creído en el deber de aconsejar a los señores que ostentan la suprema representación política del país que hubieran ido a recibir con brazos amorosos a esos soldados que vienen de defender la patria. Y es inútil decir que no hay locales para recibirlos: un palacio hay en Madrid bien grande, y si no había otro sitio, allí debían haber ido a descansar los soldados de sus fatigas.

El ejército norteamericano, bien pertrechado, con material bélico moderno, comunicaciones y tecnología, acabó la guerra de Cuba, su guerra, en tiempo record y tirando tranquilamente al blanco de nuestros ejército y escuadras de guardarropía.

Consumado el desastre, llega la hora de hacer balance. Según *La Estafeta*, estas son las cifras. Entre el 30 de junio de 1895 y el 30 de junio de 1898 se enviaron a Cuba 180.431 soldados, 6.222 oficiales, 6.015 jefes y 20 generales. Sumados a estos los aproximadamente 12.000 que formaban la guarnición de la isla al estallar la contienda, la cifra de militares españoles en Cuba superó los 200.000 hombres. Cayeron en combate: un general, 60 oficiales y 1.314 soldados. Sucumbieron por heridas: un general, 81 oficiales y 704 soldados. Sobrevivieron a sus heridas: 463 oficiales y 8.164 soldados. Murieron de fiebre amarilla: 313 oficiales y 13.000 soldados; de otras enfermedades, 127 oficiales y 40.000 soldados.

Llama la atención, además del dramático dato global de que una cuarta parte de los soldados enviados se quedó para siempre en la isla, la desproporción de soldados muertos en combate, 2.018, frente a los fallecidos por malaria y otras enfermedades, unos 53.000 en total. Las cifras hablan por sí solas de la miseria y desamparo en la que lucharon los jóvenes/humildes españoles y extienden la sospecha de que en el capítulo "otras enfermedades" debió existir un escondido epígrafe de hambre y desnutrición.

Una vez conocida la magnitud del desastre, la sociedad española se quedó anonadada. Seguían llegando soldados repatriados; esqueléticos, mutilados y enfermos… la imagen más cruel de la derrota. El 31 de agosto el Gobierno de Estados Unidos concedió la libertad incondicional a todos los prisioneros españoles que penosamente fueron arribando a los puertos de La Coruña y Vigo, a los hospitales de evacuación de Valladolid, Burgos y Vitoria. El 2 de septiembre escribe *El Heraldo*:

> … ese Calvario cuya larga e incansable calle de la Amargura son todos los caminos que van de Coruña, Santander y Vigo a todas las provincias de España… ¡Qué soldado el nuestro en Cuba!… Desarmado, triste, con su juventud herida de muerte por cruel enfermedad y por el desengaño del vencimiento.

Unos 12.000 excombatientes vagan sin rumbo por las calles, la mayoría de ellos con su uniforme de campaña… no tienen otra cosa. Al principio las gentes se apiadan de ellos, pero pronto pasan a ser un problema y una incomodidad para una sociedad que prefiere no verlos. Luis Ansorena pone voz al soldado en un verso que titula *El último consuelo*:

—Sí, señor —dijo Lucas con tristeza—;
en el combate atroz que he sostenido
defendiendo el honor y la nobleza
nada pude lograr… ¡soy un vencido!
Y aunque no hay una sombra en mi pasado
Y en todas mis acciones,
Por natural instinto he procurado
Olvidar mi egoísmo y mis pasiones,
Aunque empleé en la lucha ese denuedo
Que se apoya en la fe y en Dios se inspira,
La gente me señala con el dedo
Y se ríe de mí cuando me mira.

La prensa, entretanto, ofrece un ramillete de anécdotas tan estremecedoras como disparatadas. En *El Heraldo* del 14 de octubre puede leerse:

Llegó el tren a Gerona con los repatriados (...) Un soldado se quedó mirando a una mujer y, creyéndose que era su hermana María, se abrazó a ella y se fue a casa. Tan emocionados estaban que no decían palabra. Al llegar allí y mientras se servía la cena comenzaron a hablar y se descubrió la confusión.

El 13 de noviembre, *El Progreso* informa de lo siguiente:

Procedente del desembarco verificado en Barcelona, regresó a Torredembarra, de donde es, un repatriado enfermo, sargento de Ingenieros, llamado Adrián Samaniego. En la estación le esperaba su familia. Efecto de la justísima emoción que experimentó murió en brazos de su padre.

El estupor, la impotencia y la rabia se mezclaban en confusa turbamulta. El odio feroz hacia el yanqui humillador sin paliativos, se tradujo en pintorescas informaciones, como la que el diario *El Progreso* ofrecía a sus lectores el 10 de septiembre de 1898: "El martes murieron en Nueva York 169 personas de insolación. Nos alegramos". Con algo había que consolarse.

La dilatada aventura colonial en América y el Pacífico, terminó el 12 de septiembre de 1898, con el tratado según el cual España abandonaba Cuba, Puerto Rico, Filipinas y la isla de Guam.

Año de imborrable recuerdo en la memoria de la historia de España, 1898 terminó en el ámbito peninsular como había empezado, con conflictos populares por la imparable escalada del precio de los alimentos, especialmente del básico pan.

Durante el otoño, como ya había sucedido a principios de la primavera, se registraron en varias zonas asaltos a tiendas de comestibles y panaderías, e intentos populares de detener convoyes ferroviarios con vagones de trigo y harina.

Otra vez el espectro del hambre generalizada. En esta ocasión, la voz de alarma la daba *El Heraldo* de 28 de octubre:

> En nuestra época, la del ferrocarril, el teléfono y las comunicaciones, pensábamos que el hambre había sido desterrada. Pero el hambre se acerca sobre nosotros como en pasados tiempos.

No podían sospechar los periodistas del diario ni el pueblo en general, el hambre que todavía le quedaba por pasar a ellos y a sus descendientes.

Filipinas, el otro desastre

Filipinas fue un caso singular dentro del imperio colonial español. Fundamentalmente porque allí no existió, como en Cuba, ni burguesía local ni burocracia colonial peninsular, sino una situación administrativa puramente misional. Los religiosos dominaron siempre la vida política y administrativa del archipiélago y jamás consideraron la posibilidad de adjudicar algún papel a la población indígena a la que consideraban "de mediocre inteligencia".

Esta situación se hace evidente, por ejemplo, en la carta que el capitán general de las islas en 1897, Fernando Primo de Rivera, le envía al Ministro de la Guerra. A propósito de las órdenes religiosas, dice:

> La tradición las ha colocado en un dominio absoluto de bienes y personas (...) Más obcecadas que malintencionadas creen que de derecho son independientes de todo poder (...) Mi pensamiento es que se les ha dejado ir a donde nunca debieron haber llegado (...) Una de las cosas que más exaspera a los pueblos es el abuso que el fraile hace de sus aranceles. El nacer y el morir cuesta en algunas partes cantidades fabulosas, si se considera la pobreza del indio que tiene que pagar.

No obstante, hay que decir que aunque la colonización española de Filipinas estuvo plagada de errores, no hay duda de que modernizó y transformó aspectos de la sociedad y la cultura filipina en varios campos que irían desde el transporte, las comunicaciones, el comercio y la agricultura, hasta la comida, la ropa, el idioma, la literatura y las artes. Los colonizadores construyeron caminos y puentes para conectar los centros urbanos e introdujeron medios de transporte modernos como los carruajes, trenes y vapores. El primer telégrafo fue instalado en 1872 y la primera compañía de electricidad, *Electricista de Manila,* fue fundada en 1893.

Se considera que la mecha independentista filipina se prendió en un aparentemente fútil incidente, cuando el 20 de enero de 1872 se produjo una pequeña insurrección de indígenas en contra del tributo de trabajo personal que se veían obligados a pagar. La represión fue brutal y se llegó a ajusticiar a tres sacerdotes nativos que habían apoyado la protesta.

Es posible, como en el caso cubano, que la metrópoli hubiera podido evitar males mayores cediendo a alguna de las modestas reivindicaciones formuladas por el médico y poeta José Rizal, el "Martí filipino", quien, en 1892, fundó la Liga Filipina para reclamar derechos civiles y políticos para sus conciudadanos.

Las autoridades españolas respondieron con deportación, cárcel y ejecución.

El 19 de agosto de 1896, Emilio Aguinaldo y Andrés Bonifacio, reunidos en Balintawak, al norte de Manila, dieron el "Grito de Balintawak", equivalente al cubano de Baire, que sería el principio del fin de la dominación española en aquellas islas.

El 21 de abril se declaró la guerra entre Estados Unidos y España. El primero de mayo de 1898 la escuadra española se posiciona frente a la bahía de Cavite, una ratonera en la que se refugia, por decir algo, la armada española. Figuero y Santa Cecilia relatan así el "combate" naval:

> A las cinco horas de la mañana Valentín de Valera, primer teniente comandante de la batería de punta Sangley comienza el fuego contra el enemigo. Pronto el mar de Cavite se convierte en un tiro al blanco en el que los conejos son los barcos españoles. En cuatro horas de combate el Reina Cristina, Antonio de Ulloa, Castilla y Don Juan de Austria arden y se hunden.

Por parte española se contabilizan 167 muertos y 281 heridos; en la escuadra americana se produce la baja de un ingeniero llamado Randall, quien tras desmayarse por el calor que desprenden las calderas, muere algún tiempo después. La guerra entre la vieja y la emergente potencia colonia, resulta un juego.

El 13 de agosto de 1898, a las 17.30h, el traductor e intérprete español en las conversaciones, sr. Casademunt (tras un bloqueo de 144 días, sin víveres y sin recursos, con el triste alarido de heridos y enfermos como sintonía de fondo, y un combate, que se salda con la

La Guerra de Filipinas fue el otro gran desastre colonial español de 1898.
En la imagen, soldados españoles en un puesto de Ulama,
un año antes del fin de la contienda.

muerte de 300 hombres), lee el acta preliminar de capitulación de las tropas españolas, en el salón de actos del Ayuntamiento de Manila.

Ajenos a los hechos, un grupo de españoles: 35 soldados, tres cabos y un corneta, al mando del teniente Martín Cerezo (aquellos a los que la historia recordará como "los últimos de Filipinas"), mantienen firmes la plaza de Baler, donde tragicómicamente sigue ondeando la bandera española. Ya se han perdido la guerra y el imperio, se ha firmado la "paz", y ellos no lo saben o no quieren saberlo.

LOS HONROSOS ÚLTIMOS

Como en todo sitio, el hambre se convirtió en protagonista de la gesta, tan heroica como inútil, de los últimos de Filipinas. El único problema de abastecimiento resuelto por los sitiados fue el del agua. La obstinación de Martín Cerezo se recompensó en un pozo que resultaría decisivo en la defensa numantina de la plaza. El teniente era hombre previsor y tras conseguir el líquido elemento, se las ingenió para hacerse con cuatro caballos con la idea de convertirlos en comida cuando fuese necesario. La medida repugnó a la tropa, que, como escribe Leguineche:

> Se las debían de prometer muy felices. No pasaría mucho tiempo, tras merendarse perros, gatos, serpientes y hasta cuervos y grajos antes de que echaran de menos esa carne de equino que al principio les parecía tan repulsiva.

Las primeras víctimas de Baler lo fueron por una enfermedad derivada de una deficiencia nutricional, el beriberi. El médico del destacamento, Vigil de Quiñones, sabía que la "medicina" necesaria para combatir la enfermedad eran los vegetales que tenían al alcance de la vista, justo en la posición de los sitiadores. En los meses de septiembre, octubre y noviembre la situación se deteriora extraordinariamente y crece el número de enfermos y muertos por avitaminosis.

Vigil, gravemente enfermo él mismo, le dice al mando:

> Me muero. Estoy muy malo. Si pudieran traer algo verde quizá mejoraría y, como yo, estos otros enfermos.

El teniente decidió entonces una acción a la desesperada y tras seleccionar a catorce soldados al mando del cabo Olivares, zapatero remendón de Caudete, un pueblo de Albacete, ordenó una salida, precedida de un incendio que provocó el pánico y la desbandada general de los sitiadores, mientras que los soldados españoles rapiñaban calabazas, tallos de platanera, hierbas, naranjas… sin tener que lamentar baja alguna. Leguineche explica así el positivo balance de la aventura:

La inyección de comestible verde alivio la condición de los enfermos, como había previsto el doctor andaluz. Mejoraron también las condiciones higiénicas al abrirse un pozo negro a siete metros de las tapias para arrojar los excrementos y desperdicios. Los expertos en la planta y cultivo procedieron a transformar el terreno circundante en poco menos que un vergel. La improvisada huerta de calabazas, tomates bravíos y pimientos aparecía a los ojos de los sitiados como un jardín de las Hespérides. El médico Vigil regaló su reloj al cabo Olivares como recompensa.

Pero la dicha duró poco y los españoles atrincherados recibieron el nuevo año de 1899 con una hambruna. Claro que, como sigue explicando Leguineche:

Dicen que el hambre agudiza el ingenio, de modo que los sitiados salían al exterior para hacerse con todo lo que volara, reptara, creciera a sus alrededores; desde hierbajos hasta culebras.

El pan se agotó y cuando el hambre era insostenible, se produjo un milagro muy similar al de los pioneros norteamericanos. En el caso de Baler no fueron pavos, sino carabos, mamíferos asiáticos similares al búfalo, que les hartaron de carne durante diez días (el problema fue que, ante la carencia absoluta de sal, fue imposible conservar la carne, que con el calor y la humedad se pudría inmediatamente), hasta que los filipinos retiraron la manada.

El teniente Martín Cerezo fue anotando escrupulosamente el reparto de raciones alimenticias, si así podían llamarse a lo que tocaba a cada soldado, durante todo lo que duró el asedio y sin duda merecen citarse algunos de sus comentarios respecto a determinados productos, para tener una idea aproximada de lo que fue aquello:

Garbanzos.- En realidad no podían considerarse como tales los que desde un principio se pudieron facilitar. Comidos del gorgojo casi todos, hallábanse reducidos a polvo. Duraron hasta los primeros días de enero (...) Habichuelas.- Eran tan malas que por bien que se procuraba cocerlas, salían del fuego duras como al ponerlas en él. Sin duda por efecto de la humedad, su gusto era, sobre la dureza, malísimo. Cuando se acabaron los garbanzos no hubo más remedio que darlas en sustitución de aquellos para la ración de 1ª y duraron hasta el 24 de Abril de 1899 (...) Tocino.- Sumamente averiado á consecuencia de la humedad, se llenó de gusanos y tomó un sabor repugnante. Los últimos desperdicios se consumieron el día 8 de Abril del 99 (...) Café.- Aprovechando lo que antes del sitio se había dado de baja por inútil, á causa de la humedad, también duró hasta el 24 de Abril. En su lugar bebíamos luego un cocimiento de hojas de naranjo (...) sardinas.- Hubo hasta los últimos días, pero tan echadas á perder que los soldados tenían que reunirse por grupos á fin de que ninguno se quedara sin comer por la mala condición de las suyas (se les daban dos latas á cada uno). Aún aprovechando todo lo aprovechable tuve que tirar muchas latas por estar completamente podridas (...) Aceite.- La escasa cantidad que tuvimos, se reservó para la enfermería y se acabó pronto.

El 14 de febrero de 1899, un parlamentario español se traslada a la posición y trata de explicar la situación a los españoles obstinadamente atrincherados, pero su jefe, Martín Cerezo, cree o quiere creer que se trata de una artimaña del yanqui enemigo y responde con dos tiros de fusil. Lo vuelve a intentar el coronel de Estado Mayor Cristóbal Aguilar de Castañeda y obtiene idéntico éxito y similar respuesta, pero al militar se le ocurre dejar a unos metros de la delirante trinchera un paquete de periódicos españoles atrasados. La treta da resultado, y tras la lectura que les acaba de situar ante la cruda realidad, "los últimos de Filipinas" se rinden el 2 de junio de 1899. Punto y final con estrambote de Fernando Puell:

> La treintena de soldados que salvaron el honor de las armas españolas, tras la vergonzante capitulación de Manila, ante los americanos, fueron enviados a sus lugares de origen sin ningún tipo de reconocimiento oficial.

La pérdida de las colonias tuvo una fuerte e inmediata repercusión en la economía española. El ocaso del imperio cerró el

Los llamados "últimos de Filipinas", soldados españoles que resistieron heroicamente
en la guarnición de Baler tras el fin de la guerra, fotografiados inmediatamente
después de su llegada a Barcelona en 1899.

mercado colonial a sectores importantes del comercio y la industria (especialmente en Cataluña, siempre muy ligada al comercio
colonial). Tras el impacto, se inició un lento y difícil proceso de
readaptación que solo empezó a remontar en los años de la
Primera Guerra Mundial, de 1914 a 1918.

El sueño del adiós al imperio colonial

En los dos últimos años de la Regencia se esfumó todo lo que
quedaba del otro extenso imperio colonial español; las últimas
provincias ultramarinas que España perdió y que se fueron en el
adiós que les dedica Federico Carlos Sainz de Robles:

> Las perdió como en sueños. Las perdió, eso sí, como en sueño heroicos…
> en los que la sangre de los miles y miles de españoles corriera de verdad;

en los que los barcos españoles fueron hundidos de verdad, en los que los gritos de angustia y los ayes de muerte sonaran de verdad; en los que almirantes y generales, jefes y oficiales y soldaditos con uniformes de pobretones de rayadillo, hubiese de combatir contra enemigos poderosos, traiciones, fiebres palúdicas y tifoideas, trampas de manigua y cañaverales. Durante pocos años, hasta 1898. Madrid representó todos los días la función de la esperanza y de la desesperanza, de dolor y de la humillación, de la rabia que crispa los puños y del desaliento que deshincha el ánimo del mejor templado. Eso sí, nunca como en aquellos años Madrid acertó a componer tantos pasodobles y marchas marciales con los que se enardecía la multitud por las calles, mientras despedía a cantos marchaban a la guerra, aguerridos y hasta fanfarroncillos, y a cuantos regresaban a casa macilentos, convalecientes de heridas, heridos aún, faltos de brazos y piernas, con expresiones de espanto o de cansancio infinito, y para quienes las inyecciones de los bonitos pasodobles resultaban de aguachirle.

MAIS... *¡VOICI LE CINEMA!*

Pero, en la Regencia, no todo iban a ser tristezas, derrotas, tedios y malos humores, porque, entre las brumas y sombras de desaliento llegó a España una novedad, que, estrechamente ligada a la electricidad, estaba llamada a ser, para muchos y para tan largo tiempo de futuro, el lenitivo de tanta y tanta frustración... el cinema.

Los hermanos Lumière, Louis Jean y Auguste Marie Louis Nicholas, habían patentado el cinematógrafo, un aparato que servía tanto como cámara o como proyector y basado en la constatación de la persistencia retiniana de imágenes en el ojo humano. El 13 de febrero de 1894, y en el verano de 1894 ya habían puesto a punto una cámara que servía tanto como tomavistas como proyector, con la que realizaron su primera filmación el otoño de aquel mismo año. El 22 de marzo de 1895, los hermanos se trasladaban a París para mostrar ante la *Société d'Encouragement à l'Industrie Nacional* su primer trabajo, rodado solo tres días antes, la archiconocida *La sortie des ouvriers des usines Lumière à Lyon Monplaisir* (*Salida de los obreros de la fábrica Lumière en Lyon Monplaisir*).

El evento, como no podía ser de otra forma, causó estupor y fascinación entre los asistentes, y a partir de aquel momento los Lumière iniciaron una gira por instituciones científicas para dar a conocer su invento como mera curiosidad tecnológica, hasta que el 28 de diciembre de 1895, y de regreso a París, tenía lugar la primera proyección comercial y de pago, el *Salon Indien* del *Grand Café*, ubicado en el Boulevard des Capucines, donde se proyectaron varias cintas entre las que, además de la pionera *Salida de la fábrica*, cabe destacar título como *Llegada de un tren a la estación de la Ciotat*, *El desayuno del bebé*, y la que puede ser considerada primera película de ficción, *El regador regado*.

Tras aquella primera experiencia, los Lumière consideraron la posibilidad de poner en marcha un proyecto comercial, que, básicamente, consistió en el envío de un aparato cinematográfico y un operador allá donde fuera requerido. El elegido para actuar en España fue Alexandre Promio, quien realizó la primera exhibición de los trabajos rodados por los hermanos en Barcelona, el 5 de mayo de 1895. Los madrileños tuvieron que esperar hasta el 14 de mayo de 1896 para conocer el prodigio, aunque un año antes algunos elegidos por la fortuna habían tenido la oportunidad de contemplar las imágenes en movimiento del kinetoscopio ideado por Thomas Alva Edison.

Entre la primera fecha de presentación en Barcelona y los últimos días del año 1896, el operador enviado al efecto por los Lumière, Alexandre Promio, va a representar un papel fundamental en la difusión del nuevo espectáculo.

Después de su breve estancia en Barcelona y con las imágenes impresionadas en el rodaje de la cita que recibiría el título de *Place du port à Barcelona* o *Déchargement d'un navire*, Promio se traslada a Madrid y el 15 de mayo celebra la primera exhibición del cinematógrafo en los bajos del hotel *Rusia*, situado en el número 34 de la carrera de San Jerónimo; efeméride que hoy recuerda una placa instalada en la fachada del edificio que años más tarde sustituyó a aquel tras el derribo de mencionada la instalación hotelera. Para la ocasión, se mostraron al público madrileño las películas *Un paseo por el mar*, *La llegada de un tren a la estación* y *La demolición de un muro*.

Aprovechando su vista a la Corte, Promio rodó varios cortos: *Maniobras de artillería en Vicálvaro*, *Salida de las alumnas del colegio de San Luis de los Franceses*, *Puerta del Sol*, *Salida de los alabarderos de Palacio* y una corrida de toros, que tendría como título *L'Arrivée des toréadors*, y en cuyos papeles protagonistas figuraron los diestros Luís Mazzantini, Emilio Torres, *Bombita*, Juan Gómez de Lesaca y Nicanor Villa *Villita*. En aquellos días, Promio escribe:

> …estaba algo emocionado, me sentía muy solo, entregado completamente a mí mismo y temía un fracaso. Un telegrama procedente de Lyon, después de mis primeros envíos, fue un importante estímulo, tomé confianza y proseguí mi ruta con menos preocupación.

Promio contacta en Madrid con su embajador, el marqués de Reverseaux de Rouvray, y este le facilita un contacto con la familia real española. Jean-Claude Seguin, explica al respecto:

> Es muy probable pues que los trámites del responsable del cinematógrafo en la embajada de Francia terminaran por despertar el interés de la familia real ya que el sábado 6 de junio de 1896, la infanta doña Isabel, con quince años entonces, asiste a una sesión del cinematógrafo. Es de suponer que esta visita provocara la siguiente visita con la familia real y altas personalidades. Una semana más tarde la reina regente María Cristina y sus tres hijos Isabel, María Teresa y Alfonso, el futuro rey, asisten a una sesión excepcional organizada especialmente.

Tras esta sesión extraordinaria, el 18 de junio, la infanta Isabel, extraordinariamente impresionada por las imágenes en movimiento, vuelve de nuevo al cinematógrafo instalado en el hotel *Rusia* de la carrera de San Jerónimo. En este punto, sigue diciéndonos Jean-Claude Seguin:

> El interés de la familia real por el cinematógrafo fue indudablemente un elemento de propaganda enorme que se traduce inmediatamente por el aumento de las sesiones los jueves y domingos (...) La incidencia de la visita real también fue indudablemente esencial para las vistas militares. Resulta claro que, tras haber visto las vistas cinematográficas, la regenta dio la autorización para el rodaje de las vistas militares, como lo indica el propio Alexandre Promio en sus memorias.

A finales de junio, Promio volvió a París.

En este punto, cabe preguntarse cuales fueron los seguidores autóctonos de la tarea iniciada por Promio. Aún hoy no es posible determinar con total certidumbre cual fue la primera película totalmente española, aunque de forma oficial y quizá con un cierto tinte patriotero, se considera que pudo ser la conocida como *Salida de la misa de doce en la iglesia del Pilar de Zaragoza*, de 1896 y de Eduardo Gimeno. Pero lo cierto es que, en un periodo muy corto, el 11 de septiembre de 1896 se estrena en Valencia una cinta de autor anónimo titulada *Llegada de un tren de Teruel a Segorbe*; José Seller, un fotógrafo francés afincado en La Coruña, produce el *Entierro del general Sánchez Bregua*, en junio de 1897; y el catalán Fructuós Gelabert rueda en agosto del mismo año las memorables cintas *Salida de los obreros de la fábrica "La España Industrial"*, *Salida del público de la iglesia parroquial de Santa María de Sants* y *Riña en un café*, su primera película de ficción y considerada como la ópera prima argumental del cine español. Después vendrán, *Los guapos de la vaquería del parque*, en 1905, *Tierra baja*, de 1908, y *La encajera*, estrenada en 1928.

Coetáneo de Gelabert es Segundo de Chomón, quizá inventor y como poco precursor del carro o *travelling*. Afincado en Barcelona, en 1902 fabrica su propia cámara y rueda una película,

EL DIA DE
S ISIDRO
SE CELEBRO EN
ESTA CASA
LA PRIMERA EXHIBICION
DEL CINEMATOGRAFO PARA
LOS ESPAÑOLES
HOMENAJE
DEL CIRCULO DE ESCRITORES
CINEMATOGRAFICOS
1896 15 D MAYO 1946
Stressless

Placa conmemorativa en el edificio que en su día ocupó el Hotel Rusia, en la carrera de San Jerónimo de Madrid, donde el 15 de mayo de 1896 se realizó la primera exhibición del cinematógrafo.

Choque de trenes, utilizando el trucaje de maquetas, y otro interesante film, *Montserrat*. En 1908, estrena *El hotel eléctrico*, primer exponente del cine fantástico español, en la que por vez primera en la historia se utiliza el procedimiento conocido como "paso de manivela", que abrirá un nuevo horizonte en el cine del siglo XX.

A su manera, pero sin duda con gran tino, Onofre Bouvila, el personaje central de la novela de Eduardo Mendoza, La ciudad de los prodigios, intuye que el cinematógrafo está llamado convertirse en el nuevo entretenimiento que anda buscado la Humanidad:

> …reunía tres características que lo hacían idóneo: funcionaba gracias a la energía eléctrica, no permitía la participación del público y era inmutable absolutamente en su contenido. ¡Ah!, pensaba, ¡poder ofrecer un espectáculo siempre idéntico, que empiece siempre a la misma hora y termine exactamente a la hora señalada, siempre la misma también! ¡Tener al público sentado, a oscuras, en silencio, como si durmiera, como si soñara: una manera de producir sueños colectivos!

Y si no, al café

El año del desastre, 1898, Madrid contaba con 512.290 habitantes y un sinnúmero de cafés, donde el personal acudía a calentarse durante los fríos invernales, a leer el periódico, a chalanear algún trato, a pasar el rato, a discutir de política e incluso a tomar café con media tostada o a buscar novio, como cuenta Baroja:

> Las madres iban con las hijas a los cafés a ver si sacaban un novio serio, y ya marchando mal, la protección de un señor.

Eso sí, cada café tenía su sello y su impronta. Sagasta iba siempre a *La Iberia*; en el *Fornos* tertuliaban las grandes plumas de la literatura de entonces y merodeaban anarquistas de distintas facciones; en *El Iris* y en *El Suizo*, si hemos de creer a Galdós, se reunían periodistas, políticos, conspiradores y estudiantes, para criticar sistemáticamente al gobierno; los liberales irredentos iban al *Café Levante*; los carbonarios a *La Fontana de Oro*; y los poetas modernistas se encontraban en el *Café de la Montaña*, donde una mala tarde de 1896 Valle Inclán perdió el brazo por un quítame allá esas pajas con el periodista Julio López Castillo.

EL HOSTAL DE LA BOHEMIA Y EL MODERNISMO BARCELONÉS

Con toda seguridad no pasará a la historia de la gastronomía por sus elaborados menús, pero el restaurante, cervecería, teatro y cabaret *Els Quatre Gats*, representó un hito de incalculables proporciones y desde luego sin posible parangón en la España de fin de siglo.

Els Quatre Gats se ubicó en la calle Monstsió o Montesino, en los bajos del edificio conocido como Casa Martí, diseñado en 1895 por el entonces joven arquitecto Joseph Pig i Calafalch, sobre un concepto de estructura arquitectónica inspirada en formas medievales de gótico europeo y adornada con elementos de tradición catalana en cerámica y hierro forjado, que le daba un aspecto de castillo de cuento mágico tradicional. Desocupado el edificio por el despacho de abogados que regentaba Narcís Verdaguer, a Pere Romeu se le ocurrió convertirlo en algo similar al cabaret parisino *Chat Noir*, pero ante de llegar a ese momento es imprescindible decir algo respecto al citado personaje. Romeu fue alguien casi incalificable en un rótulo. Nacido en Torredembarra en 1862, se dedicó a diversas actividades relacionadas con el mundo artístico, hasta que en un viaje a Estados Unidos empezó a montar espectáculo de sombras chinescas junto al pintor Miquel Utrillo. Animado por el éxito de aquellas *performances*, Pere se trasladó a París, donde pronto empezó a colaborar con Rodolphe Salis, creador del cabaret *Chat Noir*, unos de los grandes símbolos de la *Belle Époque*. Allí realizaba los mismo espectáculos de sombras chinescas que había perfeccionado en

Estados Unidos, trabajaba como animador y hasta de camarero su venía al caso, hasta que, convencido de que la fórmula podría funcionar perfectamente en Barcelona, aterrizó en la capital catalana en 1897. Buscó y encontró el local adecuado y resolvió la cuestión financiera con la ayuda de tres personajes económicamente solventes de su tiempo: el pintor Ramón Casas, que ya había expuesto con éxito en Barcelona, Chicago y París; Maties Ardeniz, un chamarilero venido a más y convertido en próspero anticuario; y el banquero, senador y presidente de la Cámara de Comercio, Manuel Girona, quien además tenía empleada en su casa como cocinera a la madre de Corina, esposa de Romeu.

El 2 de junio de 1897 abrió sus puertas *Els Quatre Gats* arropado por el anuncio redactado por el genial Santiago Rusiñol:

> A las personas de buen gusto, a los ciudadanos de río a río, a los que además del alimento para su cuerpo necesitan alimentar el espíritu, Pere Romeu les anuncia que en la calle de Motsió (...) estará abierto un establecimiento tan propio del disfrute de los ojos como nutrido de buenas cosas para complacer el paladar.

Luego explicaba la oferta del local en claves de hostal, taberna, madriguera, ámbito de tertulia, museo, lugar de amistad y cervecería gótica. La entrada estaba presidida por dos grandes cuadros de Casas, un autorretrato junto al mismo Romeu paseando en una bicicleta tándem, y otro en el que aparecían los mismos personajes pilotando el automóvil *Charrom* de Casas, con su perrito terrier *Ziem* sobre el capó. En *Els Quatre Gats* expusieron Regoyos, Nonell, Pichot, Gosé y Picasso, aunque este coronó la experiencia con un sonado fracaso económico. Las tertulias no le iban a la zaga en cuanto a glamour de sus personajes y sonada fue la que presidió el poeta modernista Rubén Darío.

También se celebraban pases de sombras chinescas, recitales poéticos y conciertos (allí nació *l'Associacio Wagneriana*), pero lo único que de verdad funcionaba, y para el público infantil, eran

Cartel que Pablo Picasso diseñó para *Els Quatre Gats*. Allí no se comía bien, cosa que
apuntó Josep Pla diciendo que: "las raciones eran siempre una pura ilusión
del espíritu", pero los muy ilustres clientes que acudían regularmente
al local le dieron enormes prestigio y fama.

las funciones de títeres, a cargo de los hermanos figuerenses Ramón y Julio Pi.

La comida era regular y sobre todo escasa. Josep Pla dice que: "… las raciones era siempre una pura ilusión del espíritu", y por Néstor Luján sabemos que en la noche del estreno de la ópera *La Valkiria* se ofreció un menú especial que, al precio de tres pesetas y media, consistía en tortilla, filete con patatas, queso Chester, pan y dos dobles de cerveza. Poca cosa para uno de los lugares que han dejado una huella más indeleble en la oferta hostelera de su tiempo.

¿Cuál fue el éxito de *Els Quatre Gats?*, lo explica la nómina de parroquianos habituales ordenados por profesión u oficio: los arquitectos Lluís Domènech i Montaner, Antoni Gaudí, Josep Puig i Cadafalch; los pintores y escultores Hermen Anglada-Camarassa, Lluís Bonnín, Ricard Canals, Ramon Casas, Ángel Fernández de Soto, Emili Fontbona, Francesc García i Escarré, Pau Gargallo, Xavier Gosé, Manuel Martínez (Manolo), Apel·les Mestres, Joaquim Mir, Isidre Nonell, Ricard Opisso, Josep Lluís Pellicer, Pablo Picasso, Ramon Pichot, Darío de Regoyos, Romà Ribera, Alexandre de Riquer, Josep Rocarol, Jaume Sabartés, Francesc Sardà, Eveli Torent, Carles Vázquez, Ignacio Zuloaga: los literatos Josep Aladern, Germans Alvarez Quintero, Rubén Darío, Enric de Fuentes, Pompeu Gener, Adrià Gual, Josep M. Jordà, Albert Llanas, Joan Maragall, Eduard Marquina, Rafael Nogueras, Eugeni d'Ors, Joan Pons i Massaveu, Francesc Pujols, Santiago Rusiñol, Guillem A.Tell, Emili Vilanova, Salvador Vilaregut; los músicos: Isaac Albéniz, Joan Gay, Enric Granados, Joaquim Malats, Lluís Millet, Jaume Pahissa, Felip Pedrell. Políticos y financieros: Francesc Cambó, Manuel Girona, Narcís Verdaguer i Callís, y el grupo de "varios", entre los que cabría contar con las actrices Eleanora Duse y Teresa Mariano; los ya citados titiriteros Ramon y Juli Pi; el promotor artístico Miquel Utrillo; la bailarina japonesa Sada Yacco; el transformista Leopoldo Frégoli, y un larguísimo etcétera de notables en distintos campos de la creación artística.

Pero a pesar de todo el negocio no consiguió despegar jamás y *Els Quatre Gats* tuvo que cerrar sus puertas en 1903, a los seis años de su apertura. La revista barcelonesa l'Esquella de la Torratxa, ilustraba el triste acontecimiento con un dibujo de cuatro gatos llorosos y un texto que decía:

Ya que Pere nos ha plantado
como quien dice sin avisarnos
¿no habrá una alma buena
que quiera venir a ampararnos?

COCHE ELÉCTRICO PARA LA REINA Y PRIMEROS HÍBRIDOS DE LA HISTORIA

Actualmente, cuando los coches eléctricos y los híbridos se vislumbran como una esperanzadora alternativa de futuro, tanto en ahorro energético como en respecto medioambiental, quizá se olvida o cuanto menos se concede poca importancia al hecho de que tales tecnologías, al menos en lo básico, no solo cuentan con algo más de un siglo de existencia, sino que entre los nombres pioneros figuran los de varios españoles.

A Ramón Gabarró y Julián, un ingeniero electricista español, le cabe el honor de haber sido el impulsor del primer coche eléctrico español. El vehículo, montado sobre un rudimentario chasis y con una carrocería diseñada por el constructor de carruajes Trupp-Maberly, fue bautizado con el nombre de *Julián*, fue fabricado en Londres, en 1896, siguiendo el proyecto y las indicaciones de Gabarró, quien se lo regaló a la reina regente María Cristina de Habsburgo-Lorena. La experiencia no tuvo el éxito esperado por su patrocinador, debido probablemente a la situación que vivía el país, inmerso entonces en grandes guerras coloniales y en situación de práctica bancarrota, sin duda poco propicias para el inicio de aventuras ajenas a la mera supervivencia del sistema.

Sin embargo, la semilla no había caído del todo en baldío porque un año después del definitivo desastre colonial, en 1899, se funda en España la primera empresa dedicada a la fabricación de automóviles para su venta, la *Compañía General de Coches y Automóviles E. La Cuadra S. en comandita*, fundada aquel año por el capitán de Artillería Emilio de La Cuadra i Albiol.

De aquellas instalaciones salieron los primeros coches híbridos de la historia, adelantándose al menos en unos meses a los prototipos diseñados por los hermanos belgas Henri y Nicolás Pieper de Liège, habitualmente considerados como los creadores del primer híbrido, a los norteamericanos de la compañía *Batton Motor Vehicle Corporation*, de Chicago, que en el mismo año de 1899, prepararon un camión que combinaba un motor eléctrico y otro de bencina, según la patente de Epstein, y la también estadounidense firma *Fischer*, que diseñó el primer autobús híbrido en su país, al año siguiente.

Felizmente, se conservan cada uno de los detalles técnicos de los cuatro primeros modelos que ofertó la empresa de La Cuadra, y todos eran potencialmente híbridos. Se trataba de un carruaje de dos asientos, una camioneta, un camión de cinco toneladas y un autobús para veinte personas, que contaban con dos motores eléctricos de entre 2, 3 y 15 Kw cada uno, y, opcionalmente, un motor de bencina de 5 CV el carruaje y 25 CV el camión, acoplados a una dinamo, estando previsto que el motor de explosión pudiera recargar las baterías continuamente.

La Cuadra, nacido en Sueca, Valencia, en 1859, había sido propietario de una muy rentable central eléctrica en Lérida, que él mismo había instalado, pero tras su visita a la Exposición Universal de París, con el tema *Agricultura, Artes e Industria*, y celebrada entre el 1 de mayo y el 10 de noviembre de 1878, decidió liquidar la empresa y establecerse en Barcelona para montar una empresa dedicada a la producción de automóviles, ómnibus y camiones, propulsados por motores eléctricos.

Asociado a Domingo Tamaró, la firma empezó a diseñar varios vehículos con la idea de aplicarles los motores eléctricos creados por Carlos Vellino, en aquellas fechas propietario, también en Barcelona, de una empresa de acumuladores eléctricos. Al proyecto se suma el ingeniero ginebrino Marc Charles Birkgit, quien diseña el primer ejemplar, el único que sobrevivido hasta hoy, y que se produce a finales de 1899: un cuatro caballos y medio con 1.100 cm^3 y dos cilindros, con válvula automática de admisión. El vehículo, que curiosamente fue uno de los primeros en el que se instalaron cuatro ruedas de igual tamaño (normalmente las dos traseras eran mayores que las delanteras), fue matriculado en Soria en aquel año de 1900, con matrícula SO-2, y su primer propietario fue Javier Olozábal Ramey. Actualmente, el coche es propiedad de la familia Mateu, funciona y anda.

El primer autobús u ómnibus que presentó Emilio de la Cuadra, a raíz de un pedido en firme por parte del Ayuntamiento de Barcelona, cuyo objetivo era crear un medio de trasporte barato y eficiente, tenía una capacidad para veinte pasajeros, una longitud aproximada de cinco metros y dos motores eléctricos que conseguían una velocidad de 18 Km/h, y una potencia que le permitía ascender pendientes de hasta el 12 %. Todo esto en teoría, porque, finalmente, la presentación pública resulto un completo fracaso. En las primeras rampas suaves el vehículo se paró en seco y sus técnicos no consiguieron volverlo a poner en marcha.

Tras aquel gran fiasco, del que además fue testigo la prensa, Vellino abandona la empresa, y a partir de aquel momento Birkigt se dedicaría por entero al diseño de nuevos motores de gasolina. Pero la suerte estaba echada y la huelga de tranviarios de Barcelona, iniciada en mayo de 1901 y que los sindicatos anarquistas extendieron como huelga general revolucionaria, acabó con los recursos económicos de Emilio de la Cuadra, quien tuvo que vender la empresa a sus acreedores para pagar las cuantiosas deudas acumuladas.

IV

La electricidad se asienta definitivamente

El salto definitivo y la extensión de la electricidad sobre la base de redes se produce con el paso de la corriente continua a corriente alterna y, en paralelo, de un origen térmico a un origen hidráulico.

Cuando comienza el siglo XX, en España existían 859 centrales eléctricas que en total producían 127.940 caballos de vapor. El 61% de esa potencia era aún de origen térmico y solo el 39% procedía de energía hidráulica. Pero la eclosión de la corriente alterna abre la posibilidad del transporte de energía a grandes distancias y con ello facilita el desarrollo a mayor escala de un cada vez más tupido tejido de centrales hidroeléctricas. No obstante, acometer estos nuevos proyectos exigía de grandes inversiones dentro de un sector industrial incipiente, lo que supuso un reto económico y financiero que solo pudo ser abordado mediante la creación y desarrollo de sociedades anónimas dedicadas en exclusiva a la producción y distribución de electricidad. En la denominación social de estas nuevas compañías, indefectiblemente aparecen los términos "hidroeléctrica" o "saltos", en clara referencia a su origen, como es el caso de *Hidroléctrica*

Española, Hidroléctrica Ibérica, Saltos del Duero, Saltos del Sil, Hidroeléctrica de Cataluña, Saltos del Nansa, Hidroeléctrica del Cantábrico, o el más pretencioso *Fuerzas Hidroeléctricas del Segre*.

En 1909, la revista francesa *La Houille Blanche* publicaba una relación de los mayores transportes de electricidad en el mundo, en la que las líneas en construcción por *Hidroléctrica Española* ocupaban ya el quinto lugar, solo precedidas por tres líneas norteamericanas y una canadiense. Nueves años más tarde, en 1918, la construcción de la línea destinada a unir el salto del río Ésera con Barcelona, ocupaba un mismo quinto lugar, siendo además la primera red de transporte instalada en Europa con una tensión de 110.000 voltios.

Basándose en el ordenamiento jurídico emanado de la Ley de Aguas de 13 de junio de 1879 (que se mantuvo en vigor hasta el año 1985), la política hidráulica española empieza a plantearse el aprovechamiento integral de las cuencas hidrográficas, y en la década de los veinte es la Confederación Sindical del Ebro la que da el primer paso en este sentido.

A finales de la década, la estructura de generación eléctrica había cambiado radicalmente y la potencia se había multiplicado por doce respecto a la que se conseguía a principio de siglo. Respecto a su origen total, en 1929, el 81% ya provenía de fuentes hidroeléctricas.

A partir de ese momento y hasta 1936, el año en el que estalló la rebelión de un sector del ejército desleal a la República, el aumento del consumo eléctrico fue lento pero continuado, a un ritmo de alrededor del 5% anual, de manera que en dicho año la potencia instalada en España era ya de 1.491 megawatios.

Los hogares se alumbran con el siglo

Se había perdido la guerra; todas las guerras, y sobre el país se había abatido la pesadumbre y la desesperanza, pero entre tanta negrura existencial, la luz eléctrica empezó a iluminar de manera nueva y sorprendente los hogares más acomodados, a los que, además, no hacía tanto, había llegado también el agua corriente.

Los primeros y más directos beneficiarios de la portentosa fuente de energía fueron, por una vez, los criados y el servicio en general. Se acabó para ellos el odioso trabajo de igualar a cada tanto la mecha de los quinqués y el estar con el alma en vilo por si "hilaba"; se acabó el trajín de escaleras para apagar y encender, se dijo adiós a las velas y a la limpieza constante de los candelabros; se vio, al fin, la luz al final del túnel y aquella luz era eléctrica. A partir de aquel momento, todo se reducía, lisa y llanamente, y como nos cuenta Corpus Barga, a darle media vuelta a un botón:

> A la voz familiar: "Qué economía —exclamaban las amas de casa—, cuando sale usted del cuarto apaga usted la luz". A la voz familiar: "Qué está hilando el quinqué", vino a sustituirla esta otra: "¿Quien ha dejado la luz encendida?". La casa tomaba por la noche un aire de magia, se estaba en todo momento encendiendo y apagando las luces. Acostumbrada la vista a las llamas calientes de los quinqués y las velas, la luz fría de la bombilla eléctrica deslumbraba: "Aquí basta con una bombilla", se decía, y resultaba más barato. Si el instalador mirando por la estética y por sus intereses sostenía: "Señora, ahí hace falta una lámpara por lo menos de tres bombillas", "Bueno —se ordenaba—, pero póngalas usted separadas para que pueda encenderse solo una cuando sea bastante.

Pero, aunque pareciera que con la luz eléctrica todo fueran ventajas, también señala Corpus algún que otro problema:

> El gran problema que planteó la luz eléctrica consistió en que no se sabía qué hacer con los candelabros de plata y los quinqués de porcelana, resul-

A principios del siglo XX, los postes del tendido eléctrico empezaron a formar parte del paisaje de las ciudades españolas. En la imagen, Muntaner y Travessera de Gracia, Barcelona, en 1903.

La luz y los tranvías eléctricos modificaron la percepción de los espacios públicos de manera notable. En la imagen, un lienzo del pintor madrileño Enrique Martínez Cubells representa la Puerta del Sol en 1900, desde una óptica novedosa y romántica que muchos encasillaron tópicamente como "sorollista".

taban trastos inútiles sin más valor que el de su materia, la que lo tenía. Los instaladores de la nueva iluminación intentaron varias adaptaciones, una tuvo éxito universal, no pudo ser más sencilla, como todas las grandes ideas se le pudo ocurrir a cualquiera, la de dar media vuelta a la pantalla de las lámparas que pendían sobre las mesas de los comedores, podían subir y bajar; las revoluciones se adaptan poniendo boca arriba lo que estaba boca abajo.

La electricidad acabó solo parcialmente con el quinqué, puesto que con frecuencia este se colocaba en habitaciones sin luz o como objeto decorativo, pero liquidó por completo las palmatorias… salvo en algunos casos. Vuelve a tomar la palabra Corpus Barga:

> La palmatoria era un objeto de mucho carácter, tenía sensibilidad, no temblaba lo mismo en las manos de una vieja que se levantaba tosiendo a medianoche que en los de una joven que también a medianoche iba a abrir en secreto una puerta (...) Sentíamos (se refiere a él mismo y a su hermano) tal amor por nuestra palmatoria que tuvieron que dejárnosla con su vela: "Es mejor —pensó en voz alta nuestra madre—, si una noche se ponen malos y se ha cortado la electricidad". En la mesilla, entre nuestras dos camas, la vela sin estrenar de la palmatoria brillaba apagada a la luz de la lejana bombilla eléctrica.

LAS VISIONES CONTRAPUESTAS DE BAROJA Y GANIVET

La aparición y difusión de la electricidad en la vida cotidiana de los españoles recibe dos diametralmente distintas evaluaciones por parte de dos grandes pensadores que son a la vez testigos de aquel tiempo de cambio. Mientras que Pío Baroja contempla un panorama positivo y dinámico, Ángel Ganivet, hace de la luz eléctrica fuente de males y germen de disgregación social o familiar.

Empezando por las luces, Baroja, en sus memorias, nos pinta este panorama:

> La instalación de la clase media era un poco mísera, los chicos estudiaban en el comedor, ante la luz del quinqué de petróleo, y a veces, de la candileja de aceite. Las casas tenían entonces pocas comodidades; no había cuarto de baño, pocas estufas, y mucho menos calefacción central. Se leía y se escribía, en el rigor del invierno, al calor del brasero (...) La luz eléctrica ha influido mucho en la vida y, sobre todo, en las ideas de la gente. En uno de aquellos clásicos comedores de hace más de cincuenta años, con su papel un poco ajado, con alguna estampa o algún cromo en las

Pío Baroja fue un entusiasta de la nueva energía, considerando que la luz eléctrica influía muy positivamente en la vida y las ideas de la gente. En el extremo opuesto, Ángel Ganivet creía que en aquella incipiente iluminación estaba depositado un germen de destrucción de la familia.

paredes y su lámpara mortecina triste, no se podían tener más que ideas descentradas y románticas.

En las calles de las ciudades ha sucedido lo mismo, y los focos de luz eléctrica han disipado muchas nieblas y oscuridades de la cabeza de los hombres. Recuerdo haber ido a París al final del siglo XIX. En casi todos los hoteles del barrio latino se usaban todavía velas y lámparas de petróleo y, como correspondiendo a esta iluminación, había bohemios y tipos extravagantes y misteriosos. Años después, al dominar la electricidad, toda la fauna rara y absurda desapareció de las calles parisienses, como las lechuzas y los búhos a la luz del sol, creo que si me pusiera a mirar la luz, me dormiría más pronto.

En el extremo opuesto, Ganivet, en su *Granada la bella II. Lo viejo y lo nuevo*, nos deja escrito:

En cualquier cambio que quiera introducirse en una ciudad o en una nación hay un pretexto para que se libren varias batallas, y la más recia la sostienen siempre los partidarios de lo viejo y los partidarios de lo nuevo. Los unos y los otros, desde sus puntos de vista, llevan la razón y gozan o pierden, según sopla el viento. (...) Empecemos por el alumbrado. Cómo es más bella una ciudad, ¿alumbrada con aceite, con gas o con luz eléctrica? La luz eléctrica se lleva hoy la palma, y todas las ciudades se aprestan, gozosas a recibir la nueva luz. Cuando se inauguró el alumbrado de gas, los partidarios del aceite pusieron el grito en el cielo, y los muchachos apedreaban las farolas, y perseguían gritando a los alumbradores. Hoy todo el mundo se inclina respetuoso ante la luz eléctrica y no se registra un desmán contra las lámparas incandescentes. ¿Qué ha pasado aquí? Lo que ha pasado es que hemos perdido la vergüenza, quiero decir, la timidez. A la primera oleada de luz reparamos en que nuestro estado exterior no es muy brillante, y nos afligimos de que nuestras miserias quedaran tan a la vista; pero pasado el primer bochorno, las oleadas sucesivas no nos hacen mella.

El sol también alumbra, quizá demasiado, pero el sol no depende de nosotros. Lo que él descubre lo hace sin nuestro asentimiento. Mientras que la luz que nosotros creamos y pagamos nos hace responsables, y nos obliga a ver antes qué es lo que vamos a alumbrar (...) Y para no romper del todo con el aceite, creo también que se debía continuar utilizándolo en el interior de las casas. El candil y el velón han sido en España dos firmes sostenes de la vida familiar, que hoy se va relajando por varias causas, entre las cuales no es la menor el abuso de la luz. El antiguo hogar no estaba solo constituido por la familia, sino también por el brasero y el velón, que con su calor escaso y su luz débil obligaba a las personas a aproximarse y a formar un núcleo común. Poned un foco eléctrico y una estufa que iluminen y calienten toda una habitación por igual, y habéis dado el primer paso para la disolución de la familia.

OTRA VEZ BAROJA Y CON LA BUROCRACIA HEMOS TOPADO

La visión positiva y optimista de don Pío Baroja sobre la electricidad se nubla un tanto en su experiencia práctica, a la hora de planificar la renovación de su negocio de panadería. En *Juventud y egolatría*, cuenta la peripecia.

Yo algunas veces he contado a mis amigos la serie de tropelías que uno ha tenido que sufrir, sobre todo de la autoridad municipal, a veces por mala intención, aunque principalmente por sencilla brutalidad.

Al trasladarnos mi hermano y yo a la nueva casa se hizo un plano y se envió al Ayuntamiento. El empleado encontró que en el plano faltaba la cuadra para la mula que amasa en la tahona, y lo dio por malo. Al ver que el expediente estaba parado, se preguntó la causa, y se le explicó al empleado que no había cuadra para la mula porque no había mula, y se movía la amasadora con un motor eléctrico.

—No importa. No importa- decía el empleado con la seriedad y la brutalidad de un burócrata- Aquí dice que tiene que haber cuadra.

Claro que Baroja no estaba dispuesto a que un funcionario le amargara la existencia y, además de seguir en la defensa entusiasta del nuevo fluido, supo poner al debate, que se extendía ya a todas las capas de la población, un punto de fina ironía. En *Desde la última vuelta del camino*, escribe esto:

> ...creo que 101 (....) Por ese tiempo empezó a hablarse de un drama o comedia de don Benito [Pérez Galdós] que iba a llamarse "Electra". Unos suponían que iba a ser una comedia de aire griego, otros que se trataba de una cuestión de electricidad.

La verdad es que, más allá del chiste, aquella *Electra* fue el chispazo que produjo la explosión de un inmenso polvorín social. Por otra parte y como cuenta Javier Figuero, parece que Baroja no fue del todo ajeno al asunto:

> El 30 de enero de 1901 se estrenaba en el teatro Español de Madrid la Electra de Benito Pérez Galdós, obra de teatro elevada a categoría de símbolo por los anticlericales que los obispos conseguirían prohibir en varias diócesis. Durante la gira que siguió, en algunas capitales se interrumpió la representación para que sonara el Himno de Riego. Futuro apóstol del integrismo, Ramiro de Maeztu, anarquista literario por entonces, acudió a la premiere madrileña con pistola, y sus amigos Pío Baroja y Azorín, que tampoco eran lo que serían, se movieron entre una clá de ácratas que imprecó a los jesuitas cuyas residencias resultarían apedreadas en Valladolid, Valencia, Barcelona, Cádiz, Santander y Zaragoza. La ciudadanía concienciada de Madrid agredió el coche del nuncio, intentó asaltar la sede de los luises y el palacio arzobispal, amenazó la casa central de los ignacianos y cantó La Marsellesa en la Puerta del Sol entre gritos por la libertad y la República, mientras paseó a hombros a Galdós como si de un antipapa se tratara. La prensa liberal le convirtió en lo mismo y la Correspondencia de España le calificó de "héroe legendario... que ha iniciado la libertad.
>
> Espoleta de otros acontecimientos, se produjeron disturbios cruentos en varias localidades y Sagasta formó un nuevo gobierno conocido como gabinete Electra, como hubo también caramelos Electra y relojes Electra.

ALFONSO XIII, UN REY FORMADO PARA *GOURMET*

Alfonso XIII fue un rey *gourmet* y, entre otras cosas, porque todo indica que fue concienzudamente preparado para merecer tal sobrenombre. Con solo tres añitos presidía junto a su madre, la reina y regente María Cristina, el Consejo de Ministros; una responsabilidad que sin duda requería de una buena alimentación.

Alfonso niño se desayunaba cada día cuatro huevos pasados por agua, doce bizcochos y un plato caliente a elegir entre un pollo asado con patatas fritas; dos chuletas de ternera igualmente acompañado de patatas fritas; un filete de buen tamaño con sus correspondientes patatas fritas: seis chuletas de cordero con patatas fritas; dos turnedós con patatas fritas, o dos escalopes de ternera con patatas fritas. Quizá resulte ocioso aclarar que al jovencísimo rey le encantaban las patatas fritas.

Para merendar, le ponían en la mesa una taza de consomé; una tortilla de diez huevos con patatas, pollo asado, seis lonchas de jamón, ocho filetitos de lengua y doce rodajas de solomillo. Y con esto iba haciendo apetito para la cena.

Sus aficiones gastronómicas infantiles se extendían a sus mascotas, para las que preparaba menús específicos. Al periquito japonés le obsequiaba diariamente con un platillo de arroz con hígado muy picadito, a los loros les servía garbanzos cocidos con patatas; al resto de los pajarillos enjaulados, les brindaba tres lechugas; y a los perros, la carne de preparar el consomé, unos huesos de carnero y dos hogazas cumplidas de pan. También tuvo una mascota onírica, el Ratón Pérez, pero este, naturalmente, se alimentaba solo.

Ratón Pérez fue creado por el jesuita Padre Luís Coloma, autor de las novelas *Pequeñeces* y *Jeromín*, muy celebradas en su tiempo. Requerido desde Palacio para que escribiera un cuento que consolara al pequeño rey de la pérdida de un diente cuando tenía ocho años, el Padre Coloma imaginó a un pequeño roedor que vivía con su familia dentro de una lata de galletas, en la

Desde su más tierna infancia, Alfonso XIII manifestó su buena disposición ante los placeres del buen comer. Durante la regencia de su madre y hasta alcanzar la mayoría de edad para reinar, se manifestó caprichoso en sus gustos y en el trato de los que compartían su mesa.

entonces famosa confitería Prats, sita en el número ocho de la calle del Arenal, a poco más de cien metros del Palacio Real de Madrid. El Ratoncito Pérez se deslizaba a través de las cañerías para llegar con algún regalo al palacio del rey Bubi (que era como llamaba al niño que sería Alfonso XIII, su madre la reina regente María Cristina) y a las casa de los niños pobres que habían perdido un diente de leche. Coloma describió a su personaje como:

> …un ratón muy pequeño, con sombrero de paja, lentes de oro, zapatos de lienzo y una cartera roja, colocada en la espalda.

UN TIRANITO A LA MESA

Aunque Alfonso fue severamente educado por su madre, parece que no consiguió, con sus charlas, consejos y reconvenciones, morigerar su muy incipiente sed de mando y su voluntad de hacer en todo momento lo que dictara su real gana. Buena parte de culpa la tuvo su tía *La Chata*, quien desde que el crío diera sus primeros balbuceos no cesaba de repetir la cantinela de que había que hacer lo que el rey mandara. De ello nos habla otra tía, doña Eulalia de Borbón, en sus *Memorias* y lo ilustra con una anécdota reveladora:

> En una de las comidas que siguieron a la retirada de los príncipes extranjeros que habían acudido al acto de proclamación, se sirvió a la mesa de su Majestad coliflor, plato que jamás había sido de mi gusto. No me serví.
>
> —Come coliflor —me dijo el rey.
>
> —No me gusta —respondí— no la he comido nunca.
>
> —Pues cómela ahora —y sonriendo, quizá por tantear a Isabel, y de todos modos por bromear conmigo, agregó el rey—: quiero que la comas.
>
> —Cómela —saltó Isabel en seguida; lo quiere el rey y, puesto que él manda, hay que hacerlo.

Aquello me pareció ridículo y hubiera terminado mal la comida si María Cristina no hubiera mediado dándome la razón, teniendo buen cuidado de explicar a su hijo que la autoridad real no llegaba hasta esos extremos y aprovechando, como siempre hacía, para recordar al rey cuales debían ser sus principales preocupaciones. Pero si mi cuñada controlaba aquel deseo de ejercer su novel autoridad que el rey de España ponía en todo, Isabel y los cortesanos preferían dar alimentos al inexperto monarca.

COMER, VIVIR Y GOZAR POR CINCO DUROS

Aunque la pitanza misérrima y el hambre se enseñoreaban por todas partes, en el Madrid de entresiglos; el Madrid de *La Gran Vía* y el de *Agua, azucarillos y aguardiente*, el que tenía cinco duros para darles aire en un día era poco menos que virrey de las Chimbambas. Un buen día, un par de "ratas" de aquellos a los que Federico Chueca había inmortalizado con su música en la primera de las zarzuelas citadas, le robaron la cartera en el tranvía, pero, al punto, y al apercibirse de quien era el robado, se la devolvieron y pidiéronle mil excusas.

José Alfaro, para poner en su justo valor el espontáneo arrepentimiento de los rateros nos aclara que el gran compositor madrileño llevaba encima veinticinco pesetas; o lo que es lo mismo, cinco durazos de los de entonces, que no era moco de pavo, y lo que podía haber hecho aquel mismo día con la suma:

Nuestro buen D. Federico, tarareando alguna de las melodías que pensara para una próxima partitura, sale de su casa una mañana soleada de diciembre y con las 25 pesetas, obsequio de los cacos, guardadas en su portamonedas de plata (los que llevábamos entonces), empieza el dispendio de este modo:

Chocolate o café con churros o buñuelos (en uno
de los cafés céntricos de la Puerta del Sol o Alcalá): . . . . . 0,40 pts.
Almuerzo en un restorán de la calle de Echegaray

o Carrera de San Jerónimo, etc, compuesto de sopa
de cocido, cocido completo de garbanzos con berza,
chorizo, morcilla, tocino y carne de vaca, pescado
o bisté con patatas, postre, pan y vino: . . . . 3,50 pts.
Café en otro local con la tertulia habitual: . . . . 0,30 pts.
Alquiler de un coche de punto, por una hora,
para pasear por El Retiro acompañado
de una chavala (entonces chulilla o modistilla) . . . . 1,50 pts.
Merienda de la pareja (a base de un chocolate
o café con media tostada o picatostes): . . . . 0,80 pts.
Cena con la prójima en un restorán parecido
al del almuerzo: un par de huevos fritos
o tortilla, pescado, bisté con patatas
(con muchas patatas), postre, vino y pan: . . . . 7,00 pts.
Don Federico despide a la pareja y se va
al café hasta la hora de la función del Real: . . . . 0,30 pts.
Butaca de patio para la ópera: . . . . 7,50 pts.
Guardarropa y acomodador . . . . 0,50 pts.
Hacia la una de la madrugada, al salir del Real,
un par de huevos fritos o un bisté, ambos con patatas . . . . 0,50 pts.
Propina al sereno y a dormir . . . . 0,10 pts.
Total . . . . .22,40 pts.

Así daban de sí los duros y los usos manducarios de entonces, que, independientemente de otras consideraciones, en el transcurso de aquel agitado día, don Federico hubiera acumulado colesterol como para un par de meses.

ENLACE ELECTRIZANTE O LOS GAJES DEL OFICIO

Alfonso XIII conoció a la que sería su futura esposa, Victoria Eugenia Julia Ena de Battenberg, durante una fiesta celebrada en su honor por el tío de esta, el rey Eduardo VII de Inglaterra, y no tardó en empezar a cortejar a la joven. La reina María Cristina se opuso desde el principio al enlace, debido a varias razones. De un lado, el oscuro origen de la familia Battenberg, de otro la consideración de la candidata como de rango inferior, y, finalmente por los antecedentes de hemofilia que pesaban sobre su estirpe, pero , finalmente, el 9 de marzo de 1906 la Casa Real de España anunciaba el compromiso matrimonial de Alfonso y Victoria Eugenia.

La historia convivencial de la pareja, aunque se procuró iluminar a lo grande, empezó francamente mal, aunque en primera instancia se salvó la situación gracias a los cables del tendido eléctrico de los tranvías.

El ambiente en las calles de Madrid debió resultar espléndido y de rara espectacularidad. Lily Litvak lo describe así:

> El "hada electricidad" había llegado a Madrid convirtiendo la calle en una fiesta maravillosa, como en los festejos por el enlace de Alfonso XIII y la princesa Victoria Eugenia, ocasión para la que se construyeron fantásticas iluminaciones: una enorme sombrilla japonesa en la Plaza del Ángel, lanzas rematadas por estrellas de bombillas eléctricas en la Plaza de Oriente, y las calles de Montera, Caballero de Gracia, Carmen, Calatrava y la Puerta del Sol espléndidamente iluminada por la Compañía Trasatlántica.

De la luz eléctrica que iluminaba calles y algunos hogares, aún en convivencia con el gas y justo el día de la boda de Alfonso XIII, el 31 de mayo de 1906, nos habla José Alfaro:

> Los sitios para reunirse, no siendo en un café, eran: o la Puerta del Sol, en el Ministerio de la Gobernación, o en el chaflán de Sevilla con Alcalá, bajo el reloj de "La Equitativa". Recuerdo que allí mismo junto al bordillo de la acera, había una farola de gas.
>
> Un tipo madrileño era el farolero, aquel que decía:
>
> —Soy el farolero de la Puerta del Sol. Cojo la escalera y enciendo un farol.

El farolero se veía a menudo, en efecto, con su escalera y el chuzo encendido o apagado, para dar la luz o quitarla de las farolas de gas, que, además del alumbrado eléctrico existían todavía (y existieron hasta los años sesenta), aún en sitios de barrios aristocráticos como Recoletos y la Castellana.

No podría recordar si el alumbrado de Madrid de entonces era o no como el de ahora, espléndido y de refulgente luz, pero a nosotros nos parecía magnífico y los teatros y los cafés y la suntuosa sala del Real estaban profusamente iluminados. Sin embargo aún subsistía en las bombillas eléctricas el filamento de carbón y Edison y sus continuadores tardarían bastantes años en dar con una sustancia más luminosa y duradera ensayando fibras de origen vegetal y mineral, hasta llegar al tungsteno moderno y más moderno aún el gas neón y otros de una máxima luminosidad.

Desde luego las bombillas que teníamos en nuestro domicilio de Madrid daban una luz mortecina y triste y su potencia lumínica se contaba por bujías, no por watios como ahora.

También había en Madrid, en plazas amplias y montados sobre postes altísimos, los llamados "arcos voltaicos", que daban luz con la brillante chispa que saltaba entre los electrodos de carbono que casi se unían en su extremo puntiagudo.

Pero tanta luminaria no influyó en los planes que había ido preparando el sabadellense Mateo Morral Roca, instalado desde hacía algún tiempo en la mejor habitación de una pensión situada en el tercer piso del número 88 de la Calle Mayor, y quien la noche anterior había pasado un buen rato por la tertulia de *La Horchatería de Candelas*, en la calle de Alcalá, donde habitualmente se reunían Azorín, Valle-Inclán y los hermanos Baroja.

Así relata López Busto el suceso:

En la mañana del 31 de mayo de 1906 se celebró en la iglesia de los Jerónimos la boda de sus majestades los reyes don Alfonso y doña Victoria Eugenia, y después de la ceremonia, cuando la comitiva regia se dirigía

El 31 de mayo de 1906, Alfonso XIII y Victoria Eugenia de Battenberg contrajeron matrimonio en la iglesia de los Jerónimos de Madrid. Poco podían imaginar en aquel momento solemne que la tragedia se cernía sobre el regio enlace.

hacia palacio, ya en la calle Mayor, y a la altura de la de Sacramento, desde un balcón, el anarquista Mateo Morral lanzó una bomba disimulada en un ramo de flores sobre la carroza real que marchaba sobre una de las vías del tranvía. Afortunadamente el artefacto tropezó con el cable y no fue a caer sobre el techo del coche (...) la confusión fue enorme y hubo muchas víctimas.

Otra versión de los hechos la encontramos en el relato de Cortés Cavanillas, quien además nos aporta el dato o circunstancia que probablemente salvó la vida de la reina:

Cuando la comitiva avanzaba por la calle Mayor, el Rey llamó la atención de la Reina acerca de la gente que agitaba banderas y les arrojaba flores desde los balcones de un edificio oficial. La Reina volvió la cabeza en la dirección que el Rey le indicaba, y al hacerlo se acercó a la izquierda del carruaje. Llegaban en aquel momento frente a la casa número 88 de la

Al paso de la comitiva real por la calle Mayor, el anarquista sabadellense Mateo Morral lanzó desde un balcón un ramo de flores en el que se ocultaba una bomba. Los reyes resultaron ilesos, pero hubo treinta víctimas mortales y más de cien personas resultaron heridas de consideración.

calle, situada a mano derecha. Asomado a una ventana del cuarto piso de ella (recordemos que en la mayoría de las versiones la planta de referencia es la tercera), un anarquista, Mateo Morral, lanzó sobre la carroza un gran ramo de flores, que fue a caer a pocos pasos del vehículo. Hubo una repentina llamarada, una explosión aterradora, ruido de cristales al romperse, alaridos, gritos…

—Percibí un fortísimo olor ácido —refiere el rey— y durante dos minutos, por lo menos, me cegó un humo espeso. Cuando este se disipó vi que las lises y las rosas del vestido de novia de la Reina estaban machadas de sangre. Había salido ilesa, pero varios de nuestros guardias fueron lanzados de sus cabalgaduras descuartizadas (...) De no haber sido por mi deseo de que la Reina retribuyese los saludos del personal de aquellos edificios oficiales, no estaría hoy viva. La bomba estalló del lado derecho de la carroza.

En definitiva, aquello fue una carnicería en la que murieron unas treinta personas y más de un centenar resultaron heridas de consideración. Los reyes resultaron ilesos, pero la sangre de la gente y los caballos penetró con fuerza en la carroza real, manchando los vestidos de los contrayentes. Tras un primer momento de confusión, los reyes fueron trasladados a la carroza de respeto y de allí, fuertemente escoltados, conducidos a Palacio. En sus memorias, la Infanta Eulalia de Borbón, testigo directo del hecho, narra sus impresiones:

Cuando llegamos a Palacio, Ena tenía el albo traje todo manchado de sangre, un poco pálida pero serena y sin perder la sonrisa. A su lado estaba el Rey, sacudiéndose el traje de gala, cubierto de polvo y manchado de sangre.

—¿Qué ha pasado? —interrogamos ansiosas Paz y yo—. ¿Qué ha sido?

—¡Bah! —respondió Alfonso—, esto son gajes del oficio. Pero veamos quiénes han sido los heridos.

Y volviéndose a uno de sus ayudantes, le dijo:

—Cuide de que los atiendan a todos.

La madre del Rey, Doña María Cristina, hermética, seria, hacía esfuerzos por contener la emoción y el Rey, siempre sonriente, pero con el pulso un poco tembloroso, encendió un cigarrillo, se acercó al General Lóriga, su Ayudante y Preceptor.

—¿Qué tal Lóriga? ¿Estás herido?

—No es nada… Mataron mi caballo y me he dado un golpe sin importancia —respondió el gran soldado de Filipinas—. Vuestra Majestad se ha portado como un veterano.

La Reina que había aguantado con esfuerzo, al llegar a sus habitaciones, se derrumbó. Se suspendieron los festejos de la boda y el Rey visitó varias veces a los heridos recorriendo los Hospitales donde se les había atendido.

López Busto sigue con su relato:

Sobre este atentado corrió un rumor relacionado con los tranvías. Se decía que Mateo Morral estuvo entrenando lanzando naranjas sobre los mismos. Naturalmente, no es que se pasase el día tirando naranjas, esto no hubiera pasado inadvertido, pero parece que sí realizó algunos "ensayos".

Sobre estos curiosos "ensayos" vuelve Corpus Barga en su novela *Los pasos contados*, y en lo referido a la crónica madrileña de 1906 relata:

Jaime sube cansado la pequeña cuesta de la calle Sacramento para llegar a Mayor. En el hueco de silencio y de sombras que deja el paso del tranvía se oye un ruido sordo. Algo ha caído sobre los rieles: Jaime se acerca a cogerlo. Es una naranja. ¡Que raro!

Mateo Morral, probablemente contando con la ayuda del periodista José Nakens, redactor de *El Motín*, periódico anticlerical, consiguió escapar de Madrid a pie, disfrazado de mecánico con un mono que había conseguido en la Ciudad Lineal, pero un par de días después fue reconocido por alguien en un ventorrillo, la venta de los Jaireces, cercano al pueblo madrileño de Torrejón de Ardoz, donde se disponía a comer. Avisado de la circunstancia un guarda jurado particular, Fructuoso Vega, este se le acercó y le invitó a seguirle. Mateo se entregó sin oponer la menor resistencia, pero cuando era conducido hacia el cuartelillo, sacó su pistola, mato al guarda jurado y a continuación se suicidó.

El atentado de Morral contó con un testigo de excepción, el entonces jovencísimo estudiante de medicina Eugenio Mesoneros Romanos, nieto del famoso escritor y cronista de la villa. Un diario había ofrecido recompensas por las fotos que resultaran más interesantes de la comitiva regia, y Eugenio, intentando ganar algunas pesetas, compró una cámara fotográfica aquel mismo día se dispuso a ver si ganaba la recompensa y se apostó en balcón de la calle Mayor. Cuando casi había agotado las placas, se dispuso a tomar una instantánea de la carroza, y en el preciso momento en que accionaba la cámara, Morral lanzó la bomba. La fotografía conseguida resultó un documento impresionante, con las víctimas desparramadas por el suelo, la multitud huyendo despavorida, los caballos despanzurrados o encabritados, los soldados apuntando sus fusiles en todas direcciones… El periódico pagó a Mesonero la para entonces fabulosa cantidad de 300 pesetas y publicó la foto al día siguiente en su portada.

LA ELECTRICIDAD LLEGA A LA HOSTELERÍA

Las innovaciones que representaba la nueva forma de energía no podían mantenerse mucho tiempo al margen del negocio hostelero y el primero que se dio cuenta de ello fue el empresario Agustín Lhardy, propietario del restaurante del mismo nombre. A finales de 1906, el mismo año en el que se había celebrado la agitada boda del rey Alfonso XIII, el local instaló el alumbrado eléctrico, dejando el gas en un mínimo lumínico meramente decorativo. Agustín Lhardy contrató con la *Compañía General Madrileña de Electricidad*, que entonces actuaba en competencia con *The Electricity Supply Company for Spain Limited* (lo haría hasta 1912, año en el que ambas compañías se fusionaron en la *Unión Eléctrica Madrileña*), el 18 de diciembre de 1906. Explica Altabella que: *"El documento estaba firmado por Agustín Lhardy, como arrendatario del servicio, y el administrador-delegado de la compañía, don Faustino Silvela"*, con cuatro condiciones que detalla al pie:

Primera. La instalación se compone de:

27 lámparas de 5 bujías.

35 lámparas de 10 bujías.

87 lámparas de 16 bujías.

15 lámparas de 25 bujías.

La intensidad ni el numero de estas lámparas podrán aumentarse, a cuyo efecto la Compañía se reserva el derecho de inspección en la instalación en todo momento.

En el caso de encontrarse un aumento se facturará una multa de 10 pesetas mensuales por cada unidad que se encontrase ampliada.

Segunda. Las horas de encender el alumbrado son las necesarias al servicio del establecimiento, y las de apagar no excederán de los dos de la madrugada.

Tercera. La Compañía facturará por consumo mensual fijo la cantidad de 250 pesetas mensuales, comprendido el impuesto del Estado.

Cuarta. Este contrato tiene por duración un año, a contar desde 1º de Enero de 1907.

Al año siguiente, con fecha primero de enero de 1908, el contrato se renovaba con el añadido de una cláusula o póliza que añadía tres nuevas condiciones:

* Primera. La corriente suministrada al establecimiento será medida por el contador o contadores colocados por la Compañía y se facturará a razón de Ptas. 0,50 por kilowat-hora marcado.

Los impuestos sobre consumo de fluido eléctrico serán de cuanta del abonado.

* Segunda. Este contrato de suministro será obligatorio por ambas partes por un periodo de dos años a contar de su fecha, y si durante este tiempo la Compañía Madrileña publicase una tarifa general más reducida que los precios señalados en el presente convenio la nueva tarifa reducida se aplicaría al señor Lhardy.

* Tercera. Para los demás regirán las condiciones generales de la póliza ordinaria de uso en al Compañía General Madrileña de Electricidad.

EL REY APUESTA DECIDIDO POR EL METRO

Aunque los primeros proyectos de diseño de un transporte subterráneo para Madrid datan de la época de la Regencia, sería durante el reinado de Alfonso. XIII, y además con un protagonismo destacado por su parte, cuando las ideas se hicieron hechos.

En 1892, el arquitecto e ingeniero de Caminos, Canales y Puertos, Pedro García Faria, uno de los primeros técnicos que en España se preocupó por la modernización urbana y por encontrar soluciones para evacuar las aguas residuales y abastecer de agua potable a la población (en esa línea, realizó el proyecto de saneamiento de Barcelona, colaboró en la elaboración de los proyectos de saneamiento y ensanche de Cartagena, y en el Plan Urbanístico General de la ciudad de Murcia), planteó ya un proyecto de ferrocarril metropolitano con varios trazados que, partiendo de un nudo en la Puerta del Sol, se abastecería de energía eléctrica producida por saltos hidráulicos que se construirían en los ríos próximos a la capital, pero, aunque el proyecto recibió la concesión, jamás se llevó adelante.

El nuevo impulso llegaría en 1913, cuando los ingenieros Miguel Otamendi, Carlos Mendoza y Antonio González Echarte plantearon un nuevo proyecto de red de metro, sobre la base de cuatro líneas y una longitud total de 154 km. Este vez sí, la concesión de las obras fue otorgada el 19 de septiembre de 1916.

Pero una cosa era la aprobación del proyecto y otra bien distinta que quien debía apoyarlo creyera en él. En general, responsables y autoridades convenían en que la cosa era interesante, pero que su realización era aún prematura. El Banco de Vizcaya fue el primero que se lanzó al ruedo de la financiación, con una aportación de cuatro millones de pesetas, que representaba más o menos la mitad del total, pero nadie le siguió en la aventura y fue el propio rey quien, para dejar patente su confianza y para animar la puja, puso de su "bolsillo" otro millón. Con aquello y lo bastante más que fue entrando en las arcas, el 24 de enero de 1917 se creó la sociedad *Compañía Metropolitano Alfonso XIII*, con un capital social de diez millones de pesetas.

El proyecto general y el diseño de las estaciones fue encargado al arquitecto pontevedrés Antonio Palacios, autor del diseño de edificios madrileños tan señeros, entre otros, como el Palacio de Telecomunicaciones y el del Círculo de Bellas Artes. Los trabajos comenzaron diligentemente el 17 de julio de aquel mismo año, pero el trabajo se fue demorando mucho respecto a lo previsto, debido a los lógicos retrasos derivados de la situación que Europa vivía, inmersa en la I Guerra Mundial.

Con todo, y tras veintiséis meses de obras, la primera línea fue inaugurada por Alfonso XIII el 17 de octubre de 1919. Su majestad, haciendo gala de casticismo y buen humor, comentó que aquella compañía, la del Metro, era una de las poquísimas que le había invitado a poner la última piedra, y no la primera, como era lo habitual. Las cosas, explica Bravo Morata, se desarrollaron así:

> ...el propio rey bajó las escaleras de la estación de la Puerta del Sol, seguido de todo su séquito, se acercó a la ventanilla en que se vendían los billetes, saco uno —el primero de todos.

La línea y el Tren Real fueron bendecidos por el obispo de Madrid-Alcalá y el convoy se puso en marcha. En el andén derecho de la estación término, Cuatro Caminos, se instaló un *buffet*, donde el rey y su séquito fueron obsequiados con un *lunch*. El momento histórico quedó inmortalizado en una foto en la que Alfonso XIII aparece sonriente y con los ojos cerrados por efecto del flash generado por la llamarada de magnesio.

Con una longitud total de 3598 metros y 8 estaciones, iba de Sol a Cuatro Caminos, donde se instalaron las cocheras. El trayecto duraba entre seis y diez minutos, frente a los treinta y cinco o cuarenta que invertía el tranvía.

El 31 de aquel mismo mes, se abrió al público y su éxito fue tal que en el primer año fue utilizada por más de 14 millones de usuarios.

Por aquella época, los Cuatro Caminos era el límite del casco urbano y en su alrededores no había más que desmontes y descampados, salpicados de bailes y merenderos que los domingos bullían de público variopinto, animado, jacarandoso y dispuesto tanto a la juerga como a la pitanza desaforada. Un paisaje que retrata magníficamente José Gutiérrez Solana, en su libro *Madrid callejero*:

> En los merenderos de la cuesta hay grupos de familia que comen. Un padre de familia está sentado delante de una cazuela con su mujer y varios chicos, que devoran la paella y rebañan la salsa (...) Todas las mesas están ocupadas, en su mayoría por gente artesana que aprovecha los días de fiesta para ir a los Cuatro Caminos para pasar alegremente la tarde merendando.
>
> Aquí se despachan grandes cantidades de raciones de caracoles, de chuletas de cordero y conejos en salsa; las tiendas de comestibles no

El 17 de octubre de 1919,
el rey Alfonso XIII inauguraba
la primera línea de metro en España.
Instalada en Madrid, cubría el trayecto
entre Sol y Cuatro Caminos.
El trayecto duraba entre seis
y diez minutos, frente a los
treinta y cinco o cuarenta que
hasta entonces invertía el tranvía.

cierran los días festivos y quedan abiertas hasta las altas horas de la noche; tienen en los escaparates como reclamo y para animar a la gente al consumo grandes racimos de jamones y chorizos.

En la mesa hay una gran fuente de ensalada, mezclada con tarugos de escabeche y aceitunas negras, que se disponen a comerla unas mujeres gordas, parecidas a comerciantes, con muchas sortijas en los dedos amorcillados, y sus maridos y queridos con sombreros güitos (sombrero hongo) de mucho brillo, capas y bastones de caña de palasa, con puño de plata y de cuerno muy historiado.

Sin embargo, la llegada del Metro a la barriada modificó completamente las expectativas vitales de sus moradores. También lo cuenta Bravo Morata:

La enorme barriada de Cuatro Caminos registró la aparición del "Metro" sensiblemente: ya no era aquella lenta excursión en tranvía, en la que se abría el periódico y se llegaba a casa con él leído; con el "Metro" apenas si daba tiempo a leer los epígrafes. Los maridos empezaron a llegar antes a su casa, y a levantarse un poco más tarde, y a pedir antes la cena, y a dormir un ratito la siesta. El valor del suelo comercial en Cuatro Caminos se elevó como la espuma: ya no era la barriada irredenta y lejana, sino un barrio más de un Madrid nuevo que creía y se unía al cogollo de la Puerta del Sol.

En 1921, esta primera línea Sol-Cuatro Caminos se amplió hasta hacerla llegar a Atocha (hecho del que queda memoria plástica en el lienzo titulado *Atocha-Cuatro Caminos*, que hoy se exhibe en el Museo Nacional Centro de Arte Reina Sofía, original de Santiago Pelegrín, artista entonces inmerso en la corriente de realismo mágico, y fechado en 1927), mientras que la línea 2, entre Sol y la plaza de Las Ventas abría sus puertas el 14 de junio de 1924, año en el que, por cierto, y a propuesta del Ayuntamiento, la compañía creó el a partir de entonces tan popular billete de ida y vuelta. El Metro se fue desarrollando en longitud y paradas, y en 1926 la red ya era de cerca de quince kilómetros.

En los años siguientes el Metro siguió creciendo, con la ampliación de la línea 2 hasta Cuatro Caminos y la línea 1 hasta Tetuán, la creación de un ramal de la línea 2 desde Goya hasta Diego de León, y la construcción de talleres y otras instalaciones en las cocheras de Cuatro Caminos.

Cuando Alfonso XIII partió hacia el exilio, la empresa dejó de llamarse Compañía Metropolitana Alfonso XIII, y pasó a denominarse Compañía Metropolitana de Madrid. Un año después, el 17 de septiembre de 1932 (como ramificación de la línea 2, aunque posteriormente sería el primero de la línea 4) entró en funcionamiento el tramo entre Goya y Diego de León y empiezan a consolidarse los expendedores automáticos de billetes.

En Barcelona, la puesta en marcha del Metro se retrasó algunos años más que en Madrid, aunque los primeros proyectos ya se habían planteado en 1907, mediante un diseño de ferrocarril subterráneo destinado a unir el puerto y la parte alta de la ciudad, y dotado de un ancho de vía internacional (de 1.435 mm.). Además, presentó la característica de que, a diferencia de Madrid, donde surgió como monopolio, fue gestionado por dos distintas compañías.

Pero, antes de que esto ocurriera, en 1912, se planteó un segundo proyecto que pretendía unir las principales estaciones de ferrocarril que existían en aquel momento en la ciudad, mediante un ferrocarril subterráneo dotado del mismo ancho de vía que el de la red ferroviaria española convencional (1.672 mm).

En 1924 se recupero el proyecto pionero, con la inauguración del tramo entre Lesseps y Plaza Catalunya, patrocinado por la *Compañía del Gran Metro de Barcelona*, que posteriormente se prolongaría, de un lado hasta La Rambla y de otro hasta Correos (cerca de la actual estación de Barceloneta), con lo que quedaba trazada una red en forma de "Y", que se bifurcaba en la estación de Aragón. Pero el proyecto definitivo llegó dos años más tarde y bajo la batuta de la compañía del Ferrocarril Metropolitano Transversal de Barcelona. En 1926, se inauguró el tramo que iba desde Bordeta a la Plaza de Cataluña. Esta línea no dejó de crecer de forma gradual y sostenida y en 1933, dos años después del fin de la monarquía, ya llegaba hasta Marina.

LA VENTAS DEL MUERTO AL HOYO Y EL VIVO AL BOLLO

En Madrid, la competencia, por decirlo de alguna manera, de los salerosos bailes y ventorros de los Cuatro Caminos se situaba en el otro extremo de la ciudad. Tal estaba ubicado junto al arroyo Abroñigal (en lo que ahora es Calle 30 ya antes M-30), que cruzaba el puente de Calero y en el principio del camino, la carretera de Vicálvaro, que iba al madrileño cementerio de La Almudena, popularmente conocido como el "del Este". Justamente allí floreció un negocio de ventas, bailongos y tienduchos, donde se iba a comer callos a la madrileña, tortilla de escabeche, ensalada de lechuga, cultivada en el mismo arroyo, con aceitunas negras, pimientos morrones y cebolleta, caracoles a la madrileña, sangre encebollada, chuletas… todo bien regado con tinto peleón en frascas y cuartillos o con el "chapurreao", de vino con limón, y cuya clientela estaba formada, básicamente y en días de diario, por los familiares y deudos de aquellos que acababan de recibir cristiana sepultura, mientras que los domingos y en temporada el gentío se componía de taurófilos que habían acudido a la corrida de la plaza próxima. La merienda se amenizaba, indefectiblemente, con bailes de chotis y mazurca al son y compás del organillo. En definitiva, en aquel lugar de *Las Ventas* o, más propiamente, *Las Ventas del Espíritu Santo* se hacía bueno cotidianamente el dicho de que "el muerto al hoyo y el vivo al bollo".

El siempre ácido y punzante Solana dibuja el paisaje con su habituales gruesos trazos:

A cada momento, todos los días pasan por estos sitios coches de muerto que van a dar con los huesos y la carne al pudridero del este. Mezclándose con los simones que van a los merenderos y bailes de las Ventas, con los gritos del gentío, los trallazos de los cocheros y las blasfemias de los vivos.

Además de la clientela ocasional de los entierros, las Ventas contaba con una parroquia de habituales cuyo retrato vuelve a resultar estremecedor en la pluma de Solana:

En una taberna de al lado, la de Román González, tienen puestas, fuera de la tienda, unas cuantas mesas de maderas enclavadas en el piso, juegan a la rana unos cuantos pellejeros y beben sendos tragos de vino de los frascos cuadrados, y parten con las navajas de muelles rebanadas de un pan muy grande y trozos de cecina y longaniza (...) Este grupo se puso a jugar al chito y a la barra en un cobertizo del merendero de Román, en los que destacaban en las paredes blancas de cal, una ventana, cubiertos sus cristales por cortinillas rojas, lo mismo que una puerta; otra ventana estaba llena

244

Los merenderos de Las Ventas del Espíritu Santo, junto al arroyo Abroñigal, actual Calle 30 de Madrid, estaban situados en el camino al cementerio de La Almudena o del Este, y allí solían parar a comer y a beber los familiares y deudos de los difuntos.

de cazuelas de guisos: fuentes de alubias, platos de callos y caracoles, platos de longaniza cubierta de arroz, latas de sardinas de tomate, chuletas atravesadas por un hueso para cogerlas con la mano y comerlas; todos estos guisos, atrasados de un día para otro; había algunas de estas fuentes que llevaban en la ventana-escaparate una o dos semanas, y nadaban en una salsa negra que se había quedado sólida y había que cortarla con un cuchillo. De algo lejos, esta ventana, encerrada en un marco verde, daba la impresión de un cuadro de bodegón; parecía que todas aquellas cazuelas, aquellos guisos, los chorizos y los tomates, estaban pintados y no eran reales, por lo velados que estaban los cristales de polvo; pero se convencía uno de que no estaban pintados cuando, de vez en cuando, salía una vieja bigotuda, vestida de negro, asomaba la calva cabeza por encima de las cazuelas y posaba una botella corta y redonda encima de las alubias, encima de los callos y en el jamón y cecina, y en la botella rechoncha iban entrando, a golpes, pelotones de moscas de que estaban llenas las cazuelas, y las inocentes moscas iban entrando en el lazo que aquella vieja bruja les tendía, y nadaban, borrachas en el mar de vino y jabón que contenía la botella, y entonces la bruja de negro retiraba su calva cabeza de la ventana y el cepo.

La descripción del lugar y sus moradores se completa con preparativos de los pajarillos fritos, uno de los aperitivos y platillos más populares en el Madrid de aquel, tiempo:

El niño de la manteca se entretiene en ir pelando unos pájaros y el muy jilí, el marrajo, les deja solo unas cuantas plumas de la cola; lo demás, bien peladito, y se ríe de la gracia, abriendo mucho las quijadas, con una risa de salvaje, y los abre en canal; con la punta de la tijera los saca las tripas y se las tira al perro; luego va echando, mientras que los va contando, los pájaros en el barreño para ser fritos. Y así, de esta manera, sin plumas, pelados completamente, con el cuerpo rosado, azulado, ¡qué graciosos aparecen! Pero ¿y fritos?

Fritos aparecen tan graciosamente ridículos, tan grotescos como los esqueletos de las tablas de los siglos XIII y XV y en las bárbaras tablas de

Castilla, en los establos y sillerías del coro de las viejas catedrales. En los exvotos macabros de cera que se amontonan sujetos por cintas de seda de colores desteñidos, alrededor de los milagrosos Cristos españoles que les crece el pelo y las uñas".

Los domingos y festivos, el ambiente de las Ventas tomaba nuevo color, si tal puede calificarse el sombrío pincel de Solana: "Por el paseo de Aragón baja la gente endomingada; al pie de las tabernas están los juegos de rana y las mesas tintadas de almazarrón; tienen fuera las fuertes banquetas, donde se sientan los menos frioleros, con la capa y los abrigos plegados sobre un hombro, a comer y a beberse una limpias, acompañadas de largos trozos de longaniza. Hay tipos madrileños, sastres y zapateros de portal, que en domingo se sienten prácticos, y más que la juerga de mujeres y el despilfarro, prefieran matar el hambre atrasada a fuerza de longaniza; se ponen a cortar rajas de longaniza sobre el periódico y no acaban; son capaces de comerse de esta lo que son de largos, a fuerza de vino y de pan, aunque luego la vomiten entera, agarrados a un farol, y aunque a primera vista parece que están para diñarla, echan el pulso y hacen la pectoral sobre la mesa del mostrador (...) toda la calle y la cuesta que conduce al cementerio del Este está llena de fango de pasadas lluvias; está cubierta deja a las tiendas muy sombrías; pero los tenderos ya están acostumbrados y estos días lluviosos hacen su agosto y despachan más vino, pues los vecinos, como no pueden pasear, se meten aquí a pasar la tarde. Del techo cuelgan muchos chorizos y morcillas, y de un garfio tiras de costillas de vaca y carne de cerdo, salada, y vejigas de manteca. Los armarios que sirven para guardar los géneros están llenos de cartuchos de papel de estraza con lentejas y judías blancas del Barco y sacos de garbanzos y arroz bomba, los paquetes de magnífico y resonante papel de los fideos y de las velas de sebo, de un estupendo color de esmalte azul morado, anaranjado, amarillo cromo y rosa; al lado del mostrador está la rejilla, donde hay una pequeña montaña de maneca de vaca, en la que está clavado un cuchillo, y, junto a esta, el queso de bola y los huevos.

Tanto o más brumosa es la descripción que realiza Fernández Villegas:

Ciertamente, es menester mucho deseo de divertirse para pasar la tarde en la Ventas, que en vez del Espíritu Santo debieran llamarse del Espíritu del Vino. Imagínese el lector una carretera peor cuidada de lo que suelen estarlo las carreteras españolas: un puente tan inútil como el famoso de Coria. Por debajo de este puente, no el de Coria, sino el otro, se arrastra un arroyo inmundo y maloliente. A un lado y a otro de la carretera y del arroyo, barracones de tablas mal unidas, sucios y grasientos; tenduchos informes que ostentan colgados a los lados de sus puestos entrañas y carnes de reses; sórdidos merenderos que exhalan bocanadas de humo asfixiante de aceite frito.

La mayor parte de estos establecimientos, en los que se sirven cubiertos desde dos pesetas y cuyos platos más favorecidos son los de callos y caracoles, tienen nombres a cual más poéticos y atractivos…… Algunos ofrecen a la consideración de los paseantes sentencias como la siguiente: "Mejor se está en este, que en el Este" (...) El regreso de los carros mortuorios causa una impresión extraña, en la que se combina lo repugnante y lo lúgubre con lo grotesco. Los cocheros, con sus ridículas libreas desabrochadas, con el sombrero cubierto de polvo, sonrientes, cínicos, arriman los carruajes a los "tabernáculos" de las Ventas, y en lo alto del pescante échanse al coleto abundantes tragos, mientras los lacayos, tan ridículamente vestidos como los cocheros, trincan también alegremente, y bromean o retozan con las ninfas de fregadero que frecuentan las riberas del Abroñigal.

Conforme va avanzando la tarde acentúanse los efectos del vino peleón: el griterío aumenta, y el bailoteo es cada vez más íntimo. Dicharachos soeces, insultos, bromas de la especie que mis lectores pueden suponer, parecen flotar entre el vaho irrespirable de tabernas y merenderos. A lo mejor, por si tal o cual chulo miró o no miró, salen a relucir navajas…. y hasta llega a correr sangre.

Sin embargo, el paisaje se dulcifica cuando se filtra con los ojos del amor, como ocurre con la pareja protagonista de la novela Insolación, de doña Emilia Pardo Bazán:

Llegaron al puente, y detúvose el simón ante el pintoresco racimo de merenderos, hotelitos y jardines que constituye la parte nueva de las Ventas.

—¿Qué sitio prefieres? ¿Nos apeamos aquí? —preguntó Pacheco.

—Aquí... Ese merendero... Tiene trazas de alegre y limpio —indicó la dama, señalando a uno cuya entrada por el puente era una escalera de palo pintada de verde rabioso.

Sobre el frontis del establecimiento podía leerse este rótulo, en letras descomunales imitando las de imprenta, y sin gazapos ortográficos: "Fonda de la Confianza. Vinos y comidas. Aseo y equidad". El aspecto era original y curioso. Si no cabía llamar a aquello los jardines aéreos de Babilonia, cuando menos tenían que ser los merenderos colgantes. ¡Ingenioso sistema para aprovechar terreno! Abajo una serie de jardines, mejor dicho, de plantaciones entecas y marchitas, víctimas de la aridez del suburbio matritense; y encima, sostenidos en armadijos de postes, las salas de baile, los corredores, las alcobas con pasillos rodeados de una especie de barandas, que comunicaban entre sí las viviendas. Todo ello —justo es añadirlo para evitar el descrédito de esta Citerea suspendida— muy enjabelgado, alegre, clarito, flamante, como ropa blanca recién lavada y tendida a secar al sol, como nido de jilguero colgado en rama de arbusto.

Un mozo frisando en los cincuenta, de mandil pero en mangas de camisa, con cara de mico, muequera, arrugadilla y sardónica, se adelantó apresurado al divisar a la pareja.

—Almorsá —dijo Pacheco lacónicamente.

—¿Dónde desean los señoritos que se les ponga el almuerzo? El gaditano giró la vista alrededor y luego la convirtió hacia su compañera: esta había vuelto la cara. Con la agudeza de la gente de su oficio el mozo comprendió y les sacó del apuro.

—Vengan los señoritos... Les daré un sitio bueno.

Y torciendo a la izquierda, guió por una escalera angosta que sombreaba un grupo de acacias y castaños de Indias, llevándoles a una especie de antesala descubierta, que formaba parte de los consabidos corredores aéreos. Abriendo una puertecilla, hízose a un lado y murmuró con unción:

—Pasen, señoritos, pasen.

La dama experimentó mucho bienestar al encontrarse en aquella salita. Era pequeña, recogida, misteriosa, con ventanas muy chicas que cerraban gruesos postigos y enteramente blanqueada; los muebles vestían también blanquísimas fundas de calicó. La mesa, en el centro, lucía un mantel como el armiño; y lo más amable de tanta blancura era que al través de ella se percibía, se filtraba, por decirlo así, el sol, prestándole un reflejo dorado y quitándole el aspecto sepulcral de las cosas blancas cuando hace frío y hay nubes en el cielo.

Un matrimonio asimétrico

El matrimonio de Alfonso XIII y Victoria Eugenia de Battenberg, como todos los reales enlaces de su tiempo, fue un asunto de Estado y conveniencia. Ella era británica de pies a cabeza, y él, más castizo que Eloy Gonzalo en el sitio de Cascorro, aunque sin lata de gasolina ni antorcha, claro está.

La reina se había traído su té en el ajuar de bodas, pero en lugar de a las *five o clock*, lo tomaba a las tres, de manera que salvo en esta compartida colación (el rey se apuntaba a todo bombardeo coquinario), cada majestad comía por su lado. En 1964 y en una entrevista concedida al periodista Mario Gómez Santos para la revista *Hola*, la reina rememoraba a su viudo en los placeres de la mesa:

> Para comer era muy granívoro. ¡Uf… muy carnívoro! Detestaba las legumbres, las ensaladas, las frutas. Le gustaban eso sí, las fresas, y algún postre que le preparaban. Todavía me parece verle: tomaba un pedazo de carne, patata y luego un pedazo de pan. ¡Típico, típico! ¡Muy español!

Hay que suponer que cuando su Alteza decía que detestaba las legumbres, estaba pensando en las verduras, porque a comer garbanzos pocos ganaron a don Alfonso, mientas que su esposa, como nos dice Eva Celada: "...lo más cerca que podía estar del cocido era tomándose un poco del caldo del mismo con arroz".

Y hay que decir además que al rey, además de lo más castizo de la cocina española, le gustaba degustar siempre lo más típico de la región o ciudad que visitaba. Como ejemplo, durante una visita a Albacete, realizada en 1911, las autoridades locales, conociendo bien sus apetencias, le obsequiaron (recordemos que entonces Albacete estaba unida a la región levantina y que formó unidad con Murcia hasta los años setenta del pasado siglo) con un almuerzo a base de aceitunas de Onil, bacalao a la alicantina, sobrasada de Tarben, arroz con costra, pescado a la marinera, perdiz en cazuela al estilo de la Albufera, espárragos de Bussot, filetes de ternera de Orihuela, pasas de Denia, peladillas de Alcoy, turrón de Jijona, almendraza de Villajoyosa, dátiles y granadas de Elche, manzanas de Alcolea, peras de Ibi, naranjas de Rojales y tortada de almendra. En justo y oportuno maridaje, claretes y tintos de Dupuy, de Alicante y de Hondillar, de la cosecha, dicen que excelente, de 1872.

Mientras el rey se embaulaba rotundos guisotes o arroces de honda raigambre hispana, y platillos de la cocina francesa entonces tan en boga, la reina no pasaba de su neutral *roast beef* y sus secos bizcochos de té. Con la bebida pasaba algo similar, porque mientras Victoria Eugenia era prácticamente abstemia, al rey le gustaba el champagne al final de las comidas y nunca desdeñaba los buenos caldos nacionales. Bebía y lo hacía con gracia. Se cuenta que en una ocasión agasajado por el alcalde de un municipio que visitaba, alabó la calidad del vino que le ofrecieron y el inocente munícipe, satisfecho en extremo le dijo: "Si viera su majestad el que tengo en la bodega...", a lo que el monarca respondió: "Ya, pero supongo que ese lo tiene usted bien guardado para las grandes ocasiones".

LA SABIDURÍA COQUINARIA
DEL HOMBRE MÁS GORDO DEL MUNDO

En 1905 aparece uno de los libros de cocina más importantes del siglo, *La cocina práctica*, del ya citado Manuel María Puga y Parga, alias *Picadillo*.

Personaje este singularísimo por distintas razones y uno de los más influyentes en el devenir de la cocina española contemporánea. En apresurada definición para abrir boca, basten las palabras de Manolo Vázquez que le definen como:

> …pluridimensional, desempeñó diversos cargos públicos y llegó a pesar más de 200 kilos: fue juez municipal, fiscal, concejal, alcalde, vicario… Fue también periodista y dirigió el periódico coruñés "El Noroeste", donde, siendo aficionado a la cocina, publicaba con el seudónimo de "Picadillo" una columna titulada "Pote aldeano", una serie de artículos acerca de platos típicos gallegos que incluían descripciones de ambientes y tipos humanos característicos de la región.

Por otra parte, el libro, además de su enorme éxito editorial, ya que no ha dejado de reeditarse, añade otros muchos intereses, como es el de la autoría de su prólogo, salido de la pluma de doña Emilia Pardo Bazán, quien, inmersa en un clima de gran interés por las corrientes del gusto, vio probablemente aquí el interés de escribir sobre tales asuntos, lo que le llevaría a publicar, nueve años después, *La cocina antigua*, obra de la que más adelante se hablará más en extenso.

Respecto a lo que en concreto escribe *Picadillo* en su libro, doña Emilia afirma que se trata de una cocina clásica, tradicional, de platos familiares y sabores amigos; cocina de su gusto y en su filosofía de rechazo al afrancesamiento culinario imperante en el país:

> La monotonía horrible de la cocina francesa está proscrita en la cátedra de PICADILLO. Esto me ha puesto a buenas con él.

El coruñés Manuel María Puga y Parga, político, juez municipal, fiscal, concejal, alcalde, vicario, periodista y divulgador gastronómico bajo el seudónimo de "Picadillo", probablemente llegó a ser el hombre más gordo del mundo, alcanzado un peso superior a los doscientos kilos.

En 1905 Puga y Parga, "Picadillo", publicó uno de los libros de cocina más importantes del siglo, *La cocina práctica*. Le escribió el prólogo doña Emilia Pardo Bazán, quien a partir de aquel momento empezó a mostrar singular interés hacia los temas culinarios.

El propio *Picadillo* dice en el *Preludio* de la obra que su propósito ha sido no solo el de reunir un buen puñado de recetas de la cocina tradicional de su tierra, sino el de escribir una obra culinaria que responda a las necesidades de la vida práctica:

> En esta obra no encontraréis esos platos catedrales que nuestros cocineros modernos conocen con el nombre de platos montados. No, nuestros platos han de ser completamente de a pie, o de infantería, como si dijéramos.

Hay que matizar que a la infantería que Puga y Parga se refiere no es la que podría formar el pueblo llano, sino a la burguesía más o menos acomodada que constituía su entorno social y que frecuentemente, casi siempre, disponía de un servicio doméstico bastante amplio que le permitía ordenar los menús o meterse en la cocina por gusto y placer, solucionada toda la restante intendencia de la casa y la familia. Es a uno de los tramos de esa pequeña burguesía, con posibles pero los justos, a quien se dirige, con encomiable espíritu educativo y didáctico, en estas líneas:

> El comer bien es perfectamente compatible con la economía. Una mesa con un mantel muy blanco, con servilletas muy bien planchadas y cristalería fina, con unas flores por adorno y un poco de orden en la presentación y servicio de los manjares, sean estos cual fueren, supone muy pocos más gastos que el servir la comida en unas cazuelas tiznadas, que, a su vez, ensucien los manteles; en las mesas que tal ocurra está disculpado que el sirviente vierta el vino fuera de los vasos y meta los dedos dentro de las salsas.

Manuel Puga y Parga nació el 23 de abril de 1874, durante la primera etapa de la restauración monárquica. Residenciado en La Coruña, el niño creció despabilado pero con tendencia a la acumulación de arrobas. A los ocho años pesaba setenta y cinco kilos; a los treinta y cinco llegaba a los doscientos veinte y subiendo.

Estudio la carrera de Derecho en Santiago y su padre, Luciano Puga y Blanco, destacadísimo miembro del Partido Conservador, le consiguió un puesto burocrático en Madrid, pero Manuel desestimó la oferta, pidió la excedencia, se casó y se acomoda a la vida sedentaria como juez municipal de Arteixo. De allí siguieron diversos cargos, responsabilidades y canonjías, siempre, eso sí, afectas al conservadurismo puro y duro; algo que Picadillo consideraba como de cajón en sus aficiones:

> Los que ejercemos oficios de cierta índole y los que esparcimos nuestros ocios alrededor de los fogones, estamos más en carácter dentro de los partidos moderados, porque habéis de convenir conmigo, lectores míos, que es mucho más agradable preparar un arenque encebollado o una pierna de cualquier animal para el conde de Romanones, o hacerle un "beefs-teak" con patatas a Maura o una empanada a La Cierva, que preparar una tortilla para Lerroux o una compota de peras para Melquíades Álvarez.

No deja de ser curioso que, años después, y como luego se verá, Julio Camba nos confiese que estuvo a punto de afiliarse al Partido Reformista que este último político acababa de fundar, tras comer con él una portentosa fabada en el pueblo asturiano de Somió.

Puga y Parga comenzó a publicar en los diarios coruñeses *El Noroeste* y *El Orzán* artículos culinarios con el sobrenombre de *Picadillo*, que sus lectores le respondían, implementaban o corregían, y todo aquello se fue convirtiendo en libros como *El rancho de la tropa*, *Vigilia reservada*, *Las 56 maneras de hacer el bacalao*, *Pote aldeano* y *La cocina práctica*.

Fue el prototípico gordo simpático y cachazudo, que se puso sus mantecas por montera, aunque en algún momento llegó a dudar seriamente de la idoneidad de su fabulosa masa corporal, debido, probablemente, a un hecho que relata Luís Antón Olmet en el prólogo a la edición de *Pote aldeano*, libro que recogía sus artículos publicados en *El Noroeste*. Dice Olmet que:

Una vez estuvo en La Coruña el hombre más gordo del mundo; era alemán, y alcanzaba su grosor la dimensiones más fabulosas. La gente acudió a verle al barracón donde se exhibía. Pero salió frustrado, mohíno: Manolo Puga era más gordo, y podía vérsele en la calle, sin telones ni bambalinas, magnífico, espléndido, de balde.

Y la diferencia parece que no era poca. Al respecto, José Manuel Vilavella afirma que a favor de Picadillo constaban más de sesenta kilos.

La constatación debió preocupar a nuestro personaje, quien decidió marchar e ingresar en un hospital de la ciudad de Hamburgo, especializado en adelgazamiento. Dice Xabier Castro que en la institución

…se aplicaban tratamientos de adelgazamiento basados en el original procedimiento de no comer ni beber. Y se adelgazaba, decía… si no moría uno antes en el empeño. Afortunados fueron sus lectores, que tuvieron ocasión de gozar con los divertidos artículos en los que Picadillo describía los suplicios que padeció en la clínica alemana.

Puga y Parga volvió con sus gorduras a La Coruña, donde fue primero concejal y luego alcalde. En agosto de 1917 dicen que actuó con gran tacto en la huelga de los poderosos sindicatos coruñeses, legó otro libro a la posteridad, *Mi historia política*, y se murió a los cuarenta y tres años, de una mala gripe, el 30 de septiembre de 1918.

Mirando el retrato don Manuel María Puga y Parga que cuelga de las paredes del palacio municipal de La Coruña, José Manuel Vilavella escribe en el prólogo de una de las ediciones de *Vigilia reservada*:

… nos mira a los ojos y nos dice que le gusta comer, que es uno de los nuestros, que tiene paladar, pero nos asegura que sus maneras son exquisitas, que tiene un espíritu delicado, que no es un ser glotón y excesivo, que jamás se degrada a sí mismo con un menú descomunal, que sabe contenerse a tiempo y decir ¡basta!, cuando concluye el postre y el camarero le trae un cafetito y un habano para terminar, como Dios manda que finalicen los refrigerios los caballeros. Don Manuel, no obstante, se quita kilos. Dice pesar 260 cuando en realidad pesa 275. Son coqueterías de dandi, mentirijillas que no le tenemos en cuenta.

DESFILES Y COLAS EN EL AÑO DE LA GRIPE Y EL HAMBRE

El fin de la Gran Guerra europea, en 1918, supuso para España un rudo golpe que afectó muy especialmente a las clases menos favorecidas, pero además fue el año de la llamada gripe española, la mayor pandemia mundial de todos los tiempos con un aterrador balance de entre cincuenta y cien millones de muertos. Pero hay que decir que, en realidad, el apelativo fue totalmente injusto y solo debido a que la prensa española, al no desarrollar su labor en el contexto de obligada y férrea censura que imperaba en los países beligerantes, pudo informar ampliamente sobre un asunto que los medios del mundo occidental callaban.

En España, la estadística oficial estimó la mortalidad debida a la gripe en unas 169.000 personas, pero las revisiones contemporáneas indican que la mortalidad directa e indirectamente relacionada con la gripe debió alcanzar la cifra de 260.000 personas, lo que supone prácticamente el 1,5% de la población total de España en 1918 -1919, y que supuso que la población de española tuviese un crecimiento neto negativo aquel año.

Y como las desgracias nunca vienen solas, la gripe llegó de la mano del hambre. Solana, en uno de sus aguantes referidos a los días de carnaval, evoca el panorama que ofrecía la plaza de Olavide:

…recordamos en estos jardinillos, alrededor de esta verja, una cola interminable de gente famélica y hambrienta que esperaba con la mayor paciencia y resignación desde las primeras horas de la tarde a la salida del sol, en que se abrían los puestos reguladores, para poder adquirir, en un precio un poco más barato, medio litro de aceite y unos cuantos puñados de judías y lentejas, mientras que de ellos se reían los tenderos y acaparadores, que cada vez elevaban más las mercancías. Esta cola la constituían en su mayoría un gran número de viejas y ancianos y niños pequeños, que mandaban con alcuzas y pucheros de su casa; algunas familias sacaban un colchón a la calle, donde se mezclaban para poder dormir esperando las horas interminables; y no faltaba entre estas colas el humorista que distraía el tiempo cantando y tocando la guitarra o diciendo chistes a sus compañeros de cola. Ese espectáculo bochornoso de la cola del hambre se presenciaba también en otras plazas y calles céntricas, y el paso de manifestaciones con carteles en los que se leía, en grandes letreros:

EL PUEBLO DE MADRID
PIDE QUE BAJEN LAS SUBSISTENCIAS
¡HAY HAMBRE!

Sigue el Carnaval y siguen las protestas: "El segundo día del Carnaval en la Castellana ha sido como de primavera, con sol espléndido, para contribuir a la animación; pero estropeó el lucimiento del festejo una manifestación, compuesta por muchos hombres vestidos de harapos y las barbas y el pelo muy crecidos, llevando a sus hijos de la mano, y sus mujeres enarbolaban un cartel con grandes letras que decían: "¡Menos farsa! ¡Tenemos hambre!   ¡Queremos pan!.

La pobreza y el hambre extremas hacen que las colas en los asilos y comedores de caridad se empiecen a formar con mayor grosor y longitud. Y nuevamente Solana sale a la palestra con un epígrafe que titula *La cola de la sopa* y en el que narra:

En los alrededores de los Asilos y Comedores de Caridad, estas casas bajas y tristes, de ladrillo; junto a las tapias, en las que hay encerrados árboles secos, se extienden una cola de hambrientos, con botes, escudillas y pucheros que esperan a que se abra la puerta para pasar al patio y recoger su ración; los que han cogido el primer puesto están resignados y juntos, mientras que otros se manifiestan y protestan, con el que tienen al lado, de la tardanza, y llaman fuerte con el palo a la puerta.

En las interminables colas se murmura y se extienden todo tipo de rumores. En el texto de Solana, tres mujeres comentan:

—¿Habéis oído hablar de la recogida de pobres? Ahora se han empeñado en que no pidamos por la calle y nos quieren recoger como a los perros laceros, para llevarlos al Depósito del Canal y asfixiarlos. El otro día cargaron los guardias en carros a unas cuantas ancianas, las recogían en brazos y las hacían subir, y no servían las protestas; yo vi unos cuantos carros llenos de mujeres. Y estas señoronas de la aristocracia que besan las correas a los frailes, nada más le dan dinero a ellos, que son unos sucios y pedigüeños, y las damas catequistas, para que nos den ropa, se las tiene que llevar primero el papel de haber comulgado, y para que no atendamos pidiendo por la calle, se reparten raciones en las parroquias; ayer estuve en el Patronato de enfermos de la calle de Santa Engracia; estaban allí doña Victoria y las Infantas, la Luisa y La Isabel, y unas cuantas viejas condesas; todas se habían puesto unos delantales blancos, como las criadas, y nos sirvieron muy mal la comida, pues se veía que andaban muy torpes y tardaban mucho, y luego no nos dieron ni gota de vino; los muchos curas que estaban con ellas no hacían más que mirarnos, para que no comiésemos con los dedos.

LAS COCINAS DE DOÑA EMILIA PARDO BAZÁN

Habíamos dejado hace nada a doña Emilia, escribiendo el prólogo al libro *La cocina práctica* del genial *Picadillo*, y hay que decir que en aquellas líneas ya apuntaba la futura condesa su inclinación hacia la literatura culinaria y gastronómica, con la siguiente sentencia:

Esto de la alimentación bien aderezada, sabrosa, incitante a gula, tiene la propiedad de concertar placeres, sumar voluntades, aunar votos (y no se refiere aquí a los que su paisano conseguía con peroles de patatas con bacalao, de los que se habló a propósito de las practicas electorales y caciquiles del "turnismo"). Las más enconadas banderías se reconcilian ante la olla, y no hay calmante como su vaho resucitador de muertos, que alegraba las pajarillas al escudero de Don Quijote en las radiantes bodas de Camacho el rico.

De estas propiedades deduce ya doña Emilia el interés de la literatura culinaria y gastronómica, a la que dedicará futuros esfuerzos:

Bien se puede sostener que es profundamente humana, de mayor contenido humano que ninguna(...), que arraiga en la apremiante, no interrumpida necesidad de nuestro pobre y poco espiritual organismo. Por comer se hacen cosas muy estupendas en este mundo de lodo, y para lo que se cometen inconmensurables iniquidades, se realizan trabajos hercúleos.

Y en este punto, entra, como no, una muestra de su adhesión a las propuestas técnicas de Zola, Dostoievski o Tolstoi, que en unas primeras etapas le acarrearon un sinfín de burlas y motejos de esnobismo y afrancesamiento:

Con más exactitud que definía Zola el conjunto de la sociedad humana, la definiríamos afirmando que nos parece como un inmenso estómago, cuyas vacuidades, desfallecimientos, repleciones, gastralgias, úlceras, son la oscilación misma de la energía social e individual, la clase de guerras, paces, alianzas, empresas, comercio, emigración; lo que con sonoro vocablo se llama historia, y que en plata no es sino la epopeya de Gaster, la gesta del estómago vencedor o vencido.

Emilia Pardo Bazán fue una avanzada a su tiempo y auténtica precursora en multitud de campos. Fue la primera mujer española que ocupó una cátedra universitaria (la de Literaturas Neolatinas, en la Universidad Central de Madrid, en 1916 y con la oposición de todo el claustro de profesores), la primera periodista profesional, divulgadora de los principios del Naturalismo en la pacata España decimonónica y punta de lanza del ideario feminista. Un feminismo que, más allá de su sólida formación (leía en latín, hablaba perfectamente francés y se defendía con soltura en inglés, alemán e italiano) le venía de cuna, porque siempre tuvo presente lo que su padre le había dicho un día de niña:

> Mira, hija mía, los hombres somos muy egoístas, y si te dicen alguna vez que hay cosas que pueden hacer los hombres y las mujeres no, di que es mentira, porque no puede haber dos morales para dos sexos.

Su proyección de futuro le llevó a escribir en 1904 que: "...el movimiento feminista es la única conquista totalmente pacífica que lleva trazas de obtener la humanidad". Pero fue más lejos, ya que en un contexto social teñido de sórdida moralina victoriana, osó escribir sobre la sexualidad de las mujeres y su derecho al deseo. Sus novelas irritaban a la sociedad bienpensante, y su vida, que frecuentemente traspasaba los límites de lo establecido como políticamente correcto, fue frecuente piedra de escándalo.

Prolífica autora, escribió docenas de novelas y centenares de cuentos y artículos periodísticos. De entre su extensísima obra cabe destacar las novelas *Pascual López*, *Viaje de novios*, *Los Pazos de Ulloa*, *La Madre Naturaleza*, *Morriña*, *Insolación*, *La piedra angular*, *Doña Milagros*, *La quimera* o *La sirena negra*; de sus libros de cuentos, *Cuentos de amor* y *Cuentos de Marineda*; entre sus ensayos, *La cuestión palpitante*, *La revolución y la novela en Rusia*, *Polémicas y estudios literarios* y *Literatura francesa moderna*.

Amante del buen comer y beber, en toda su obra abundan las descripciones minuciosas de comidas, banquetes y yantares diversos, que muy probablemente debieron ser autobiográficos en la mayoría de los casos.

Emilia Pardo Bazán, gran novelista y una avanzada de su tiempo en muchos aspectos, dedicó notables esfuerzos a la divulgación culinaria a través de sus relatos y muy específicamente en dos libros, *La cocina española antigua*, publicado en 1914, y *La cocina española moderna*, que apareció poco después.

En *Un viaje de novios* (1881), por ejemplo, relata un almuerzo en la fonda de la estación de Venta de Baños, importante nudo ferroviario de la época:

> Sentáronse a la mesa dispuesta para los viajeros, mesa trivial, sellada por la vulgar promiscuidad que en ella se establecía a todas horas; muy larga y cubierta de hule, cercada, como la gallina de sus polluelos, de otras mesitas chicas, con servicios de té, de café y de chocolate. Las tazas, vueltas boca abajo sobre los platillos, parecían esperar pacientes la mano piadosa que les restituyese su natural postura; los terrones de azúcar apilados en las salvillas de metal, remedaban materiales de construcción, bloques de mármol desbastados para algún palacio liliputiense. Las teteras presentaban el vientre reluciente y las jarras de la leche sacaban el hocico como niños malcriados. La monotonía del prologando salón abrumaba.

Y después de tan minuciosa y plástica descripción del local y su atrezzo, nos dice que les sirvieron lo que servían en todos y cada uno de los fondines españoles: sopa de hierbas, chuletas espabiladas, secos alones de pollo, algún pescado recalentado, delgadísimas lonchas de jamón frío, algo de queso y una pieza de fruta. Un ambiente y un menú que terminará contrastando fuertemente con lo que la pareja de novios vive y come en un restaurante a su llegada a París:

> Brillaban las copas, las garrafas, la salvilla, las vinagreras, el aro de plata del mostacero; los rábanos, nadando en fina concha de porcelana, parecían capullos de rosa; el lenguado frito presentaba su dorado lomo, donde se destacaba el oro pálido de las ruedas de limón, y el verde chamuscado de las ramas de perejil; los bisteques reposaban sangrientos en lago de líquida manteca, y en las transparentes copas de muselina destellaba el intenso granate del Borgoña y el rubio topacio de Château-Iquen.

Otro ejemplo de apunte gastronómico en la novelística de la Pardo Bazán lo encontramos en *Insolación* (1889), donde, además de brindarnos otros muchos recados culinarios, doña Emilia nos explica los lugares donde entonces se podía comer en Madrid:

Se puede almorzar en un buen "restaurant" o en cafés finos; pero eso es echar un pregón para que te vean. Se puede ir a un colado de los barrios o a una pastelería decente y escondida, pero no hay cuartos aparte; tendrías que almorzar en pública subasta, a la vera de alguna chulapa o de algún torero. Fondas ya supondrás… No quedan sino las Ventas o el puente de Vallecas, Creo que las Ventas es más bonito.

Por último, aunque su extensión es sin duda notable, merece la pena entrar en el texto de un cuento, *Banquete de boda*, publicado en su obra *Cuentos escogidos* (1891), donde se pormenoriza el ambiente y el condumio de un banquete nupcial celebrado en Madrid en las postrimerías del siglo XIX:

La hora señalada para la comida de bodas era la de las tres: don Elías vivía a la antigua española. Nos introdujeron en una sala anticuada, con sillería de marchito color, en que cuadros de santos se mezclaban con oleografías de pésimo gusto. Éramos, con los de la casa, quince o veinte personas las que debíamos disfrutar del banquete (...) Una maritornes sucia, de arremangados brazos, anunció en voz destemplada que estaba "la comida lista"; y don Elías nos enseñó a empellones el camino del comedor. "Nada de cumplimientos —chillaba el cetáceo— ya saben ustedes que esa palabra significa cumplo y miento". Porque cedí el paso a una señora, me llamaron señorito almidonado. Sentámonos a la mesa en tropel, y aquel desorden hizo que me colocase enfrente de la novia y pudiese estudiar con afán su rostro; pero nada advertí en él, más que el sencillo regocijo de una chiquilla salida del convento y que se divierte con el barullo y la novedad de la situación.

La comida era espantosa en su abundancia y en su pesadez: un pecado de gula colectivo. La hermana de don Elías, la de la bocaza sepulcral, sentada a mi lado, me hacía cucamonas aborrecibles, empezando por destapar un soperón ciclópeo, y echarme en el plato una cascada de tallarines humeantes y calientes como plomo derretido. El cocido le fue en zaga a la sopa: cada fuente encerraba una montaña de chorizos, patatas y garbanzos, libras de tocino, una costilla salada, y obra de dos rabos de cerdo.

Mis esfuerzos para abstenerse fueron inútiles: la terrible solterona, consagrada, según decía, "a cuidarme", notó que me faltaban garbanzos, que estaba privado de tocino, y que nadie más desprovisto de carne que yo, y remedió al punto estas faltas. Cuando uno es muchacho padece de raras aprensiones: cree que tiene que hacer el gusto a los demás, y no el propio. Obedecí a la arpía, y comprendiendo que me envenenaba, comí de aquellas porquerías grasientas. Era el tonel de las Danaides; cuanto más tragaba, más me ponía en el plato. Apenas me descuidaba veía venir por el aire una mano seca y rigurosa, y me llovía en el plato una media morcilla o un torrezno gordo. Y lo que acrecentaba mi indignación hasta convertirla en furor, era ver a la novia, la del rostro angelical, la de los ojos de luz y zafiro, comer con excelente apetito, y escoger con refinada golosina los mejores bocados. Onzas de sangre daría yo porque apareciese desganada y meditabunda. ¡Desganada! ¡A buena parte! Recuerdo que al ofrecerla su marido un platazo de aceitunas, exclamó hecha unas castañuelas, de vivaracha: "¡Ay, cómo me gustan! Y en el convento, espérate por ellas...".

Después de los innumerables principios, todavía trajeron un tostón o marranilla y un pavo relleno, de inmensa pechuga, tersa como el parche de un tambor, un pavo que me pareció la cría de un elefante. Destaparon el champagne, de pésima calidad, pero suficiente para alborotar las cabezas, y por primera vez oí reír alto a la novia, con risa cristalina, impulsiva, pueril, que a poco me arranca lágrimas... Sí; entre el calor, el vaho de la comida y el drama que se representaba en mi imaginación, declaro que estuve a pique de soltar el trapo allí mismo. El novio se había retirado a aflojarse los tirantes y volvía a la mesa hecho una fiera de puro feo, con el cogote rollizo, el rostro apopléjico y los ojos inyectados. Era el instante en que las chanzas del gracioso de oficio adquirían subido color; en que las señoritas y señoras, sofocadas, se abanicaban con periódicos, y en que empezaban a desfilar con los postres los licores —noyó, naranja, kummel y "perfecto amor"—. De este último quiso el gracioso escanciase el novio una copa a la novia, y aprovechando la algazara formidable que armó esta ocurrencia, yo me levanté, me deslicé hasta la puerta sin ser visto, salvé la antesala, salté a la escalera, bajé disparado y me encontré en la calle, respirando por primera vez desde tantas horas.

Además de a la buena "mantenencia", también fue amante doña Emilia de la otra cosa que mueve al mundo según el Arcipreste de Hita. A partir de 1889, tras unos pocos años separada amistosa y discretamente de su marido, con el que había tenido tres hijos, doña Emilia inició una relación amistosa y amorosa con Benito Pérez Galdós, que se mantendría oculta durante décadas y que saldría a la luz con la publicación de una parte del epistolario cruzado por la pareja. Es una relación que armoniza sensualidad y espiritualidad. En una carta, doña Emilia, que suele prodigar para su amado expresiones como "miquiño", "ratoncito" o "vidita", le escribe:

> …rabio por echarte la vista encima y los brazos y el cuerpote todo. Te aplastaré. Después hablaremos tan dulcemente de literatura y de academia y de tonterías. ¿Pero antes te morderé un carrillito?

Parece que la pareja funciona a la perfección en el lecho y en la charla sosegada, pero la relación es abierta. Ella se arrebata durante unos días con el editor de la revista en la que colabora, Lázaro Galdiano, durante su estancia en el balneario de Arenys de Mar, y no tarda en confesarse con su amigo y amante más sólido: "De mis picardías, ¿qué quieres que te diga? Tú eres más indulgente para ellas que yo misma". Por su parte, Galdós tiene mantenidas estables y queridas ocasionales, que la Pardo acepta a regañadientes, pero invocando límites intelectuales:

> No deseo ciertamente que me hagas una infidelidad, pero aún concibo menos que te eches una amiga espiritual, a quien cuentes tus argumentos de novelas. ¿A que esto es imposible?, ¿verdad mi alma que es imposible?

En 1914 Emilia Pardo Bazán publica *La cocina española antigua*, a la que no tardará en seguir *La cocina española moderna*. El gran interés de estas obras, independientemente de su indudable valor como recetarios, radica, de un lado, en la teorización de la cocina y la gastronomía como elementos trascendentales de la cultura, de la identidad y la idiosincrasia de un pueblo, y de otro, en la defensa, desapasionada, pero brillante y lúcida, de los valores intrínsecos de la cocina nacional, en su momento desacreditada ante el soberbio empuje de la culinaria francesa.

Respecto al primer punto, en el prólogo de *La cocina antigua*, escribe:

> La cocina, es en mi entender, uno de los documentos etnográficos importantes (...) Cada época de la Historia modifica el fogón, y cada pueblo come según su alma, antes tal vez que según su estómago. Hay platos de nuestra cocina nacional que no son menos curiosos ni menos históricos que una medalla, un arma o un sepulcro.

En cuanto al segundo punto, y en la misma obra, argumenta:

> Si hay que dar sentencia en el eterno pleito entre la cocina española y la francesa, o, por mejor decir, la europea, opino que la comida es buena siempre cuando reúne las tres excelencias de la del caballero del Verde Gabán. Limpia, abundante y sabrosa (...) Cada nación tiene el deber de conservar lo que la diferencia, lo que forma parte de su ser peculiar. Bien está que sepamos guisar a la francesa, a la italiana, y hasta a la rusa y a la china, pero la base de nuestra mesa, por ley natural, tiene que reincidir en lo español"; algo sobre lo que vuelve a incidir en La cocina española moderna, explicando: "Por la misma razón, repugnándome mucho las palabras extranjeras cuando tenemos otras castizas con que reemplazarlas, al no encontrar modo de expresar en castellano lo que todo el mundo dice en francés o inglés, he debido resignarme a emplear algunos vocablos de cocina ya corrientes, como gratin y bechamela, poco genuinos, pero que

no he hallado manera de sustituir. Si doy la receta de un lenguado "al pegue" ¿alguien me entenderá?

Otro de los méritos, y no es poco, de la obra culinaria de la Pardo Bazán, es que en ella figura escrita por primera vez la receta de la fabada asturiana.

En los albores del siglo XX la fabada era aún gran desconocida y ausente de los recetarios nacionales y aún de los asturianos. Prueba de ello son la nula mención en sus escritos del muy ilustrado gijonés Gaspar Melchor de Jovellanos y la no presencia en la larga obra novelística del mayor escritor asturiano, Leopoldo Alas, *Clarín*. Aún en un recetario anónimo y escrito a mano, que su autora mandó encuadernar en 1874, y que felizmente fue recuperado por la Biblioteca asturiana del Padre Patac, la fabada brilla por su ausencia. Parece que la primera referencia escrita es un anuncio publicado en el diario *El Comercio*, de Gijón, en 1884. Con motivo de la romería de Granda, una tal Justa la Bartola ofrece genuina fabada para que: *"... los deseos del público tengan cumplida satisfacción"*. Claro que una cosa es un nombre y otra quizá bien distinta una receta que se corresponda con el plato, y tal cosa no ocurrió hasta que la condesa de Pardo Bazán dio a la imprenta su libro *La cocina antigua*.

LA COCINA EN LA OBRA DEL AMOR DE LA DOÑA

El amor de largo más largo de doña Emilia Pardo Bazán, Benito Pérez Galdós, fue también un muy aficionado a las artes culinarias. Aunque al respecto no escribiera algo específico, como ella, su obra literaria está plagada de referencias al yantar.

En *Las novelas de Torquemada*, que se publican entre 1885 y 1895, uno de los personajes, Fidela del Águila, probablemente poniendo voz al autor, dice que: "...el arte culinario paréceme un arte digno el mayor respeto, y que debe estudiarse por principios y practicarse con seriedad". Además, para describir al protagonista de esta saga de relatos, Galdós utiliza una casi transcripción de la fórmula que Cervantes inventa y recrea en el segundo párrafo de la monumental obra para explicar quien es el protagonista del Quijote:

> ...en la comida había menos carnero que vaca y los domingos se añadía al cocido un despojito de gallina; que aquellos de judías a todo pasto y algunos días pan seco y salchicha cruda fue pasando a la historia; que el estofado de contra apareció en determinadas fechas por las noches, y también pescado, sobre todo en tiempo de blandura, que iban baratos; que se iniciaron en aquella mesa las chuletas de ternera y la cabeza de cerdo, salada en casa por el propio Torquemada, el cual era famoso salador.

Ni qué decir tiene que en este último párrafo vuelve don Benito a homenajear con un guiño cómplice al maestro Cervantes, quien hace que de entre todas las virtudes que Don Quijote encuentra en su amada Dulcinea del Toboso, resalte la gracia y habilidad de sus manos para salar puercos.

Don Benito, que fue tildado de "garbancero" por alguno de sus coetáneos, fue ardiente defensor de la cocina española tradicional y castiza, frente al afrancesamiento generalizado que se constataba en las mesas de la nobleza y de la burguesía de su tiempo. Esto aparece con nitidez en varias de sus obras, pero se explicita de manera especial en *El amigo manso* (1882):

> Las buenas comidas y los platos selectos de la mesa de mi hermano llegaron a empalagarme, y como transcurrían las semanas enteras sin que pudiera librarme de comer allá, concluí por echar de menos mi habitual mesa humilde y el manjar preferente de ella, los garbanzos, que para mí, como he dicho antes, no tienen sustitución posible. El apetito de aquella legumbre me fue ganando, y llegó a ser irresistible. Estaba yo como el fumador vicioso, cuando por mucho tiempo se ve privado del tabaco. Siempre que pasaba por la Corredera de San Pablo y por la tienda de la

que soy parroquiano, titulada "La aduana de los comestibles", se me iban los ojos al gran saco de garbanzos colocado en la puerta, y no por verlos crudos se me antojaban menos sabrosos. No pudiendo refrenar más mi deseo, resistirme un día a comer con Lica, y previne a Petra que me pusiera el cocido de reglamento. No tengo más que decir sino que me desquité bárbaramente de la privación que había sufrido.

Evidentemente, parecen muchas las concomitancias entre aquel momento gastronómico y el actual, en ciertos sectores caracterizado por la imposición en gusto hacia lo molecular y tecnoemocional. También cita Galdós el abandono de la cocina nacional por parte de las clases altas en *Lo prohibido* (1884-1885), explicando sobre unos de sus personajes, que:

De su mesa había desterrado paulatinamente los asados en cazuela, los salmorejos, las paellas y otros platos castizos, y por fin, introdujo en la casa, con carácter de temporero, más con idea de que fuese de plantilla, a uno de los mejores mozos de comedor que había en Madrid.

La misma temática aparece en uno de los Episodios Nacionales, *O'Donnell*, donde transita un personaje, Guisando, que se revela defensor del cambio en el gusto culinario y ardiente afrancesado a la mesa, quien le explica a su amigo Ferruggia:

Las sopas caldudas y grasas pasaron a la historia. Ya que usted se propone enseñar a los españoles a comer, trate de propagar, de popularizar los "consomés" finos, tan sustanciosos como transparente (...) le propuse para esta interesante comida el "Consommé à la crême de faisan,", que es delicioso, verdaderamente delicioso.

Más adelante detalla un menú, que, como dice José Esteban:

...no tiene, para nuestro objeto, desperdicio, y que, entre otras lindezas dice: "Sirvieron pastelitos de *foie-grass* (...) después un plato de pescado que Guisando tradujo al francés: *Turbot boullí et garní, avec sauce Colbert*, y, entre tanto, los cuatros comensales apuraron el tema de si saben o no comer los españoles.

La dichosa cena sigue con sutilezas del tipo *concombres farcis à la demiglace* o *Chapon à la financière*, pero, como contrapunto, en otro de los Episodios, *La primera República*, asistimos a una cena castiza en la taberna de Juan Miembro de la calle de Los Negros, de muy distinto porte y factura: "Nuestra cena fue sopas de ajo, "batallón", escabeche en ensalada y morapio sin tasa". Hay que decir que este "batallón" que se menciona era el almuerzo en forma de rancho cuartelero que se servía en algunas casas de huéspedes y tabernas castizas, y que como fórmula se apañaba con media libra de carne o bacalao de ínfima calidad, del llamado "de perro", dos onzas de aceite, ajos y cebollas, pimentón y cuatro libras de patatas, con el que el vulgo suponía que se podía dar de comer decentemente a diez personas y que todavía sobrara algo para que lo catara el aguador.

En *El doctor Centeno* (1883), Galdós nos introduce en dos de las novedades de la mesa de su época: el aperitivo de mantequilla con rabanitos, que se mantuvo en los restaurantes medio y pequeño burgueses madrileños hasta los años setenta del pasado siglo, y la aparición del sorbete como golosina. Respecto al primer detalle, en la citada novela relata una comida en una fonda de la calle del Carmen, muy próxima a la Puerta del Sol:

> Pidió dos cubiertos de los más caros, y, mientras preparaban el servicio, Felipe se iba atracando con la vista. Algo había ya en la mesa a que hubiera echado mano, como las ruedas de salchichón, los rabanitos, el pan y la mantequilla, pero su respeto puso freno al salvaje apetito.

En cuanto a los sorbetes, que eran zumos de fruta con azúcar, que se servían helados y con copete, el más popular fue el de mantecado, y de estos, los más afamados fueron sin duda los que

El novelista canario Benito Pérez Galdós escribió mucho sobre culinaria
y gastronomía en sus obras, y además fue un decidido defensor de la cocina española
tradicional y castiza frente al afrancesamiento generalizado que se constataba en las
mesas de la nobleza y de la burguesía de su tiempo.

servían en el Café Pombo, que estuvo en la calle de Carretas
esquina al Callejón de San Ricardo.

También nos informa Galdós en su *Episodios* de la intendencia culinaria de algunos ejércitos durante las guerras carlistas. Así,
por ejemplo, cuenta el sustento cotidiano del protagonista en el
pueblo de Allo, Navarra:

> Muy temprano me servían el desayuno: sopas de sartén con torreznos. A
> las diez, me regalaban con media "pinta" de vino y una escudilla de aceitu-
> nas. Al filo de las doce ya estaba en la mesa la sacramental sopa de ajo,
> después el riquísimo "Chilindrón", un guiso de cordero con "pementoni-
> cos de cuerno de cabra", luego las magras con tomate, y de postre los blan-
> dos roscos y el mostillo dulzón.

La cena tampoco era cosa baladí:

> ...empezaba con una ensalada al uso navarro; seguía el abadejo en ajo arriero, y el lomo con "pementones" picantes. Y vengan pintas y más pintas para remojar y reblandecer el suculento comistraje, que terminaba con gran acopio de frutas secas y del tiempo.

Benito Pérez Galdós, como su amada Emilia Pardo Bazán, fue singular aficionado a partes casi iguales de los placeres de la mesa y de los del lecho. Jamás renunció a los sabores de la cocina canaria y en su casa madrileña nunca faltó el gofio de millo, los bizcochos ilustrados de Tamaraceite, la carne de cerdo salada, los queso curados y picones de la tierra, los higos pasados herreños, las morcillas viejas secas, que él mismo preparaba fritas, con arroz blanco y salsa de tomate, el licor de guindas, los bienmesabes, los crocantes de almendras y azúcar quemada... Solterón empedernido, además de una larga relación con la condesa, fue mujeriego contumaz, sostuvo a varias mujeres con las que tuvo algunos hijos, y fue protagonista de un sinnúmero de aventuras galantes con damas de toda laya, entre las que cabria destacar la de Lorenza Cobián, modelo de pintor asturiana y analfabeta, a la que también puso piso y con la que se relacionaba haciéndose llamar Sisebuto como aquel conde del poema de Joaquín Abatí, algo feudal y algo bruto, casado con Leonor, padre de Sindulfo y de la Pepa, hermano de Berenguela y sobrino nieto de una señora que atendía por Mariana.

BARDAJÍ, EL PRECURSOR DE LA COCINA ESPAÑOLA MODERNA

No son pocos los que así consideran a Teodoro Bardají Mas, autor de *Índice culinario*, libro publicado en 1915, justo un año después que *La cocina española antigua* de la Pardo Bazán, y que

El oscense Teodoro Bardají Mas, llamado "el Escoffier español", por su interés y
capacidad para recuperar recetas antiguas, renovándolas y adaptándolas al gusto de su
tiempo, en 1915 publicó un libro, *Índice culinario*, de enorme interés
y larga influencia como manual teórico y práctico de cocina.

fue manual fundamental en el uso de la cocina doméstica de la burguesía española hasta los años sesenta del siglo XX.

Hijo de pastelero, Bardají nació el 16 de mayo de 1882 en Binéfar, Huesca, y desde muy jovencito empezó a servir en la casa madrileña de los duques del Infantado, para continuar su aprendizaje, primero como aprendiz y más tarde como oficial, en la pastelería La Mallorquina. De allí pasó a ser ayudante en el hotel *La Paix* y en los clubes privados de la *Gran Peña*, el *Casino de Madrid* y el *Nuevo Club*. Cuando consideró que aquella etapa estaba prácticamente cerrada, marchó a París, donde aprendió rápidamente el idioma y los fundamentos de la culinaria que allí se estaba desarrollando.

De vuelta a España, trabajó en el Balneario de Panticosa y formó parte de la brigada de cocineros del Real Palacio de Madrid, en la época que se proclamó rey Alfonso XIII. Durante la exposición hispanofrancesa de Zaragoza de 1908 dirigió la cocina del Hotel Europa.

De esta época son dos citas que chocan por su rabiosa actualidad. La primera sostiene:

> Verdaderamente todo ha evolucionado, el artista culinario es más cocinero que artífice. El arte culinario se divorció de la escultura y la talla para unirse en simpática atracción con la química y la medicina que son hoy sus más amadas auxiliares". Y después nos dice: "El verdadero cocinero analiza, descompone, estudia las materias que integran cada sustancia alimenticia, para conocer a fondo su composición y saber científico y seguramente de qué mezclas es susceptible, y cuáles son los elementos que avaloran un condimento sin perjudicar sus cualidades nutritivas y digestivas.

Era aquel un tiempo de predominio total, casi tiránico, de la cocina francesa, y Bardají, aunque conocía y practicaba a la perfección sus bases, no dejó nunca de recopilar una ingente cantidad de recetas de cocina regional española, porque, aún respetando la grandeza de la coquinaria gala, rechazaba el afrancesamiento extremo y defendía con vigor la riqueza de la cocina española.

Se le llamó el "Escoffier español", por su capacidad para recuperar recetas antiguas, renovándolas y adaptándolas al gusto de su tiempo.

Tras el *Índice culinario*, publicó, en 1928, *La Salsa Mahonesa*, donde planteó una curiosa tesis sobre el origen de la salsa, situándolo, a su juicio sin la menor duda, en Mahón; *La Cocina de Ellas*, en 1935, considerada como su obra maestra; y, esta ya en 1944, *Cocina para Fiestas*.

COMER DE HOTEL Y OTROS HITOS GASTRONÓMICOS

En los días de la boda de Alfonso XIII, en 1906, Madrid solo contaba con seis hoteles de escaso medio pelo, *Los Cisnes*, *Barcelona*, *Madrid*, *Embajadores*, *Victoria* y *Europa*, y uno solo de cierto nivel, el *París*, situado en la Puerta del Sol, entre la calle de Alcalá y la Carrera de San Jerónimo, por lo que buena parte de los invitados hubo de alojarse en palacios como el de Viana, el de la Infanta Isabel, el de Liria, el de los marqueses de Denia y el de los duques de Bailén, y en varias residencias privadas. Esta fue una de las razones que impulsaron al monarca a promover la construcción de una infraestructura hotelera que estuviera en cierta consonancia con la de otras capitales de Europa.

Aunque en 1908 se había abierto ya el *Gran Hotel de Arenal*, los años 1910 y 1912 son los testigos capitales del gran acontecimiento que supuso para Madrid la inauguración consecutiva y respectivamente de los hoteles *Ritz* y *Palace*. El primero, fue encargado al arquitecto Luis Landecho, que lo realizó, en exterior e interior, al más puro estilo francés, y ricamente adornado con medallones, guirnaldas, pilastras, torreones con cúpulas en las esquinas y un jardín frente al chaflán. Por su parte, el *Palace*, resultó fruto de una iniciativa del marqués de Vega-Inclán, enton-

La inauguración en Madrid de los hoteles *Ritz*, en 1910, y *Palace*, en 1912, vino a representar una gran convulsión en los usos y costumbres gastronómicas capitalinas, pronto se erigieron en auténticas escuelas de hostelería, y pusieron de moda el "comer de hotel".

ces comisario de Turismo, quien logró convencer al empresario hotelero belga Georges Marquet para que invirtiera en las instalaciones la fabulosa suma de dinero que había ganado en la ruleta el Casino de San Sebastián. El edificio, cuyo diseño fue encargado a los arquitectos León Monnover y Eduardo Ferrés Puig, de estilo franco-belga, fue el primero en España en que se empleó hormigón armado para la estructura. La fachada, de blanco inmaculado, se decoró primorosamente con estucos, guirnaldas y mansardas.

Independientemente del gran impulso a la infraestructura de alojamiento que representó la inauguración de estos dos hoteles, su apertura vendría a suponer una verdadera convulsión en la oferta gastronómica capitalina. En *Historias de Madrid*, el sabio Gonzalo Sol relata así el momento:

> ...sus cocinas adquirieron enseguida una justificada fama de gran calidad,
>
> al tiempo que, de hecho, se constituyeron en auténticas escuelas de hoste-

lería de las que salieron directores, cocineros y empresarios que determinaron buena parte de la historia gastronómica madrileña.

Además, ambos establecimientos hoteleros, ponen de moda la llamada "hora del vermut", que se solía servir con el último grito de los aperitivos de entonces: aceitunas rellenas de anchoa.

Y MÁS LOCALES

Cinco años después de la inauguración del *Palace* abre sus puertas otro local, *Casa Ciriaco*, en el 84 de la calle Mayor, justo al lado de la pensión desde donde se atentó contra Alfonso XIII y Victoria Eugenia, llamado a convertirse en algo muy especial. Tal y como señala otro sabio de lo coquinario, Lorenzo Díaz:

> …paradigma del restaurante donde predomina la buena cocina casera y tertulia que reúne a notables del periodismo, mundo taurino y político.

Unos años más tarde, en 1922, se produce otro acontecimiento de similares características y efectos, con la inauguración del restaurante *Jai-Alai*, instalado en el recinto del frontón del mismo nombre y regentado por la familia Bustingorri. Hecho del que de nuevo da cuenta Gonzalo Sol:

> …fueron ellos los que probablemente dieron a conocer a los madrileños cosas tan comunes hoy, tan importantes y sabrosas siempre, como las alubias rojas, las setas, los chipirones, el changurro, las angulas, las cocochas, el bacalao al pil-pil y un sinfín más de platos y productos; igualmente impulsaron la afición por acudir al restaurante, costumbre que, por entonces, empieza extenderse más entre las familias de la burguesía madrileña.

TRES LUMINARIAS GASTRONÓMICAS BARCELONESAS

Justo un año después de la subida al trono de Alfonso XII, en 1903, los hermanos franceses Pompidor abrieron un restaurante histórico y evocador del que con el mismo nombre fue considerado como el mejor de la capital de Francia en el Segundo Imperio, el *Maison Dorée*, ubicado dentro de un conglomerado de locales situados en la Plaza de Cataluña, entre los que también figuraban el famoso café *El Continental* y la cervecería *Munich*.

Sobre el *Maison Dorée* escribe lo siguiente el periodista gastronómico Carlos Azcoytia:

> Este establecimiento barcelonés tuvo al gran chef Blancher en la dirección de su cocina y que hizo famosos sus macarrones a la italiana, que estaban aromatizados con trufas, tal y como lo exigía en Francia el comilón compositor de ópera Gioacchino Rossini.
>
> El cubierto de sus primeros años, que constaba de cuatro entradas, costaba un duro (cinco pesetas) y del que han quedado referencias de ser pantagruélico. En sus salones se celebraron fiestas y fue lugar de tertulias y donde concurrieron personalidades tales como Santiago Rusiñol, el arquitecto Puig i Cadafalch, Isidoro Nonell, Ramón Casas y un largo etcétera.

Añade Néstor Luján que este local fue centro de la vida social barcelonesa, donde se celebraban fiestas y se aposentaban tertulias:

> …establecimiento de reunión familiar donde un feliz día, en un alarde de britanización, apareció este anuncio: "Five o'clock tea a las siete de la tarde.

Otro hito de la restauración barcelonesa de principios de siglo fue *Can Pinsa*, regentado por el matrimonio francés Pince, primero en la calle Fernando y luego en Raurich, y animado en su oferta por un excelente chef llamado Jordi. Como dato curioso,

En 1903 abrió sus puertas el restaurante barcelonés la *Maison Dorée*, un local muy al estilo francés en el que su chef Blancher no tardó en hacer famosos sus "Macarrones a la italiana", elaborados al gusto del gran compositor y notable *gourmand*, Gioacchino Rossini.

hay que señalar que en uno de los salones de Can Pinsa, en el transcurso de un banquete y en la primavera de 1902, murió de un ataque al corazón el famoso doctor Bartomeu Robert, quien, además de haber sido alcalde de Barcelona, presidente del Ateneo, de la Sociedad Amigos del País y de la Liga Regionalista, fue el médico que asistió al rey Alfonso XII en sus últimos días.

El tercero de los restaurantes que ha pasado a la historia de aquellos primeros albores del siglo fue el *Martín*, al que los barceloneses rebautizaron como *Can Marten*, y que estaba situado frente al Liceo, en el número 5 de la Rambla del Centro. A este mítico local se refiere el escritor Josep María Segarra en sus inacabadas *Memorias*, para dar cuenta de lo acontecido durante la cena de los Juegos Florales de 1912:

El viejo Martín sirvió platos dignísimos, en auténtica vajilla de Limoges y en aquel local que tenía un no se qué de fonda de sisos (taberna barata, llamada de seises por ser ese, en cuartos, el precio más corriente), pero con paredes adornadas con damascos rojos y molduras doradas; y también tenía un no se qué de cosa ligeramente clandestina o ligeramente turbia, evocadora de las comilonas ochocentistas con las sopranos entradas en carnes que dibujaba Pedró y los propietarios del Liceo que parecían un ataúd, pero que no hacían ningún cumplido cuando llegaba la hora de hacer el salto del tigre. Cuando pienso en el comedor de Can Martín, sin poder remediarlo me vienen ganas de llorar.

Entre los platos que hicieron historia en el *Can Marten* de aquel tiempo destacan los Mamelotes de anguilas, los Gigots de rosada y las Grillades.

Pero, y como cuenta de nuevo Carlos Azcoytia:

La gran noche de Can Marten fue sin duda la del 31 de diciembre de 1913, cuando se estrenó Parsifal de Richard Wagner en el Liceo barcelonés. Comenzó la representación a las diez de la noche, al concluir el primer acto se procedió a un descanso de hora y media, que fue aprovechado por los espectadores, la flor y nata de la sociedad barcelonesa, para cenar en este restaurante, después continuó la ópera, la cual terminó a las cinco de la mañana, todo un record.

SALVAT-PAPASSEIT, EL POETA ELÉCTRICO

Si hubo un poeta inspirado por la electricidad, ese fue el catalán Joan Salvat-Papasseit. Anarquista, radical e independentista, en 1911, junto a varios amigos, constituyó el *Grup Antiflamenquista Pro-Cultura*, y en 1914 empezó a trabajar en la redacción de la revista anarquista *Los Miserables*, al tiempo que desarrollaba la labor de bibliotecario en el *Ateneu Enciclopèdic Popular*. Tres años más tarde comienza la publicación de sus aforismos en la revista *Un enemic del Poble*, debuta como crítico de arte en la revista *Vell i Nou*, y empieza a relacionarse con la flor y nata de la poesía catalana del momento.

La electricidad fue fuente de inspiración de primera magnitud para el poeta catalán Joan Salvat-Papasseit. Además de publicar un poemario con el título *Poemes en ondes hertzianes*, fue el editor de la revista *Arc Voltaic*, de la que no salió a la calle más que el primer número.

A finales de 1917 publica su primer poema, *Columna vertebral: Sageta de foc*, y un año después se aventura en la edición de la revista *Arc-Voltaic*, de la que no saldrá a la calle más que un número, pero que representara todo un hito histórico literario, tanto por sus influencias futuristas como por la difusión en clave poética de la energía que emerge y se consolida en el país. Como fruto de esa fascinación por la electricidad, en 1919, da la imprenta su primer poemario, *Poemes en ondes hertzianes*, que recoge versos escritos desde 1917.

La electricidad es la fuente de inspiración, pero esta se concreta con frecuencia en los nuevos tranvías que en Barcelona han sustituido a los tiros de mulas. Así y por ejemplo en el titulado *54045*, precisamente el número del tranvía de la línea *Arco de Triunfo* que suele tomar, comienza sus versos de esta forma:

La dinamo turgent mou els príapo de foc
en CIRCUMVAL.LACIÓ

No he vist més majestad que en lo stylo de foc
TROLEY   TROLEY   TROLEY

(La dinamo turgente mueve los príapos de fuego/ en CIRCUNVALA-
CIÓN/ no he visto más majestad que en la estilo de fuego/ TROLEY
TROLEY   TROLEY).

Otro poema que tiene como escenario el tranvía eléctrico es
ENCARA EL TRAM (TODAVÍA EL TRANVÍA), que se inicia así:

Noia del tram, tens l'esguard en el llibre
i els full s'irisa
en veure's cobejat.
I el cobrador s'intriga si giraràs el full:
sols per veure't els ulls!

(Chica del tranvía, tienes la mirada en el libro/ y la hoja se irisa/ al verse
codiciada./ Y el cobrador se intriga/ pensando si volverás la hoja/ solo por
verte los ojos).

UN REAL E INTERNACIONAL COCIDO

El plato con el que quedará asociado para siempre el rey
Alfonso XIII es el cocido madrileño, aunque en su calidad de
heredero de la milenaria adafina judía, resulta de todo punto
imposible precisar el nacimiento del castizo plato. Por otra parte,
esta variante de puchero genuinamente español y madrileño en su
versión fetén, con denominación de "coci" o "piri", ha sido desde
hace siglos el plato preferido de un sinfín de reyes, nobles y gente
de toda laya y condición, de manera que asociarlo a alguien en

particular no deja de ser una caprichosa opción. No obstante, si alguien se distinguió por sacarlo del límite de las fronteras españolas, situándolo en la palestra internacional, fue el rey Alfonso XIII. Fue a la esposa del embajador norteamericano en Madrid a quien se le ocurrió pedirle al monarca la receta genuina del cocido, para darla a conocer en su país. Alfonso XIII dictó el texto, quizá con alguna ayuda, y se lo hizo llegar a la dama, quien, a su vez, la envió por cable a Washington. La real receta se incluyó en el monumental libro de cocina que editó el club *Congresional Cook*. Tras la publicación del texto, la fórmula culinaria se difundió a nivel nacional por la emisora de radio WRC.

Y hay que decir que, en aquellos años, si aceptamos como buena la palabra de Josep Pla, testigo de ocasión del evento, el ritual del cocido había tomado en Madrid una carta de naturaleza que hoy podría antojársenos bastante preocupante en cuanto a la igualdad y el respeto de género, porque cuenta el escritor ampurdanés que una tarde, y estando en un restorán de los de moda, escuchó a un conocido poeta explicarle a sus amigos que:

> …los maridos que matan a sus esposas lo hacen porque no han encontrado el "cocido" en al mesa a la hora en punto.

Y oído lo cual, Pla, trasladándose mentalmente a su querida Barcelona, determina y concluye:

> No se pude jugar con este aspecto de la mentalidad peninsular, que es tal vez el más peligroso. Imaginaba (...) el escándalo horroroso que harán cuando lleguen a casa algunos caballeros que ahora pasan a mi lado correctos, elegantes y razonables, y que harán los correspondientes caballeros que pasean a esta hora por el paseo de Gracia, si al llegar a casa encuentra que el arroz no está en su punto. La clave de estos hechos escandalosos radica probablemente en la fuerza de la tradición, endurecida, quizá, por el estreñimiento. Este último hecho, dicen los médicos, explica muchos misterios de nuestra psicología colectiva. Tal vez sea cierto.

OTRA GUERRA COCHAMBROSA Y ESTA VEZ CONTRA MARRUECOS

Recién iniciado el siglo XX, Francia llegó a un acuerdo con Inglaterra para repartir mutuas influencias en África, asegurándoles a los británicos plena influencia en Egipto y reservándose lo propio en Marruecos, aunque con ciertas concesiones a España.

En noviembre de 1906, una conferencia internacional reunida en Algeciras aprobó la acción de Francia, durante cinco años, en los puertos de Mogador, Safi, Mazagán y Rabat, mientras que a España se le adjudicaban iguales prerrogativas sobre Tetuán y Larache, y, a ambos países, una representación conjunta en Tánger y Casablanca. Pero la presencia francesa en Fez provocó una inmediata reacción de Alemania, obligando a una nueva reunión que concluiría en la firma del tratado de noviembre de 1911, en que a Francia se concedían plenos derechos sobre Marruecos a cambio de las concesiones que Alemania consiguió en los ríos Congo y Ubangui. Un año después, en noviembre de 1912, Francia firmó con España la constitución formal del protectorado español sobre una zona de Marruecos que había venido siendo objeto de litigio desde la primera conferencia internacional de 1906.

Sin embargo, los problemas de España en Marruecos no se inician con la constitución del protectorado, sino que vienen de años atrás.

En 1908 el gobierno español había ocupado terrenos al este de Melilla para iniciar la construcción de una línea de ferrocarril desde las minas de hierro de Desula hasta el litoral, y las obras sublevaron a los indígenas de la región del Rif. La respuesta de la metrópoli se concretó en campañas militares que, a partir de 1909, se sucedieron con distinta fortuna en los años siguientes, hasta que en 1921 los rifeños, al mando del caudillo Abd-el-Krim, se revelaron contra España. Desde 1909, se desarrollaría la llamada indistintamente *Guerra de Marruecos* o *Guerra de África*, que tras indescriptibles combates y pérdidas de vidas humanas, concluyó en 1926 con la patética victoria de las armas españolas, gracias, fundamentalmente, a la intervención del ejército francés.

Aquella guerra fue tremendamente impopular desde sus prolegómenos. En su *Historia de España*, Ballesteros escribe:

> A pesar de hallarse iniciadas las hostilidades, el pueblo español seguía protestando. No entendía de compromisos internacionales, la prensa hablaba de las minas del Rif y de los intereses del conde de Romanones. La lucha era impopular y no se comprendía por qué había que derramar sangre española por nuestra presencia en un territorio agreste e inhospitalario, que los marroquíes hacían bien en defender, pues estaban allí sus hogares, invadidos por extranjeros.

En julio de 1909 hubo incidentes en la salida de los reservistas desde Barcelona y en Madrid la estación de ferrocarril de Atocha fue invadida por una muchedumbre, apoyando la insubordinación del regimiento Arapiles. Los disturbios se suceden en cada salida de tropas, en Cataluña estalla la huelga general y empiezan a llegar noticias terribles del frente: bajas en las estribaciones del monte Gurugú y una operación que cuesta la vida a 1.284 soldados españoles en el barranco del Lobo.

El día 26 de julio Barcelona va a la huelga total, en Sabadell, Mataró y Manresa se proclama la República y en Figueras, apoyados por la población, solo se presentan dos de los seiscientos reservistas llamados a filas.

Son los prolegómenos de la *Semana Trágica*, un verdadero movimiento revolucionario que no fue secundado por el resto del país, y que en un primer balance arroja noventa muertos (82 entre la población civil, un teniente coronel de la Guardia Civil, tres soldados y 4 miembros de la Cruz Roja). Lo peor viene después: encarcelamientos masivos, fusilamientos a destajo, sentencia sin pruebas y ejecución de Ferrer Guardia, rechazo internacional a la barbarie gubernamental… Las manifestaciones y protestas continuaron, pero la guerra tenía su suerte echada.

La Guerra de Marruecos
o Guerra de África
estuvo triste y
vergonzosamente marcada
por los hitos de llamado
"Desastre de Annual"
y por los dramáticos sucesos
durante la "Semana Trágica"
en Barcelona.

La guerra de África fue un esperpento en el que el hambre corría en competencia con las ratas por puestos y trincheras, pero fue peor la sed enloquecedora y letal, presente en los peores episodios.

Leguineche nos acerca a aquellos días en el testimonio del soldado Eulogio Vega:

> El agua que bebíamos era insalubre, o estaba podrida, de modo que después del tormento de la sed llegaba el de la descomposición, la diarrea sin fin, hasta que, deshidratado, se te quedaba el cuerpo como quien dice sin una gota de líquido. En los infectos hospitales de Melilla y no digamos en los de campaña, no cabía una alfiler. Tampoco quedaban medicinas, o no las había o las vendían los militares estraperlistas. Todo era imprevisión y abandono. ¿Es que a nadie se le había ocurrido que las latas de sardinas eran perjudiciales en una guerra en que la sed mataba? ¿Dónde estaban los aljibes de agua potable, tanto o más necesarios que las balas? Los matamos como nada, decían en su jerga los rifeños.

Además de la sed, constante letal en aquella contienda, se empieza a apuntar otra circunstancia que se irá repitiendo machaconamente a lo largo de la relación de avatares bélicos: la inmoralidad de algunos oficiales siempre dispuestos a comerciar con el hambre y los escasos recursos de supervivencia de los soldados a su mando.

Otro testimonio directo obtenido por Leguineche es el de Ignacio Cano, que contaba 103 años cuando el periodista le entrevistó para su libro:

> Yo era de la quinta del 14, de 1914. Como no tenía dinero para comprar mi reducción de la mili me sortearon y me salió Tetuán (...) A los Regulares-tropas indígenas, les trataban mucho mejor que a nosotros. Les daban diez reales de jornal y a nosotros quince céntimos. En el Tábor, destacamento de Regulares, el rancho era mejor que el nuestro (...) Mi amo, el médico

militar, se multiplicaba con los heridos. No tenía medios, pero iba de tienda en tienda con su serrucho de operar.

Escena dantesca la de un médico español del siglo XX (a quien su asistente llama "amo"), armado con una sierra para amputar miembros a diestro y siniestro, cual cirujano-sacamuelas medieval.

El caso es que en Río Martín al cabo Cano le "promocionan" a cocinero de los jefes y ahí vuelve al relato… y otra vez el problema del agua:

El oficio de cocinero abría muchas puertas. Eras alguien. Si lo hacías bien, si guisabas bien, se te rifaban los jefes. El problema era el agua, mala y racionada, caliza. Cuando íbamos de aguada los moros aprovechaban para hostigarnos. Ellos conocían muy bien nuestro flanco débil, el agua. Lo más abundante era el pescado (...) Mi jefe, el capitán médico, recibía kilos y kilos de pescados de todas clases. Nos pasábamos la mili comiendo pescado, sardinas, brótolas, besugos, salmonetes, lenguado, calamar, caballa. Lo malo es que el pescado daba mucha sed.

Pero pronto se acabó el pescado y los víveres… el rancho se convirtió en una incomible bazofia, hasta el punto de que Cano y otros soldados se plantan y piden que se les rebaje de rancho. La rebaja voluntaria de rancho era posible en las plazas, pero en primera línea equivalía a una sublevación, un gesto de rebeldía próximo a la sedición:

No fue la rebelión del miedo, del canguelo, sino la protesta del hambre. Había oficiales que de acuerdo con civiles desaprensivos negociaban con nuestros víveres, nos robaban parte del rancho, debilitaban nuestras fuerzas (...) Desde la intendencia hasta la farmacia había quien metía mano en los suministros y se embolsaba su parte (.) En Melilla se hablaba de un oficial que puso a su asistente a darle al manubrio de un organillo en plena calle: todo lo recaudado iba a parar a los bolsillos del jefe. Hubo jefes y oficiales que se hicieron ricos con la venta de fruta, las hortalizas, la carne, cuya distribución les correspondía por monopolio (...) En resumen, que nos mataban de hambre.

Los rebeldes tuvieron bastante suerte y solo les castigaron a marchar durante toda la noche, a paso de carga, por los pedregosos caminos próximos a la posición. Además, a Cano, el supuesto cabecilla sedicioso, el teniente de la compañía quiso destacarle de sus compañeros propinándole una paliza personal, ante la tropa formada para el espectáculo-escarmiento.

Mientras, en la península seguían alzándose sin éxito voces pacifistas, y en las tertulias de café se discutía invariablemente sobre el asunto. Claro que allí también había hambre. La "bohemia" literaria es una pasarela de hambrientos, retratada en personajes como Máximo Estrella, el protagonista de *Luces de Bohemia*, de Valle Inclán. Se dice que este Max de ficción estuvo directamente inspirado en el escritor y periodista andaluz Alejandro Sawa, quien murió en Madrid, ciego, loco y hambriento.

Al café *Fornos*, uno de los símbolos de la bohemia literaria, llegó una noche uno de sus contertulios habituales, Pedro Luis de Gálvez; poeta, aventurero y sablista. Traspasado el umbral, avanzó unos pasos, se detuvo, y empezó a aullar como un poseso. La clientela, atónita, cesó en sus conversaciones y se quedó mirando aturdida el espectáculo del improvisado hombre-lobo. Valle-Inclán, cliente y tertuliano habitual, se levantó de su mesa y llegó hasta el hombre:

¿Qué es lo que le ocurre, Gálvez?"… "No, nada importante, don Ramón, solo aúllo de hambre.

En 1921 tendría lugar el llamado *Desastre de Annual*, batalla en la que Abd El-Krim derrotó al grueso del ejército español formado por 15.000 hombres.

El hecho tuvo tanta repercusión que muchos lo consideran clave para la posterior caída de la monarquía y advenimiento de la República. Pero el país tendría que pasar antes por la dictadura de Primo de Rivera, cuyo golpe de estado truncó precisamente los esfuerzos para esclarecer las responsabilidades de la estrepitosa derrota bélica. La comisión presidida por el general Juan Picasso, se formó en agosto de 1921, y aunque sus trabajos fueron, como se ha dicho, truncados por el dictador, algunas líneas del conocido como *Expediente Picasso*, son suficientemente reveladoras a nuestros efectos. El relato comienza con la ocupación de Igueriben, el 2 de junio y el fuego continuo que tiene lugar los días 13, 14 y 15, antes de que, el día 17, los rifeños inicien el sitio de la posición:

> …desde ese día careció de agua y ya no se pudo hacer la aguada (...) Ese día ya no pudo confeccionarse el rancho por falta de agua (...) Desde el día 17 carecieron de agua y muy pronto de víveres (...) para apagar la sed machacaban y chupaban patatas, y luego tomaron para los heridos el líquido de los botes de pimientos y tomates; más tarde agua de colonia, después tinta y, por fin, los propios orines con azúcar.

El día 21 de junio de 1921 por la tarde, la guarnición de Igueriben abandona la posición, tratando de acogerse a la de Annual, a donde solo llegarían un sargento y diez individuos de diferentes cuerpos.

Aunque el relato de Igueriben es desde luego el de un caso extremo, no difiere en lo sustancial del tono general de la guerra de Marruecos, como se desprende de los anteriores testimonios y de otros que jalonan, por ejemplo, la novela *Imán* de Ramón J. Sender. Aquí, aparece una escena en la que un sargento habla con un cabo de trompetas, dentro de una tienda que, como todas las demás, está infestada de ratas:

…yo les tengo ya cierta simpatía, y hay soldados que las domestican amorosamente. Al decir me gustan, el cabo lo entiende a su manera y hace un gesto de dignidad: Yo la verdad, no las he comido nunca, aunque creo que las más jóvenes están muy sabrosas y la banda hacía antes alguna sartenada.

Mientras se pudo, la "sartenada de ratas" fue uno de los hallazgos gastronómicos de aquella guerra infame de muchos pobres, hambrientos, sedientos y enfermos, compartida con algunos ruines desalmados. Las ratas son protagonistas de situaciones inimaginables y absurdas que quedan fielmente plasmadas en esta situación igualmente descrita en *Imán*:

Dos soldados juegan al monte con una baraja mugrienta y colocan otra rata con el hocico en una punta del naipe.
—De esta, ¿cuánto va?
—Tres perras, y la otra entera.
Hay amagos de peste bubónica, y se da un real por cada rata muerta que se presenta en el cuerpo de guardia, donde llevan una lista. Antes no había que presentar más que los rabos; pero las falsificaban, y ahora exigen la rata entera. Hay quien las recría, y ha surgido ya la figura del intermediario, el almacenista, que las paga a 15 céntimos. Los soldados acuden a ellos, porque en el cuerpo de guardia no las pagan hasta cinco días después de presentarlas. Al verme, ocultan los naipes y recogen las ratas. Uno se levanta aturdido.

La situación parece propia de un mal teatro del absurdo, del esperpento más gratuitamente delirante, pero, desgraciadamente, aquel tráfico fue una realidad siempre presente durante los años de contienda. También lo fue el fraude, a todos los niveles y que finalmente a nadie extrañaba, en el racionamiento de la tropa:

Nos dejaron descansar un poco para que comiéramos un "rancho en frío que nos habían dado al salir. En la lata mía decía fuera: "Ternera con guisantes", pero salió pocha. Vaya una novedad. Lo extraño es que después de las componendas que en los ministerios se traen con los abastecedores salgan llenas.

Cada uno en su medida y posibilidades, desde el ministro hasta el suboficial, parecía dispuesto a sisar a costa de la salud y el hambre de los soldados:

El de la tercera revisaba la tina del aceite en la cueva de los víveres de reserva. Abrió la tapadera, El aceite llegaba hasta los bordes; sin duda estaban los 50 litros; pero por la llave de abajo no salía aceite sino agua. Los sargentos se miraron con seriedad. Fuera, el estrépito de la fusilería era ensordecedor.

—Yo no me hago entrega de esto.

—¡Pero, hostia! ¡Si yo lo encontré así! ¿Crees que soy una lechuza para habérmelo bebido?

—No sé nada. Apunto la novedad en el parte y ya se lo explicarás a tu comandante si te pregunta. El saliente se mesa la barba. Eso no es compañerismo. ¿Qué pueden faltar, diez litros?

—Hazte entrega; yo te prometo que si cuando a ti te releven lo echan en falta, te lo pago de mi bolsillo particular. El entrante, escuchando los tiros, después de un corto silencio, mueve la cabeza muy convencido.

—¡Que me vas a pagar!

Mientras los sargentos liman amistosamente asperezas, los soldados hambrientos siguen muriendo en la trinchera… a unos pasos.

La sed continuó siendo el peor azote de las trincheras y puestos asediados. Proveerse de agua, salir de aguada, se convirtió en muchos casos en seguro de muerte. Los rebeldes rifeños, cómodamente apostados en las lomas circundantes solo tenían que tirar al blanco, como en una feria, contra cualquier osado/suicida que lo intentara. Se empezó bebiendo la tinta de las escribanías, siguió el orín de los caballos y concluyó con los propios orines… claro que hasta en eso hubo clases. En los casi vacíos almacenes de víveres quedaba algo de azúcar por lo que oficiales y suboficiales bebían sus orines azucarados. Aunque la ventaja era ciertamente dudosa. De nuevo en *Imán*, un oficial tiene un gesto altruista con su subordinado:

—¿Tienes sed? Toma. Le alarga la cantimplora. Viance bebe hasta que se la arrebata el cabo.

—¿Con azúcar? —pregunta el de al lado.

Viance afirma con la cabeza. El otro dice:

—Aunque tenga mejor paladar, al final el azúcar da más sed.

Los efectos de la sed prolongada y los vanos intentos de mitigarla resultan dramáticos en el relato de alguno de los protagonistas:

Sed, lo que se llama sed, no la siente. El primer día no podía parar. El segundo ya casi le daba lo mismo, aunque se le aflojan a uno los huesos y salen ampollas en los labios. Después vuelve otra vez la locura de la sed, y luego una modorra que hace hervir los sesos y las entrañas y que a los cinco o seis días en una tarde de este mes se lo llevan a uno rabiando como un perro.

Con mucho, más que el hambre, la sed, fue el problema para los soldados españoles de aquella guerra cruel.

Los nietos de Alberto Castaño, alcalde de Toledo entre 1919 y 1921, conservan un bando de aquel tiempo, emitido por su abuelo durante este periodo, aunque con fecha exacta imposible de precisar, en el que se narra una peripecia solidaria, que fue relativamente común a otros municipios del país. Golpeados en su conciencia por el dolor de tantas madres cuyos hijos "servían a la patria" en tierra africana, impulsaron acciones destinadas a mejorar las condiciones de vida de los paisanos soldados, recogiendo dinero mediante suscripciones populares u organizando festejos como corridas de toros. Castaño, en su bando "A las madres toledanas", escribe:

> El coronel Sr. Saro (...) velando constantemente por el bienestar de sus soldados, recabó de Toledo (un) tanque con objeto de que nuestros hermanos no pasaran las fatigas angustiosas de la sed.

Alcalde y miembros de la corporación toledana se trasladaron a Melilla y desde allí al regimiento "Inmemorial del Rey" para hacer entrega de la preciosa donación:

> ...a dicho regimiento les llevamos los toledanos un tanque-aljibe, que es una de las necesidades más sentidas por nuestro Ejército en la zona de Melilla; los manantiales son escasos y las aguas, en la mayoría de ellos, no reúnen buenas condiciones de potabilidad; con dicho tanque, que lleva el nombre de "Toledo", ciudad cuna de la Infantería, aunque el manantial bueno esté situado a distancia del campamento, podrán abastecerse de agua potable.

Además del depósito para almacenar agua, donación de primera necesidad en aquellos momentos, los munícipes toledanos llevaron un comestible tan chocante en el contexto, como típico en la ciudad del Tajo: mazapán. Pero parece que hubo rumores y malos decires que el señor alcalde trata en el bando de aclarar:

> Madres toledanas, la Comisión que hemos tenido el alto honor de poder abrazar a vuestros hijos, hemos sentido también la satisfacción de haber podido llevar a esos héroes un pequeño aguinaldo. Consistente en una cajita de mazapán superior, no malo, como algunos mal pensados y de los más ruines sentimientos han dicho con el solo objeto de empequeñecer una obra hermosa que ellos jamás serían capaz de realizar.

No sabemos en qué quedó el asunto del mazapán (que, por cierto, en cantidad total de 125 kilos, represento un gasto de 625 pesetas, según se detalla en las cuentas de liquidación que figuran como colofón del bando), pero en cualquier caso, en las trincheras del Rif el drama era conseguir algo potable para beber.

Distintos estudios científicos coinciden en afirmar que cuando el organismo humano pierde más del 2% del peso corporal en agua (algo que ocurriría con frecuencia entre aquellos soldados sometidos a esfuerzo físico y estrés considerables), la deshidratación hace que, además de la pérdida de electrolitos esenciales para el organismo, disminuya significativamente la cantidad de plasma sanguíneo circulante. Esta caída más o menos súbita de flujo plasmático afecta decisiva e inmediatamente a los músculos, que pierden tono y se debilitan; y al cerebro, que falto de riego comienza a deteriorarse y a generar alucinaciones. Si el esfuerzo no se detiene y continúan las altas temperaturas (hay que apuntar que algunas de las escenas relatadas ocurren en pleno verano y en una zona desértica), se llega al coma, prácticamente irreversible, a partir de la pérdida de un 7% del peso corporal en sudor.

LA ÉPOCA DE LA DICTADURA

En septiembre de 1923 se produjo el pronunciamiento del general Primo de Rivera, que daría lugar a un radical cambio de régimen en forma de Directorio Militar, en el que si bien Alfonso XIII no participó, tampoco parece que hiciera nada para impedirlo. Como explica Mercedes Cabrera:

> El hecho es que recibió el juramento de Primo de Rivera como presidente del Directorio como si de un relevo de Gobierno más se tratara.

Esta pasividad e incluso connivencia del rey le granjeó la desconfianza, cuando no el desprecio y la más radical animadversión, ente buena parte de la clase política y la sociedad española en general y abrió el camino hacía la República.

¿Cómo fue la dictadura y cómo era su líder? Habría infinitas formas de abordar el tema, pero quizá sea más gráfico recurrir aquí al escueto y en cierto modo esperpéntico retrato que hace Sainz de Robles:

En Madrid cayó en gracia don Miguel Primo de Rivera, personaje campechano y muy aficionado a presumir de popularidad callejera y de llevarse en las calles las miradas gachonas de las buenas mozas. Presunción en la que hubo algo de verdad. Los intelectuales se pelearon mucho con don Miguel: desde los periódicos. Desde las tribunas del Ateneo. Don Miguel se limitó a imponer a los primeros la Censura gubernativa y a cerrar el segundo. Pero sin tomarse más fuertes represalias. No se llegó a molestar con dos de los más ilustres y afamados: don Miguel de Unamuno y don Ramón de Valle Inclán. A este, luego de proclamarle "eximio escritor y extravagante ciudadano", creo recordar que le impuso una multa. A don Miguel, cuyos ataques le hicieron más "pupa", le remitió certificado a la isla de Fuerteventura, pero hizo la vista gorda cuando meses después —en el mismo año 1924— don Miguel se fugó a Francia en un velero francés, viviendo primero en París y enseguida, hasta la caída del dictador —1930— en Hendaya, añorando la tan cercana tierra de España, Fuenterrabía, a la que dedicó hermosos poemas, como a una adorada.

El dictador, siempre tan peculiar en todas sus manifestaciones, tuvo tiempo durante su mandato de ocuparse de los hábitos alimentarios de los españoles. Naturalmente de los españoles que comían, que de los otros ya se ocuparía Dios.

En un artículo publicado el 9 de octubre de 1929 en el diario barcelonés *La Vanguardia* escribía lo que sigue:

El plan de vida en España de las clases medias y pudientes es disparatado. La comida o almuerzo, que no se sabe bien lo que es ni cómo llamarla, de las dos y media o tres de la tarde, y la comida o cena de las nueve y media

Contando si no
con la aquiescencia,
al menos con la pasividad
cómplice del Rey, el general
Miguel Primo de Rivera
dio un golpe de Estado
en septiembre de 1923,
para formar un inicial gobierno militar
que no tardó en dar paso
a otro civil aunque férreamente
controlado por el dictador.

o diez de la noche, son un absurdo y un derroche y una esclavitud de la servidumbre doméstica, obligada a trabajar casi hasta las doce de la noche, hora en que se apagan los fogones y se levantan los manteles. Bastaría solo una comida formal, familiar, a manteles, entre cinco y media y siete y media de la tarde y después, los no trasnochadores, nada; los que lo sean, un refrigerio. Y antes, un pequeño almuerzo o desayuno de tenedor a las diez y media y once y media, y los madrugadores podrían anticipar, de siete y media a ocho y media, una taza de café. Tal sistema, mucho mejor para la salud, y previsor de la obesidad, ahorraría luz, carbón y lavado de mantelería, dejaría libres unas horas de la mañana, y otras de la primera noche, permitiendo que los espectáculos se desarrollaran de nueve a doce de la noche.

Ni que decir tiene que tan encomiable esfuerzo del dictador, en pro de la racionalización dietética, cayó en saco roto y los españoles potencialmente afectados por la sugerencia siguieron comiendo a sus horas y los otros cuando buenamente podían, pero lo cierto es que las relaciones de los señores con su servicio doméstico habían empezado a cambiar, como lo evidencia un artículo publicado en la revista *Blanco y Negro*, tan del gusto del público aristocrático burgués del momento, cuatro años antes del antes referenciado. En el escrito, que aparece en 1925, Ortiz de Pinedo se lamenta en estos términos:

…la servidumbre, en general, ha perdido su fisonomía. Hoy te dura una doncella o una cocinera lo que las rosas y no se quejarán del símil. Pero mientras dura te recordará probablemente sus derechos sin perjuicio de olvidarse de sus deberes; y como ella somos todos a olvidar la obligación de pedir a gritos lo que creemos que nos corresponde. Es la fisonomía de la época; hay un poco de inversión de valores. La guerra (la de 1914 a 1918) no solo ha servido para arruinar al mundo sino que ha enconado la lucha de clases de lastimoso modo. Y están muy bien todas las democracias y todas las conquistas; pero es lo cierto que cuanto más derechos se conquistan más se pierde el respeto.

Nace la Compañía Telefónica Nacional de España

Fue durante el Directorio Militar de Primo de Ribera cuando en España se empezó a racionalizar el servicio telefónico. En 1924, momento en el que el dictador impuso la unificación del servicio, el 28% de las redes correspondía al Estado, a través de la Dirección General de Correos y Telégrafos, que controlaba 147 redes urbanas. También tenía el Estado bajo su control dos redes provinciales, Vizcaya y Ciudad Real, y algunos circuitos interurbanos en varias provincias, entre los que cabe destacar el de Zaragoza-Ariza y la red del Guadarrama en Madrid. Explotaba también la red internacional con Francia. De otro lado, el 9% de redes correspondía a Diputaciones y municipios, y otro 33% estaba en manos de dos empresas: la *Compañía Peninsular de Teléfonos*, propietaria de la red interurbana y de las redes urbanas de capitales o pueblos importantes de Valladolid, Vitoria, Tarragona, Huesca, Vigo y Cádiz, y la *Compañía General de Teléfonos*, que explotaba las redes urbanas de Murcia, Toledo, Alicante, Albacete, Tenerife. El restante 30% de redes correspondía a pequeños concesionarios.

El total de teléfonos era de 78.124. Todos manuales, como explica Federico Bravo Morata:

> Naturalmente, no existía el teléfono automático. Cualquier particular podía llegar a una tienda de artículos de electricidad y comprar un teléfono, y los había de muy variado tipo, de muy variado precio y de muy variado funcionamiento.

Todo esto quedaría a partir de entonces unificado, monopolizado, mediante un contrato del Gobierno con la Compañía Telefónica, lo que supuso un salto de uso extraordinario, que sigue explicando Bravo Morata:

Había por aquel entonces unas 600 poblaciones que tenían teléfono, número bastante bajo si se tiene en cuenta que el número de ayuntamientos de España era el de 9.000, también muy aproximadamente. De 1925 a 1929 el número de conferencias interurbanas subió de poco más de tres millones a más de diez millones, esto es, un aumento superior con creces al 300 por 100.

Y es precisamente en 1929 cuando se termina uno de los edificios llamado a convertirse en emblema de la capital de España y de su casi recién estrenada Gran Vía, la Telefónica, cuyas obras se habían iniciado en 1926. Con reminiscencias de rascacielos neoyorquino, la aguja que se alza enhiesta en el paisaje madrileño, diseñada por el arquitecto Ignacio Cárdenas, tiene 682 ventanas, ha costado unos 32 millones de pesetas, han trabajado en ella 985 obreros durante cerca de mil días, cuenta con 1.620 metros cuadrados de superficie, y en la obra se han utilizado hierro, cemento, mármol, nogal, roble y tres millones y medio de ladrillos.

Otra de las grandes novedades que introdujo el dictador fue la autorización de la entrada en el escenario telefónico español de la multinacional ITT, con el objetivo de garantizar un aporte de capital suficiente para la explotación y el desarrollo de las nuevas tecnologías.

Con todos estos mimbres, el 19 de abril de 1924 quedó constituida en Madrid la *Compañía Telefónica Nacional de España* (CTNE), en régimen de sociedad anónima, con un capital de 2.000 acciones de 500 pesetas nominales cada una. Casi inmediatamente, y con una celeridad en la gestión pública que no habían conocido los siglos, el Directorio dictó una Real Orden, con fecha 11 de mayo, nombrando una Comisión encargada de estudiar los proyectos que habían de presentarse para reorganizar el servicio telefónico.

Al concurso acudieron, además de la CTNE, la *Sociedad de Teléfonos Ericsson* y la *NAT Electric Works*. Dicha Comisión

El edificio de la Compañía Telefónica Nacional de España, diseñado por el arquitecto
Ignacio Cárdenas, fue inaugurado en 1929 y muy pronto se convirtió en un gran
referente paisajístico de la casi recién estrenada Gran Vía
y de toda la ciudad de Madrid.

Primera torre de distribución telefónica, en al que se observa la Puerta del Sol al fondo y, arriba, gran poste telefónico ubicado en la Red de San Luis de Madrid.

informó negativamente sobre los tres proyectos. El 31 de julio de 1924 se amplió el Consejo con el nombramiento de un nuevo presidente, el marqués de Urquijo, y de nuevos vocales. El 25 de agosto, el rey Alfonso XIII firmaba el decreto que autorizaba a contratar con la CTNE la organización, reforma y ampliación del servicio telefónico nacional. Por último, el 29 de agosto, se firmaba un contrato entre la CTNE y la ITT, elevando el capital social de la primera de uno a ciento quince millones de pesetas. Aunque el contrato, como requisito indispensable, se había efectuado con una empresa nacional, la realidad era que ITT se convertía de facto en propietaria de la nueva compañía.

La CTNE quedaba exenta de cualquier tipo de contribuciones o impuestos directos, y se le otorgaba un amplísimo derecho de expropiación de terrenos y propiedades basado en el principio de la utilidad pública. De otro lado, se obligaba a la CTNE a emplear en sus construcciones e instalaciones materiales de producción nacional, y, en ese sentido, en 1926 se instaló en España, la empresa *Standard Electric*, que, además de ayudar a cumplir con la norma, consiguió la imprescindible homogeneización del material utilizado en el servicio telefónico.

El contrato suscrito por el Estado otorgaba a la CTNE una amplísima capacidad de actuación para hacerse con el control de la red telefónica nacional y ello supuso que entre septiembre y diciembre de 1924 se hiciera cargo, mediante el pago de las correspondientes indemnizaciones, de las concesiones de las redes de Zaragoza, Málaga, Almería, Córdoba, Santander y Granada. El proceso continuó en años posteriores de manera que en 1930 solo quedaban seis concesiones arrendadas fuera del ámbito de la CTNE, correspondientes a los municipios de Berga, Castro-Urdiales, Guardiola, Jaén, Melilla y San Sebastián con un total de 6.376 abonados, de los que 4.764 pertenecían a la red municipal de San Sebastián, además de la red provincial de Guipúzcoa.

El monopolio de la CTNE sentó las bases de la racionalización del servicio telefónico español y garantizó el despegue del

Los primeros servicios telefónicos con sus grandes centralitas manuales, fue otra de la grandes oportunidades que se le presentaron a las mujeres españolas para incorporarse al mundo laboral y productivo.

servicio, de forma que con una tasa de crecimiento para el periodo 1925-1936 de un 233,28%, equivalente a una tasa anual media del 11,78%, se pasó de los 102.943 teléfonos de 1925 a los 343.092 de 1936; de 0,45 teléfonos por cada cien habitantes en 1925 se llegó a 1,40 teléfonos en 1935. El teléfono había dejado de ser un objeto de lujo, de uso más anecdótico que cotidiano, para convertirse en un medio de comunicación básico.

Como resume Bravo Morata:

> Los teléfonos, aquellos cachivaches que en sus comienzos solo habían provocado burlas, chistes y risas de los escépticos, se habían ido abriendo camino. Existía de hecho, una España anterior al teléfono y una España posterior a él.

LOS VASCOS LLEGAN A MADRID

Fue en los comienzos de la dictadura de Primo cuando los vascos empezaron a llegar a Madrid en oleadas para montar sus tabernas y restaurantes. En poco tiempo, se han hecho con el control del cotarro… ¿por qué?, lo explica Josep Pla en su libro *Madrid*, en estricta clave coetánea:

> A mi entender porque el vasco, que tiene una cocina basada en los pescados y pescaditos de las aguas, prepara precisamente los platos que el castellano, hombre de interior, sueña, por contraste, con más afán. El vasco prepara el bacalao, la anguila y toda clase de pescados en salsa. Sabe también sacar del marisco atlántico aquellas raciones que presenta tan atrayentes. No se puede negar que en el terreno culinario, como en el terreno bancario, los vascos ejercen una verdadera hegemonía sobre Madrid… El castellano, pobrecito, sufre por todos los lados. De un lado, Cataluña le pone la cabeza como un bombo, y no le deja respirar de inquietud y de tósigo problemático. El vasco, en cambio, tira de otro lado, prometiendo

un nirvana bancario y culinario. Puesto en esta disyuntiva, el castellano sale con las manos a la cabeza y casi nunca sabe por donde anda".

SE EMPIEZA A ESCUCHAR LA RADIO

La electricidad empezó a hacerse sonido cuando el 14 de mayo de 1897 Guglielmo Marconi hizo público su descubrimiento de la telegrafía sin hilos, cogió aliento solo dos años después, a partir de que el propio Marconi consiguiera comunicar telegráficamente Francia y Gran Bretaña, y se hizo historia con mayúsculas en 1901, cuando por primera vez se logró transmitir ondas electromagnéticas a través del Atlántico.

Pero la radio propiamente dicha o como hoy la concebimos no surgió hasta los años veinte, momento en el que tanto en Estados Unidos como en los países europeos más desarrollados, comenzaron las emisiones regulares.

Normalmente, la historia de la radio en España se suele iniciar con la puesta en marcha de las emisoras pioneras, pero, en este caso, y antes de llegar a ese punto, quizá convenga dar un repaso a los antecedentes, fundamentalmente porque esos antecedentes tienen nombres y apellidos: Julio Cervera, Matías Balsera y Antonio Castilla.

Jorge Álvarez, miembro de la Academia de la Radio, hace referencia en uno de sus escritos a la labor de un investigador, Ángel Faus Belau, profesor de la Universidad de Navarra, quien, según él, ha descubierto recientemente que la primera patente sobre la aplicación de la voz en la telegrafía sin hilos se realizó en 1899, y correspondería a un militar español, el comandante Julio Cervera Baviera, creador e impulsor, tres años después de la Sociedad Española de Telegrafía y Telefonía sin Hilos. Así, y de aceptar el hallazgo y conclusiones de Faus, Cervera habría sido el verdadero inventor de la radio tal como y como hoy se entiende; es decir, como un medio para la difusión de sonidos a través de las ondas de radio, ya que lo que en realidad patentó Marconi fue un sistema de transmisión de señales morse por ondas, y no empezó a trabajar con sonido hasta 1913. Por añadidura, esto supondría además que Cervera se habría adelantado en el tiempo a Reginald Fessenden, profesor de la Universidad de Pittsburg, mundialmente conocido por sus experimentos de transmisión de voz por radio, realizados en 1900.

Por lo que se refiere a Matías Balsera Rodríguez, y en este caso sin el menor espacio para la hipótesis, puede ser considerado como unos de los grandes adelantados de la radiodifusión mundial. Nacido en Gibraleón en 1883, en 1903 ingresó en el Cuerpo de Telégrafos, y un año después consiguió aportar una solución práctica a la sintonización, algo que, dos años mas tarde, se pudo aplicar a la dirección de los torpedos, comprobándose su utilidad mediante pruebas realizadas en el Arsenal de La Carraca, Cádiz, y por lo que su autor fue subvencionado oficialmente por el Ministerio de Marina español. Pero, como en tantas otras ocasiones, el proyecto cayó en el olvido burocrático y tuvo que ser la Armada alemana, en 1914, quien finalmente adquirió su sistema.

En 1908, Balsera desarrolló un sistema avisador múltiple que fue patentado con el expediente 43380; en 1909, un transmisor telegráfico rápido, que recibió la aprobación de aprobado por la Dirección General de Telégrafos, en 1910 inventó un telégrafo portátil para usos militares. Aquel mismo año, logró establecer la comunicación permanente de una emisora fija con un tren en marcha, que circulaba por la línea de Navalcarnero, hasta 32 kilómetros de distancia, utilizando un transmisor de corto alcance, y en 1911 construyó una estación Morse automática, para oficinas con un solo operador.

Balsera sigue trabajando denodadamente y experimentando para desarrollar el radio estereoscopio y el radiomegáfono, hasta que en 1922 se decide a efectuar los primeros ensayos de radiodifusión en España, retransmitiendo varios conciertos de la Banda Municipal, desde la estación radiotelefónica del Palacio de

Comunicaciones de Madrid, y conciertos de ópera desde el Teatro Real. Un año después concibe y patenta un sistema de radiodifusión con estaciones retransmisoras, que posteriormente sería utilizado por la *BBC* británica. Tras este éxito, Balsera se trasladó a Inglaterra, donde residió durante ocho años, y donde inventó un sistema de rayos X, para localizar cuerpos extraños sin necesidad de operaciones trigonométricas. Este ingenioso sistema, que Balsera bautizó como Radio-estereoscopio, fue rápidamente adquirido y puesto en funcionamiento en el hospital londinense de Saint Mary, donde funcionó a la perfección con singular eficacia.

Matías Balsera fue, como tantos españoles, profeta solo lejos de su tierra, y ello le llevó a escribir, en 1925, esta dolorosa reflexión: "La inercia, esta inercia tan española, causa de nuestro retraso y, por qué no decirlo, de nuestra ignorancia".

Coetáneo, amigo y colaborador de Balsera, fue el jerezano Antonio Castilla López. En 1900 inician colaboración y amistad, y entre los años 1904 a 1908, experimentan juntos en el sistema de navegación de torpedos que Balsera había ideado, pero en 1910, el discípulo toma su propio camino y marcha a Madrid para continuar su formación en la Escuela Oficial de Telecomunicación, y entre 1913 y 1915 realiza varios viajes a Francia, Inglaterra y Estados Unidos, país este último donde obtuvo el título de ingeniero en radioelectricidad, llegando a colaborar con el mítico Lee de Forest, unánimemente considerado como el padre de la radioelectrónica y el inventor del triodo.

De vuelta a España en 1916 trabaja en varios encargos oficiales, creando las emisoras de radiotelegrafía de la Marina de Guerra, la del ejercito y la del Palacio de Comunicaciones, además de lograr poner en comunicación por radioteléfono Madrid y el Pardo, mediante transmisores construidos bajo su dirección. Al año siguiente, y contando con el apoyo de varios socios capitalistas bilbaínos, constituye en Madrid la *Compañía Ibérica de Telecomunicación*, en la que por primera vez se fabrican en España tubos electrónicos y equipos transmisores y receptores.

Se encargará de suministrar equipos de radiodifusión al ejercito y a los radioaficionados. El personal de la fábrica era exclusivamente español, teniendo que vencer en muchos momentos los problemas de la falta de material para la fabricación de válvulas. Además, y siempre en clave de pionero en el sector, consigue mantener al rey Alfonso XIII comunicado con tierra desde el yate Giralda en el que estaba embarcado, y equipa con los novedosos aparatos de comunicación a los barcos de la *Compañía Isleña Marítima*, uno de cuyos navíos consiguió la entonces sonada hazaña de mantener desde Mallorca una perfecta comunicación con el puerto de Barcelona mediante telefonía sin hilos. En 1920, realiza otra sonada proeza. Tras pronunciar una conferencia en el Paraninfo de la Universidad de Valencia, inicia, ante los atónitos espectadores, la retransmisión de un concierto desde el Palacio de la Exposición, a través de un solo receptor.

En 1922, su fábrica, instalada en el Paseo del Rey, produce también micrófonos, y a finales de 1923, año considerado oficiosamente como el de las emisiones iniciales de la primera Radio en España, salen al mercado los famosos receptores de la marca Iberia.

Aunque un año después es nombrado presidente de honor de la Asociación Radio Española, su escasa solvencia económica le empuja a fusionarse con una compañía de capital hispano-francés. Posteriormente, y animado por su indomable espíritu emprendedor, construye y pasa a gestionar Radio Castilla, EAJ 4, que inicia sus emisiones el 19 de octubre de 1925, y cuyas instalaciones serán inauguradas, solo unas semanas más tarde, por el general Miguel Primo de Rivera.

Además del evidente apoyo que le prestó el dictador, Antonio Castilla contó con el favor de Francisco Moreno Zuleta, Conde de los Andes, gracias a quien consiguió montar una empresa dedicada a algo entonces tan vanguardista como los anuncios de neón, y que fue la encargada de instalar en la Puerta del Sol la imagen del Tío Pepe, de las bodegas González Byass; un símbolo que aún

Imágenes de la emisora *EAJ 1 Radio Barcelona*, oficialmente pionera en las emisiones radiofónicas españolas, y de la locutora María Sabater, la primera voz que salió a las ondas.

pervive en el paisaje más castizo y señero de Madrid. Pero, a partir de aquí, su personal aventura en la radiodifusión empieza a tocar a su fin, y las serias dificultades económicas que sufre su emisora le obligan, en 1927, a transferirla a la cadena Unión Radio.

Pero volviendo a la historia más al uso de la radio, que coincide con el comienzo de la década de los veinte, hay que empezar diciendo que el hito más singular y sin duda pionero de este tiempo fue la transmisión de un concierto público, que en 1920 organizó el periódico *Daily Mail*. Se pretendía conseguir que la señal y el sonido del evento celebrado en Norteamérica llegara al Reino Unido, pero la potencia fue tal, que la emisión llegó a Noruega.

Aquel mismo año del pre nuevo siglo, se creó la primera emisora de radio del mundo, la KDKA de Pittsburg, que inauguró sus emisiones cubriendo las elecciones norteamericanas, y que, a partir de aquel acontecimiento, consiguió mantener una programación diaria.

Entretanto, en España se empezaban a formar clubes de radioaficionados, que poco a poco se iban constituyendo en sociedades y extendiéndose por todo el territorio nacional, y salían a la calle las primeras revistas radiofónicas. Todo ello prepara el terreno para las primeras emisiones publicas que se realizan entre finales de 1923 y principios de 1924, a cargo de Radio Ibérica, de Madrid, aunque los analistas del medio, por distintas razones (pero fundamentalmente porque se trataba de una asociación de técnicos que experimentaba con el medio, sin gran interés por establecer una programación continuada), consideran que la auténtica estación pionera fue EAJ-1, Radio Barcelona.

Conviene quizá explicar que la denominación EAJ-1 hacía referencia entonces a los códigos que ya usaban los radioaficionados: E, por España; AJ como clave de telegrafía sin hilos; y 1, evidentemente, por ser la primera en salir a las ondas.

Aunque en los siguientes meses y sobre la base de infraestructuras de la madrileña Radio Ibérica fueron aparecieron Radio Madrid y Radio Libertad, el gobierno de Primo, percibiendo la importancia que podría tener en el inmediato futuro este novedoso medio, especialmente como canal de propaganda, decidió poner orden en la situación, convocando una *Conferencia Nacional de la Telegrafía sin Hilos*, a la que se encargó la misión de elaborar un reglamento sobre la materia. Formaban parte de esta conferencia los ministerios de Guerra, Marina, Gobernación, e Instrucción Pública y Trabajo, asesorados por las compañías Nacional de Telegrafía sin Hilos, AEG, Ibérica de Electricidad, Radio Ibérica, y Radiotelegrafía Francesa, más la Federación de Radiotelegrafistas Españoles, la Asociación de la Prensa, la Agrupación de Constructores de Material Eléctrico de España, y el Radio Club de España.

En el verano de 1924 se aprobó el Reglamento y empezaron a otorgarse las concesiones: EAJ-1 Radio Barcelona, EAJ-2 Radio España de Madrid, EAJ-3 Radio Cádiz, EAJ-4 Estación Castilla, EAJ-5 Radio Club Sevillano; y EAJ-6 Radio Ibérica. El 14 de noviembre, desde Radio Barcelona, salía a las ondas la voz de la locutora María Sabater, y tras ella llegarían las de locutores míticos, como Josep Torres i Vilalta, *Toreski*, creador del personaje infantil *Míliu*, claro exponente de un primer intento de catalanización de la emisora.

En 1925, las compañías radioeléctricas más importantes tomaban la decisión de montar su propia empresa de radiodifusión, EAJ-7 Unión Radio, que se inauguraba el 17 de junio de ese mismo año. Se estaban empezando a sentar las bases de un monopolio en el panorama radiofónico.

En los años siguientes las estaciones se fueron extendiendo por el territorio del Estado español, aunque, en todos los casos, se trataba de una programación muy limitada, basada en música, diarios hablados y algo de divulgación cultural. Tratando de superar este precario modelo, Unión Radio comenzó a emitir en cadena corridas de toros y eventos deportivos. En realidad, hasta los anos treinta la radio no fue el medio de comunicación de masas con el que hoy lo asociamos. A mediados de los veinte un aparato de seis lámparas costaba entre 230 y 400 pesetas, y hasta 1000 los de mueble; una verdadera fortuna en aquel entonces, por lo que el radioescucha medio solo disponía de un aparato de galena (sulfuro de plomo), que costaba unas 64 pesetas y que había que escuchar en solitario provisto de los correspondientes auriculares. Además, había que consultar el periódico para saber a qué hora se podrían sintonizar las audiciones, que normalmente se concentraban al mediodía, un rato por la tarde y otro por la noche. En el número correspondiente al 11 de abril de 1924, el diario *El Sol* evaluaba e unas 15000 las estaciones de radio caseras en Madrid, a las que había que sumar otras 4.000 de las anteriormente referidas de alta gama.

En 1930, un año antes de la caída de la monarquía española y el advenimiento de la Segunda República, la radio estaba empezando a madurar y Unión Radio comenzaba a emitir un espacio informativo, *La Palabra*, con una duración de media hora, pero el salto definitivo del medio estaba aún por llegar y sería la guerra civil la que, desafortunadamente, le daría el espaldarazo definitivo, al convertirla ambos bandos en eficaz instrumento de publicidad y propaganda.

CINE, MÁS CINE, POR FAVOR

Durante el reinado de Alfonso XIII la cinematografía sigue creciendo y en el ámbito nacional se producen películas como la dedicada a la boda del monarca, filmada por Baltasar Abadal, *Parada*, de Ricardo Baños, rodada en 1911; *Asesinato de Canalejas*, de 1912 y con un jovencísimo José Isbert en el reparto; y todo un repertorio a cargo de Benito Perojo en los años siguientes, como *Fulano de Tal se enamora de Manón, Amigo y esposa*, *Garrotazo y tentetieso*, *Peladilla*, *Cochero de punto* y *Clarita y Peladilla en el fútbol*. Pero el cine se proyecta verdaderamente, en sentido literal y figurado, al tiempo que se controla o se intenta controlar, bajo la égida del Directorio Militar. Los años veinte son testigos de la evolución de unas primitivas barracas de proyección, hacia grandes salas de cine, que, en su gran mayoría no eran más que teatros readaptados al nuevo espectáculo. En 1925, dos años después del advenimiento de la dictadura de Primo, y según datos que aporta el diario *El Sol*, en España había ya 1.479 cines estables y en 1929 la cifra alcanzaba los 2.069 locales.

En Madrid, los locales específicos dedicados al cine se ubicaban en edificios de vanguardia, mayoritariamente diseñados por el arquitecto Teodoro Anasagasti: el *Real Cinema*, de la Plaza de la Ópera; el *Imperial Gran Vía* o el *Cine Pavón*, en Embajadores. Todos ellos contaban con amplios vestíbulos, ascensores, y disposición de la sala "a la americana", lo que equivalía a una sala sin escenario, más palcos y graderíos, lo que, según Eduardo González:

> …otorgaba a todas las plazas el mismo "status" democrático. El precio de las entradas, que oscilaba entre 1 y 3 pesetas, era asequible a todos los ciudadanos, y la prensa ayudaba a la popularización de estos espectáculos publicando con mucha frecuencia la programación y los horarios de los cines.

Caso singular fue el cine *Doré*, situado en la calle de Santa Isabel, 3 y construido por Críspulo Moro Cabeza en 1923 precisamente sobre una anterior barraca de proyección. De fachada muy original y modernista en su estilo, originalmente se llamó *Do-Re* y era cine de sesión continua, de tres de la tarde a dos de la madrugada. Los domingos ofrecía cuatro sesiones y en verano, con los sofocantes calores que se abatían sobre los barios bajos madrileños, solo había proyecciones los festivos y las vísperas. Debajo de la pantalla se instaló un piano que amenizaba las películas mudas, así como las entradas y los intermedios. Durante la Guerra Civil cayó una pieza de obús en su interior durante una proyección, pero el artefacto no estalló y, milagrosamente, no causó daño alguno a los espectadores.

El Directorio, que ya había empezado a controlar y a censurar la prensa escrita, consideró que había que realizar el mismo esfuerzo sobre el cine y encargó a los respectivos gobiernos militares de provincia, y después a los civiles, que se encargaran del asunto.

Una de las películas más pronto perseguidas por la censura fue *Los Cuatro Jinetes del Apocalipsis*, basada en la novela original de Vicente Blasco Ibáñez, publicada en 1916, y llevada al celuloide en 1921 por Rex Ingram. Del metraje original se suprimieron los fusilamientos de rehenes belgas y el saqueo de un castillo por tropas alemanas. No obstante, el cine soviético, entonces vanguardista y rompedor, se llevó la palma en el uso de la tijera y en 1927 se prohibió la proyección pública de películas como *El acorazado Potemkim* (que curiosamente se había estrenado sin el menor problema dos años antes), *Sombras*, *La madre*, *Iván el Terrible*, *El Correo de San Petersburgo*, *Siberia*, *Domingo Sangriento* o *El castillo Skotin*.

No obstante, la Dictadura no solo fue censura, sino iniciativa decidida en pos de una primera organización de la producción cinematográfica española. En 1928 se celebra el Primer Congreso Español de Cinematografía y una Real Orden impone un contingente del 5% de la producción cinematográfica nacional. De este momento nos habla Eduardo González Calleja:

> Los rodajes, que constaban una media de 30.000 pesetas, solían inspirarse en obras exitosas del teatro de Benavente, los Álvarez Quintero o Arniches, y adaptaciones literarias de las novelas de Palacio Valdés, Benito Pérez Galdós, o Pío Baroja: "Sol, y sombra" (Sobrado- Cañero) en 1923; "La casa de la Troya" (Armando Pérez Lugín); "Para toda la vida"

La películas *Malvaloca*, *El negro que tenía el alma blanca* y
La hermana San Sulpicio, todas ellas producidas por Benito Perojo,
fueron algunos de los grandes éxitos del cine español
de los años veinte.

(Benito Perojo) y "Los granujas" (Fernando Delgado) en 1924; "El Lazarillo de Tormes" y "La revoltosa" (Florián Rey), "Currito de la Cruz" (Delgado-Pérez Lugín) y "Boy" (Perojo) en 1925, o "¡Viva Madrid que es mi pueblo!" (Delgado), "Historia de un duro" (Micón) y "Los misterios de la Imperial Toledo" (José Buchs) en 1928.

Los años veinte son testigos también de una gran proyección cinematográfica popular del folclore español más estereotipado o, como se decía entonces, "a la andaluza", del que son muestras señeras las producciones de Benito Perojo, *Malvaloca* o *El negro que tenía el alma blanca*; *La hermana San Sulpicio* y *La aldea maldita*, de Florián Rey; o el, sin lugar a dudas, mayor éxito comercial de la época, *Nobleza baturra*, de Juan Vilá Vilamana, estrenada en 1925.

Pero frente a esta concepción popular y populachera del cine, y justo en la eclosión del cine sonoro, que llega a España en 1929, aparece una élite intelectual y literaria dispuesta a cambiar el rumbo de las cosas. El cine toma cuerpo y presencia en la poesía de la "Generación del 27", con los primeros acercamientos de Pedro Salinas, Luís Cernuda, Federico García Lorca o Rafael Alberti. El banderazo de salida lo da el absolutamente inclasificable Ernesto Jiménez Caballero (quien entre otras soberbias extravagancias y años más tarde, intentaría desesperadamente casar a Pilar Primo de Rivera con Adolf Hitler), con la colaboración de Luis Buñuel, creando, en 1928 e inmediatamente después de que aquel y Dalí acabaran de rodar *Un Chien Andalou*, el primer cineclub español en la Residencia de Estudiantes, de la madrileña calle de Pinar. Ese mismo año, y también en colaboración con Buñuel, Jiménez Caballero publica un monográfico dedicado al cine y rueda *Esencia de verbena* y *El orador*.

Pero aquel impulso se truncó a consecuencia de un hecho bien conocido, como explica González Calleja:

El crac de Wall Street afectó de inmediato a la industria de ambos lados del Atlántico. La producción española colapsó y hubo tentativas fracasadas de producir cintas habladas en castellano en Hollywood y París. A la altura de 1929, la Fox era la compañía que producía más películas en español, bajo la dirección del dramaturgo Gregorio Martínez Sierra, mientras que desde el año siguiente la Paramount hizo lo propio en Joinville bajo la dirección de Benito Perojo.

No obstante, aquel año se intenta un relanzamiento, casi a la desesperada, del cine español… pero sin éxito. Lo cuenta Fernando Méndez-Leite, en su *Historia del cine español*:

En los corrillos cinematográficos madrileños soplan por breves momentos ráfagas de optimismo: se habla mucho de la nueva Sociedad Cinematográfica Española, editorial recién constituida en la Corte (…) Aquella entidad, que se había constituido con un millón de pesetas, podría muy bien ser la solución del problema cinematográfico español (...) No obstante, nada pudo hacer la tan cacareada fundación, que ni siquiera llegó a dar señales de vida. Los azares de la política dieron al traste con tan ambicioso proyecto, y al poco tiempo ya nadie se acordaba de lo que un buen día había ilusionado con razón a los tan castigados defensores de la pantalla hispana.

El tomo se recupera un mes de octubre de 1931 y lo hace, cómo no, en uno de los salones de *Lhardy* y a solo unos metros de donde hacía treinta y cinco años que Promio, de quien ya se habló largamente, había presentado por primera vez en España el cinematógrafo. Al almuerzo acudieron, contando con la adhesión de otros significados autores, Jacinto Benavente, Carlos Arniches, Serafín y Joaquín Álvarez Quintero, Pedro Muñoz Seca, Juan Ignacio Luca de Tena, Luis de Vargas, Jacinto Guerrero, Francisco Alonso y Luis Fernández Ardavín. Y en esto, cedemos la palabra a don José Altabella:

Después de un complejo cambio de impresiones, se pusieron las bases
para constituir la C. E. A. (Cinematografía Española y Americana), que,
integrada por los autores más aplaudidos de la época, iba a llevar a cabo
una nueva producción cinematográfica sonora esencialmente nacional. En
abril de 1932 se formalizó esta entidad de un modo oficial, montando unos
estudios cinematográficos en la Ciudad Lineal.

La sociedad se creó con un capital social de cinco millones de
pesetas y la empresa debutó en el mercado español con la película
El agua en el suelo, con guión de los hermanos Álvarez Quintero,
música del maestro Alonso y dirección de Eusebio Fernández
Ardavín.

LA CASA COMÚN DE JULIO CAMBA

En 1929 se publicó el libro que José Manuel Vilabella y otros
sabios de lo coquinario, si no de su altura, al menos de su porte,
consideran como el más importante de la gastronomía española:
La casa de Lúculo o el arte de comer, del casi inclasificable Julio
Camba. Se trata de un libro, que, según el propio Vilabella,
Camba no quiso escribir:

> Fue su amigo, Pedro Sainz Rodríguez, el que le animó a hacerlo. Camba
> se resistió bravamente porque don Julio solo escribía por necesidad econó-
> mica y los textos largos no le interesaban en absoluto.

En este punto es de todo punto imprescindible recordar que
Julio Camba fue el pionero de la columna moderna, estilizada,
directa y breve, y de él se cuenta que en una ocasión, cuando llegó
a entregar el artículo que su jefe de redacción llevaba esperando
varias horas, le dijo a modo de disculpa: "Perdone, pero no he
tenido tiempo de hacerlo más corto".

El genial Julio Camba, autor de un único pero paradigmático libro, *La casa de Lúculo o el arte de comer*, consideraba que "la cocina española está llena de ajos y de prejuicios religiosos"

Pero, ¿cómo era la apariencia de Julio Camba? En su dietario madrileño, Josep Pla lo describe así:

…bajito, regordete, con una barriguita llevada con mucho garbo, los ojos pequeños y vivos un poco abotargados, un fino bastón en la mano, un clavel en el ojal.

Volviendo a la peripecia de la gestación del libro, Sainz Rodríguez consiguió hacer pasar por el aro a Camba, comprometiéndose a publicarlo en la editorial que él dirigía y a pagar al autor una cantidad mensual a cambio de trabajo concreto. Así, vuelve a intervenir Vilabella, nacieron unos:

…textos llenos de ingenio y sentido del humor, donde se habla de España y de los españoles y también del ajo, el bacalao, la sardina, la fabada, el caviar, la trufa, los quesos, el bicarbonato y las cocinas del mundo. Texto lúcido, ligero, brillante, definitivo.

Pero dejando a un lado los apasionados elogios de don José Manuel, parece oportuno revisar dos de los elementos que cita: un producto y un plato; el ajo y la fabada.

Dice Camba en su libro; su único libro, que:

> La cocina española está llena de ajos y de prejuicios religiosos. El ajo mismo yo no estoy completamente seguro de que no sea una preocupación religiosa, y, por lo menos, creo que es una superstición. Las mujeres de mi tierra natal (Julio Camba Andreu había nacido en Villanueva de Arosa, Pontevedra, el 16 de diciembre de 1882) suelen llevarlo en la faldriquera para espantar a las brujas, y solo cuando el bulbo liliáceo ha perdido su virtud mágica en fuerza de rodarse con la calderilla, se deciden a echarlo a la cazuela.
>
> Es decir, que el ajo lo mismo sirve para espantar brujas que para espantar extranjeros. También sirve para darle al viandante gato por liebre en las hosterías (...) Aderezado con ajo, todo sabe a ajo, y los hosteleros, que para darle a uno gato por liebre, emplean además del ajo un relleno de tocino y municiones, podrán saltarle a uno una muela, pero no aumentarán su convicción.

Por lo que se refiere a la fabada asturiana, aunque en *La Casa de Lúculo*, llegara a admitir una posible etimología a favor del francés *cassoulet*, sus convicciones se derrumbaron cuando el político Melquiades Álvarez le invitó a una gloriosa fabada en su pueblo asturiano de Somió. El festín fue de tal envergadura, que Camba, tan políticamente díscolo y ambiguo, confiesa que estuvo a punto de afiliarse al Partido Reformista que aquel había fundado en 1912 y en el que dejaron rastro de militancia políticos y personajes de la talla de Manuel Azaña y José Ortega y Gasset.

Camba nació en el seno de familia gallega de clase media, pero a los trece años se embarcó como polizón en una barco rumbo a Argentina, donde tras introducirse en círculos anarquistas y debutar como redactor de proclamas y panfletos incendiarios, fue expulsado del país en 1902.

De vuelta a España, empezó a colaborar en *El Diario de Pontevedra*, y después, ya en Madrid en *España Nueva* y en *Los Lunes de El Imparcial*. En 1906 comienza su carrera como corresponsal en el extranjero, enviando crónicas desde Constantinopla para *La Correspondencia* de España, y a su vuelta comienza a colaborar en ABC, ejerciendo su labor como corresponsal en París, Londres, Berlín y Nueva York. En 1917 volvió a Madrid, pero continuó viajando.

Pasó los últimos años de su vida en la habitación 383 del Hotel *Palace* de Madrid. Vilabella, de nuevo, nos dice:

> A la caída de la tarde bajaba con aire cansino, se sentaba en un velador y miraba las paredes del Palace como el que mira el horizonte, tratando, acaso de otear un barco que no acababa de llegar. "Buenas tardes don Julio", le decían los camareros y él contestaba con un gesto de almirante, con un gesto apenas perceptible.

LO REGIONAL SOBRE LO NACIONAL EN POST THEBUSSEM

El mismo año en que se publica *La casa de Lúculo*, aparece la *Guía del buen comer español,* de Dionisio Pérez, Post-Thebussem, una obra que atesora el mérito de poner en cuestión, por vez primera en nuestra historia gastronómica, la existencia o realidad de una cocina nacional española, postulando la evidencia de una suma de cocinas regionales.

Natural de Grazalema, Cádiz, nació don Dionisio en 1871, y desde muy temprana edad dirigió sus inquietudes hacia el periodismo. Colaboró en casi todos los periódicos y revistas españoles y americanos de su tiempo, y en 1928 el recién creado Patronato Nacional de Turismo (PNT), le encargó la redacción de una guía gastronómica de las regiones de España. Así nació su *Guía del buen comer español*. Se trataba tanto de dar a conocer la diversidad de los fogones hispanos, como de desmitificar la influencia de las cocinas europeas, especialmente la francesa, y don Dionisio se aplicó a la tarea con singular entusiasmo. Al final resultó un libro, del que Manuel Vázquez Montalbán nos dice:

> Esta guía, inventario y loa de la cocina clásica de España y sus regiones, es un libro fundamental de la gastronomía española por lo que tiene de retrato de lo que se conservaba en las cocinas regionales y comarcales, aunque a veces Pérez escribía de oídas (...) El suyo es un libro orientativo, que tal vez peque de un extremado patriotismo gastronómico (y, en contrapartida, de francofobia culinaria), pero que aporta datos de importancia, como los que se refieren a la evolución histórica de la cocina española.

Desde sus primeras páginas, Pérez deja bien claras sus simpatías por don Mariano Pardo de Figueroa, quien como se recordará había usado el seudónimo de doctor Thebussem, y por José Castro y Serrano, el cocinero de Su Majestad, en La mesa moderna, donde ambos autores, cada uno a su manera, habían defendido y ensalzado la personalidad y propia identidad de la cocina española. De ahí, obviamente, el seudónimo con el que Pérez se adorna: Post Thebussem.

Antes de la *Guía del buen comer español,* Dionisio Pérez había escrito dos novelas: *España ante la guerra* (1914), y *Por esas tierras* (1916). El mismo año de la publicación de la Guía, dio a la imprenta *Vierge, el renovador y el príncipe de la ilustración moderna*, y un año después, *El enigma de Joaquín Costa*. Más tarde, en 1936, volvió a la materia culinaria con otro libro de enorme interés: *La cocina clásica española. Excelencias, amenidades, historias, recetarios.*

Dionisio Pérez, bajo el seudónimo de Post-Thebussem fue el autor de la obra
Guía del buen comer español. Antes había publicado
España ante la guerra (1914), y *Por esas tierras* (1916).

Dionisio Pérez en su obra *Guía del buen comer español*, por primera vez pone seriamente en cuestión la existencia o realidad de una cocina nacional española, postulando en contrario la evidencia de una suma de cocinas regionales.

EXILIO REAL A LA BULLABESA

Primo de Rivera presentó su dimisión en enero de 1930, dando paso a un gobierno provisional presidido por el general Dámaso Berenguer, conocido como la "dictablanda", que, en abril del siguiente convocó elecciones municipales en toda España.

El 12 de abril de 1931 se celebró la segunda vuelta de estas elecciones, cuya convocatoria se había considerado intrascendente por parte del gobierno, y aunque los resultados globales fueron claramente desfavorables para los republicanos, el hecho de que vencieran claramente en las grandes ciudades, animó un movimiento popular urbano que exigía la proclamación de la República. El general Sanjurjo, responsable entonces de la Guardia Civil, dejó claro que sus fuerzas no intervendrían si se produjese un levantamiento contra la monarquía.

El rey, acorralado, decidió emigrar a lugares más sosegados, dejando un manifiesto que fue leído en el último Consejo de Ministros:

> Quiero apartarme de cuanto sea lanzar unos compatriotas contra otros en fratricida guerra civil (...) Suspendo deliberadamente el ejercicio del poder real y me aparto de España.

A las nueve menos cuarto de la noche del 14 de abril, de 1931, una comitiva de tres coches (el rey conducía personalmente su lujoso *Duesenberg*) abandonó Palacio con destino al puerto de Cartagena, y a eso de las cuatro de la madrugada el crucero príncipe Alfonso salía rumbo a Marsella. Antes de embarcar, el rey le dijo a sus fieles y allegados que se quedaban en tierra: *"Será una tormenta que pasará rápidamente"*. Tan rápidamente, que hubo que esperar más de cuarenta años, con espantosa guerra civil de por medio, para restablecer la monarquía en España.

El navío real atracó en el puerto francés alrededor de mediodía y como primera providencia hubo que buscar alojamiento;

algo que no resultó fácil, porque al asistente personal de su majestad, el duque de Miranda, con las prisas de la huída, no le había dado tiempo de hacer las oportunas reservas. No obstante, cuando el tema se arregló había llegado la hora de comer y al rey le apetecía tomarse una bullabesa, el típico plato provenzal y especialmente marsellés de pescados hervidos que Escoffier llamaba "Caldo del sol" y Curnonsky había bautizado como "Sopa de oro". Eran casi las tres de la tarde y los restaurantes habían cerrado, pero Alfonso no aceptaba el menú de circunstancias que le ofrecía el hotel y hubo de revolverse Roma con Santiago para satisfacer su capricho. Así que, finalmente, con una bullavesa calentita, la "caldeirada mediterránea" al decir de Álvaro Cunqueiro, el rey comenzó su exilio.

Señoritismo y pornografía

Alfonso XIII siempre hizo gala de señoritismo castizo en cliché borbónico. Además de a la buena mesa, fue aficionado a los automóviles de alta gama, a la hípica y otros deportes de elite, a la caza y a las mujeres. Coleccionó decenas de amantes de toda condición, entre las que incluyó a la vedette Celia Gámez, a quien se benefició en las dependencias palaciegas, y en la soledad de sus aposentos disfrutó del más explícito cine porno, que entonces se llamaba sicalíptico, rodado a su medida. Probablemente fue el conde de Romanones quien encargó a los hermanos Ricardo y Ramón Baños, propietarios de la productora barcelonesa Royal Films, la producción de al menos tres films, fechados entre 1920 y 1926 y que actualmente se conservan en los archivos de la Filmoteca de la Generalitat Valenciana: *El ministro, Consultorio de señoras* y *El confesor*. Esta ultima con una carga fuertemente irreverente hacia la religión católica, incluyendo tórridas escenas en confesionarios y capillas.

330

En el exilio, las tornas se volvieron de medio a medio, porque, para alguien ajeno a los placeres de la lectura, la música o el arte, y solo aficionado al *bridge* y las mujeres, no le iba a ser fácil conciliarse con la vida. Como cuenta Rafael Borrás en su libro *Cambio de Régimen*, con el apoyo testimonial de José Luis de Vilallonga, a los aficionados al tapete no les gustaba jugar con un competidor vulgar e incluso les resultaba molesto ganarle el dinero, y en cuanto a las mujeres:

> …una cosa era acostarse con el Rey de España en el apogeo de su realeza y otra muy distinta mantener relaciones carnales en un cuarto de hotel con aquel señor triste y preocupado cuya importante halitosis había aumentado considerablemente desde que estaba en el exilio.

Su afición a la pornografía y al sexo duro parece que llegó a adquirir tintes patológicos. Ya derrocado como rey de España y de vacaciones en Hollywood, pasó una velada con el famosísimo Douglas Fairbanks Jr., un actor con el que su destronada majestad guardaba cierto parecido en sonrisa, bigote y ojos agudos. Anita Loos, en su libro *Adiós a Hollywood con un beso*, cuenta que el actor se ofreció a presentarle a la estrella de la meca del cine que deseara conocer y el rey le contestó de inmediato que deseaba tener un encuentro con Roscoe "Fatty" Arbukle. Fatty, una de las más rutilantes estrellas del cine mudo a pesar de su obesidad, se había visto envuelto en uno de los escándalos sexuales más sonados de Hollywood. El *Labor Day*, día del trabajo, de 1921, durante una fiesta en el hotel St. Francis, el actor entró a una de las habitaciones acompañado de la actriz Virginia Rappe, compañera sentimental del director Lehrman, y al poco salió en estado de gran excitación. Las compañeras de la *starlet* corrieron hacia el dormitorio y la encontraron sobre la cama, desnuda y sobre un gran charco de sangre. Parece que Fatty la había violado, introduciéndole una botella de champagne por la vagina. La brutal acción le provocó terribles desgarros internos y una peritonitis que le ocasionó la muerte. El actor fue

Roscoe Conkling Arbuckle, más conocido en el cine como "Fatty" Arbuckle nació el 24 de marzo de 1887 y murió el 29 de junio de 1933.

"Fatty"Arbuckle fue uno de los actores más populares de principios del siglo XX.
En la fotografía se le puede ver junto a Charles Chaplin durante el rodaje de un corto.
"Fatty", lamentablemente pasó a la historia por haber protagonizado uno
de los mayores escándalos de entonces, conocido actualmente como "El escándalo
Fatty Arbuckle". Fue acusado de violar y provocar la muerte a una actriz, y sus juicios
se convirtieron en unos de los primeros "juicios-espectáculo" de Hollywood.

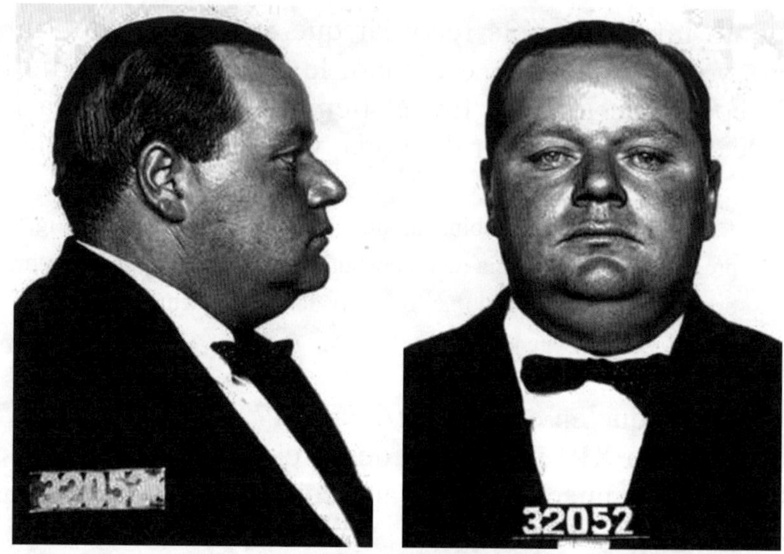

Aunque "Fatty" Arbukle fue judicialmente exonerado del delito, nadie en Hollywood volvió a tratarle, aunque Alfonso XIII consideraba que aquello podía haberle pasado a cualquiera.

procesado, pero, durante el juicio, los testimonios resultaron lo suficientemente confusos (los asistentes a la fiesta estaban en su mayoría borrachos y drogados) como para que el tribunal le absolviera, por diez votos a favor y dos en contra. A pesar de la favorable sentencia, en el mundillo cinematográfico nadie dejó de dudar de la culpabilidad de Roscoe. En consecuencia, Fairbanks respondió al monarca español que presentárselo iba a ser complicado, puesto que a aquellas alturas Fatty era unánimemente considerado un indeseable. Alfonso XIII respondió impertérrito: "¡Que injusticia!, eso nos podría haber pasado a cualquiera de nosotros".

Y LA ECLOSIÓN DEL PRIMER COCINERO MEDIÁTICO

Hoy, que la figura del chef mediático, "glamouroso" y prescriptor generalista forma parte de nuestra cotidianeidad, es de todo punto imprescindible recordar que, como en todo, hubo un primero, y que, en España, ese honor le cabe a don Antonio Feito, jefe de cocina de *Lhardy*. Era el tiempo en el que en la prensa escrita se empezaba a poner de moda, y como dice Altabella:

> …una publicidad combinada, que hacía relacionar el prestigio de un producto con la garantía de un consumidor calificado. Era un recurso de la propaganda comercial un tanto ambivalente, que actuaba sobre dos frentes psicológicos de persuasión.

El caso es que en el diario *ABC* del 17 de diciembre de 1927, aún con Alfonso XIII para verlo desde el trono, en media plana y en las páginas de huecograbado, apareció el siguiente reclamo:

> La opinión de los maestros del arte de la cocina. El inteligente Jefe de Cocinas de la CASA LHARDY, D. Antonio Feito, nos dice: "… usando su ACEITE GIRALDA en fritos, salsas, ensaladas y otras delicadas aplicaciones en esta casa, me ha dado excelentes resultados, tanto por su calidad, como por su buen gusto y pureza.

Debajo, una historiada pleca (filete pequeño y de una sola raya), y otro texto con una tipografía menor:

> En todas partes y por todos los paladares que saben distinguir son gustadas las excelencias del exquisito y finísimo Aceite Giralda. El aceite supremo, puro de oliva.

En la mitad izquierda del texto, una fotografía del señor Feito, orlada en circulo, y debajo una cartela en forma de pergamino con pliegues a los lados y una leyenda que decía: "Guíese por la experiencia profesional".

Bibliografía

Bibliografía

ALFARO LÓPEZ, José, *Primera década del siglo XX -1901-1910. Música, Teatro, Toros, Costumbres*, Colección Novelas y Cuentos, Editorial Magisterio Español, Madrid, 1979.

ALMAGRO SAN MARTÍN, Melchor de, *Bajo los últimos borbones*, Afrodisio Aguado, Madrid.

ALMAGRO SAN MARTÍN, Melchor de, *Crónica de Alfonso XIII y su linaje*, Ediciones Atlas, Madrid, 1946.

ALMODÓVAR, Miguel Ángel, *El hambre en España. Una historia de la alimentación*, Editorial Oberon (Grupo Anaya), Madrid, 2003.

ALTABELLA, José, *Lhardy. Panorama histórico de un restaurante romántico 1839-1978, Imprenta Ideal*, Madrid, 1978.

ALTSHULER, J. y GONZÁLEZ, M., *Una luz que llegó para quedarse: comienzos del alumbrado eléctrico y su introducción en Cuba*, Editorial Científico-Técnica y Oficina del Historiador de la Ciudad, La Habana, 1997.

AMICIS, Edmundo de, *España. Viaje durante el reinado de Amadeo I de Saboya*, Miraguano Ediciones, Madrid, 2002.

BARGA, Corpus, *Los pasos contados (Una vida española a caballo en dos siglos, 1887-1957)*, Alianza Tres, Barcelona, 1979.

BAROJA, Pío, *Juventud y egolatría*, Editorial Espasa Calpe, Barcelona, 1935.

BARRIOS, Manuel, *Los amantes de Isabel II*, Editorial Temas de Hoy, Madrid, 1994.

BARRIOS, Manuel, *Matrimonios desafortunados de la realeza española*, Ediciones Temas de Hoy, Madrid, 1996.

BORBÓN, María Eulalia de, *Memorias*, Editorial Juventud, Barcelona, 1958.

BRAVO MORATA, *Historia de Madrid*, Fenicia, Madrid, 1985.

CAMBA, Julio, *La Casa de Lúculo o el arte de comer*, Espasa Calpe, Madrid, 1972.

CELADA, Eva, *La cocina de la Casa Real*, Belacqva de Ediciones y Publicaciones, Barcelona, 2004.

COMÍN COLOMER, Eduardo, *Un siglo de atentados políticos en España*, Selecciones Gráficas, Madrid, 1951.

CORRAL, José del, *Sucedió en Madrid. Hechos curiosos y raros de la historia de Madrid*, Ediciones La Librería, Madrid, 2000.

CORTÉS-CAVANILLAS, Julián, *Confesiones y muerte de Alfonso XIII*, Colección A.B.C., Madrid, 1951.

CORTÉS-CAVANILLAS, Julián, *Alfonso XII, el rey romántico*, Editorial Juventud, Barcelona, 1961.

DARDÉ MORENO, Carlos, *Alfonso XII*, Arlanza Ediciones, Madrid, 2001.

DÍAZ, Lorenzo, *Diez siglos de cocina en Madrid. De los mesones de ayer a los restaurantes de hoy*, Ediciones Folio, Barcelona, 1994.

DÍAZ, Lorenzo, *Madrid, bodegones, mesones, fondas y restaurantes*, Editorial Espasa Calpe, Madrid, 1990.

EDISON SPANISH COLONIAL LIGHT Co. *La luz Edison / Luz eléctrica incandescente*, Imprenta y Librería de N. Ponce de Leon, Nueva York, 1882.

ESLAVA GALÁN, J. Y ROJANO ORTEGA, D., *La España del 98. El fin de una era*, Editorial Edaf, Madrid, 1997.

ESLAVA GALÁN, Juan, *La historia de España contada para escépticos*, Editorial Planeta, Barcelona, 1995.

ESTEBAN, José, *La cocina en Galdós y otras noticias literario-gastronómicas*, Ediciones el Museo Universal, Madrid, 1992.

FERNÁNDEZ VILLEGAS, Francisco (ZEDA), *Una tarde de domingo en Las Ventas del Espíritu Santo*, La Ilustración Española y Americana nº XI (págs. 183-186), 22 de Marzo de 1897.

FERRANDO BADÍA, Juan, *La Primera República Española*, Editorial Cuadernos para el Diálogo, Madrid, 1973.

FIGUERO, Javier, *Centenario de Electra, de Galdós, símbolo anticlerical de la comunicación creativa*, Revista Latina de Comunicación Social, Nº 43, julio-agosto, 2001.

FIGUERO, Javier y SANTA CECILIA, Carlos G., *La España del desastre*, Editorial Plaza y Janés, Barcelona, 1997.

FIGUEROA Y TORRES, Álvaro (Conde de Romanones), *Amadeo de Saboya, el rey efímero*, Espasa Calpe, Madrid, 1965.

GARCÍA DEL CERRO, Carlos, *Alrededor de los fogones*, Ediciones Pirámide, Madrid, 1996.

GEA ORTIGAS, María Isabel, *Madrid curioso*, Ediciones la Librería, Madrid, 2008.

GONZÁLEZ, Isaac, *La historia de España a través de sus anécdotas*, Editorial Mondadori España, Madrid, 1990.

GONZÁLEZ CALLEJA, *La España de Primo de Rivera. La modernización autoritaria 1923-1930*, Alianza Editorial, Madrid, 2005.

GONZÁLEZ SEVILLA, María Emilia, *A la mesa con los reyes de España. Curiosidades y anécdotas de la cocina de palacio*, Editorial Temas de Hoy, Madrid, 1998.

GORDILLO COURCIÈRES, José Luis, *Todo el siglo es Carnaval*, Ediciones El Museo Universal, Madrid, 1993.

GUTIERREZ GAMERO, Emilio, *Mis primeros ochenta años, (Memorias)*, Aguilar de Ediciones, Madrid, 1963.

HERNÁNDEZ GIRBAL, F., *José de Salamanca, marques de Salamanca*, Ediciones Lira, Madrid, 1963.

JONNES, Hill, *Empires of Light*, Random House, Nueva York, 2003.

LEGUINECHE, Manuel, *Annual-1921*, Editorial Alfaguara, Madrid, 1996.

LEGUINECHE, Manuel, *Yo te diré... La verdadera historia de los últimos de Filipinas*, Ediciones Santillana, Madrid, 1998.

LÓPEZ BUSTO, Carlos, *Tranvías de Madrid*, Aldaba Ediciones, Madrid, 1986.

LUJÁN, Néstor, *Historia de la gastronomía*, Plaza & Janés Editores, Sabadell, Barcelona, 1988.

LUJÁN, Néstor y PERUCHO, Juan, *El libro de la cocina española*, Tusquets Editores, Barcelona, 2003.

MARTÍNEZ LLOPIS, Manuel, *Historia de la gastronomía española*, Ediciones La Val de Onsera, Huesca, 1995.

MENDOZA, Eduardo, *La ciudad de los prodigios*, Editorial Seix Barral, Barcelona, 2002.

MONTERO ALONSO, José, *Sucedió en Palacio*, Editorial Prensa Española, Madrid, 1974.

MONTOLIÚ CAMPS, Pedro, *Enciclopedia de Madrid*, Editorial Planeta, Barcelona, 2002.

PARDO BAZÁN, Emilia, *La Cocina Española Antigua*, Roger Editor, San Sebastián, 2000.

PARDO BAZÁN, Emilia, *Insolación*, Ediciones Cátedra, Madrid, 2007.

PARDO FIGUEROA, Mariano, *La Mesa Moderna. Cartas sobre el comedor y la cocina cambiadas entre el Doctor Thebussem y un Cocinero de S.M.*, Edición facsímil de Parsifal Ediciones, Barcelona, 1997.

PÉREZ GALDÓS, *Episodios Nacionales*, Alianza Editorial, Madrid, 2002.

PLA, Josep, *Un senyor de Barcelona*, Ediciones Destino, Barcelona, 1951.

PLA, Josep, *Lo que hemos comido*, Ediciones Destino, Barcelona, 2001.

PUGA Y PARGA, Manuel María, *La cocina práctica*, Editorial Everest Galicia, A Coruña, 2001.

PUGA Y PARGA, Manuel María, *Pote Aldeano*, Imprenta Artística Española, Madrid, 1911.

PUGA Y PARGA, Manuel María, *Vigilia reservada*, Ediciones Trea, 2005.

MIRÓ ARGENTER, J., *Cuba: crónicas de la guerra*, Editorial de Ciencias Sociales, La Habana, 1970.

QUEVEDO CARMONA, Diego, *Tras la estela de Peral*, Ediciones Mediterráneo, Murcia, 2001.

RUEDA HERNANZ, Germán, *Isabel II*, Arlanza Ediciones, Madrid, 2001.

SAINZ DE ROBLES, Federico Carlos, *Madrid teatro del mundo*, Emiliano Escolar Editor, Madrid, 1981.

SALVAT-PAPASSEIT, Joan, *Cincuenta poemas*, Editorial Lumen, Barcelona, 1977.

SÁNCHEZ-ALBORNOZ, Claudio, *España, un enigma histórico*, Editorial Edhasa, Barcelona, 2000.

SANMATEO ISAAC PERAL, Javier, *El submarino Peral. La gran conjura*, Divum&Mare Ediciones, Cartagena, 2008.

SEM (BÉCQUER, Valeriano, BÉCQUER, Gustavo Adolfo), *Los borbones en pelota*, Ediciones El Museo Universal, Madrid, 1991.

SENDER, Ramón J., *Imán,* Ediciones Destino, Barcelona, 1976.

SERT WELSCH, Francisco de (Conde de SERT), *El goloso. Una historia europea de la buena mesa*, Alianza Editorial, Madrid, 2008.

SINTES OLIVES, F. F. Y VIDAL BURDILS, F., *La industria eléctrica en España*, Montaner y Simón Editores, Barcelona, 1933.

SIMÓN PALMER, María del Carmen, *La Cocina de Palacio. 1561-1931,* Editorial Castalia, Madrid, 1997.

VALLE-INCLÁN, Ramón María del, *El ruedo ibérico. La corte de los milagros*, Espasa Calpe, Madrid, 1961.

VARIOS AUTORES, *Los españoles pintados por sí mismos*, Visor Libros, Madrid, 2002.

VILA-SAN-JUAN, José Luís, *La vida y la época de Amadeo I*, Editorial Planeta, Barcelona, 1997.

VOLTES, Pedro, *Historia inaudita de España,* Editorial Círculo de Lectores, Barcelona, 1984.

VOLTES, Pedro, *Fernando VII. Vida y reinado*, Editorial Juventud, Barcelona, 1985.

TERRERO, J. Y REGLA, J., *Historia de España. De la prehistoria hasta la actualidad*, Editorial Óptima, Barcelona, 2002.

ZABALA, José María, *La infanta republicana. Eulalia de Borbón, la oveja negra de la dinastía*, Random House Mondadori, Barcelona, 2008.

OTROS TÍTULOS

José Miguel Romaña

ARMAS SECRETAS DE HITLER

La extraordinaria historia de la revolución tecnológica nazi
que pudo cambiar el curso de la Segunda Guerra Mundial

nowtilus
saber

ARMAS SECRETAS DE HITLER

Todos los detalles sobre los asombrosos avances tecnológicos logrados por los científicos alemanes en la Segunda Guerra Mundial.

Durante los últimos meses de la Segunda Guerra Mundial, Alemania, abocada a la derrota, se aferra a la esperanza de las armas secretas desarrolladas por los científicos alemanes, esperanza que el Ministerio de Propaganda se encarga de alimentar para sacar el último aliento del antiguo pueblo germánico.

Pero, lo que en un principio podría parecer una maniobra estratégica, resultó ser cierto: los avances tecnológicos logrados por Alemania fueron sorprendentes. La realidad mostró a los vencedores del conflicto que las armas secretas de Hitler eran sofisticadas y peligrosas y que los científicos alemanes fueron pioneros en lo referente a misiles balísticos y tecnología de cohetes.

Otra habría sido la historia si Hitler no hubiese perdido un tiempo precioso dando prioridad absoluta a armas de uso más inmediato y directo.

Autor: José Miguel Romaña
ISBN: 978-84-9763-750-3

Jesús Hernández

TODO LO QUE DEBE SABER SOBRE
LA SEGUNDA GUERRA MUNDIAL

La guía definitiva para conocer y comprender
el mayor conflicto bélico de la Historia

nowtilus
saber

TODO LO QUE DEBE SABER SOBRE LA SEGUNDA GUERRA MUNDIAL

En *Todo lo que debe saber sobre la Segunda Guerra Mundial* el lector encontrará toda la información para conocer en profundidad el conflicto bélico más importante del siglo XX.

Jesús Hernández presenta un análisis riguroso de los factores históricos y sociopolíticos que originaron la Segunda Guerra Mundial y analiza los sucesos más significativos del conflicto: desde la triunfal guerra relámpago lanzada por la Alemania nazi contra Polonia hasta la decisiva derrota sufrida por las tropas alemanas en Stalingrado. Nos presenta a algunos de los protagonistas de esta contienda que entrarían en la Historia: Rommel, Patton, Montgomery o Yamamoto, así como algunas de sus encarnizadas batallas, como la de El Alamein, Kursk, las Ardenas, Iwo Jima u Okinawa.

Cada capítulo ofrece además un repaso de los escenarios, una breve biografía de los protagonistas y un listado de películas que puedan ofrecer una visión complementaria a lo narrado.

Autor: Jesús Hernández
ISBN: 978-84-9763-732-9